『다시개벽』 2023 제10호 · 봄호

가슴을 개벽하는 지구학

가슴을 개벽하는 지구학

홍박승진

2023년도부터 매호 특집은 '통합학으로서의 지구학'을 주제로 구성한다. 인간이 지질학적으로 강력한 행위자이자 지질학적 전환의 목격자로 자리매김하는 인류세에 처하였으니, 지구의 여건과 생명의 여건과 인간의 여건과 비인간물질의 여건을 새롭게 생각하고 탐구하는 일이 절실히 필요하다. 지금이야말로 지구와 인간의 연결과 엉킴에 둔감했던 옛 시대 인간 모델이 철저하게 붕괴하고 재생하는 개벽의 시대, 그 개벽이 긴요한 시대일 것이다.

이 시대에 필요한 학문과 담론을 '지구학'이라고 통칭할 수 있다. 여기에서 지구학은 기존의 지질학, 진화생물학, 지구 시스템학 등에 국한되지 않으며 인문학적 지구 담론에 국한되지도 않는다. 새롭게 요청되는 지구학은 새롭게 인식된 지구, 지구 안의 물질 전체가 처한 새로운 여건과 가능성, 역사를 논구하고 스토리텔링하는 통합학[학문/장르초월의 학]으로서의 지구학이어야 하지 않을까.

새로운 지구학의 시작으로서 이번 2023년 봄호는 우리 시대에 지구학이 긴요한 근본적 이유를 말해 보고자 한다. 새로운 지구의 여건, 지구 안의 인간과 비인간물질의 여건, 인간의 새 자기진화에 관한 자연과학 분야와 인문사회과학 분야 연구자들의 이야기로 포문을 연다. 본지 편집위원인 우석영은 자본주의 논리에 맞서 우주의 선순환을 위한 거름이 되자고 말하는 토마스 네일의 관점을 살피면서, 인간이 그러한 퇴비화의 윤리 감각을 마련하려면 먼저 지구인간이 되어야 한다는 독창적 사유를 제시한다. 자연과학 전공에서 출발하여 생태적 지혜를 모색하는 전병옥은 역사의 범위를 빅뱅 이후의 우주 전체로 확장하는 빅 히스토리의 관점에서 인류세가 어디에 있으며 무엇을 의미하는지 알기 쉽게 설명한다. 생태를 열쇳말 삼아 이성 중심주의 극복을 모색하는 심귀연은 인간도 자연도 아니면서 인간이자 자연인 포스트휴먼이 녹색계급 동맹을 결성해야 한다고 이야기한다.

특집 꼭지가 아닌 꼭지들에서는 앞으로 '다시개벽의 사유, 사유의 다시개벽'이라는 성격을 더욱 또렷이 나타내고자 한다. 이 계획은 이번 호부터 연재를 시작하는 대한민국학술원 회원 조동일의 지적과도 연관이 있다. 그는 본지의 이전 호들을 쭉 살펴보니 안내방송의 열기는 뜨거우나 선수가 몸소 뛰는 모습은 드문 경기장 같다고 지적하였다. 그 덕분에 사유를 다시 개벽하자고 외치는 글보다는 다시 개벽된 사유가 담긴 글을 실어야겠다는 자각이 일어났다.

정호(호야)와 황선영(주호)은 어린이와 같은 인간의 근본 상태가 가장 깊은 어둠 속에서 다가오는 진리와 생명임을 말하는데, 이는 동학에서 하늘님을 자기 몸에 모신 상태를 '갓난아이처럼 마음을 품고 막 태어난 아이처럼 몸을 움직이는 상태'로 보는 바와 맞닿는다("內有神靈者 落地初赤子之心也 外有氣化者 胞胎時 理氣應質而成體也故."『해월신사법설』「영부주문」). 이무열과 카라는 문명 대전환을 위한 지금의 실천을 구체적으로 고민하는데, 이는 문명 대전환의 길이 하늘님과 접하는 일이어야 하며 하늘님을 생생한 활동으로 살아내려는 일이어야 한다는 동학의 주문과 상통한다("今至者 於斯入道 知其氣接者也 願爲者 請祝之意也 大降者 氣化之願也."『동경대전』「동학론-논학문」).

이선이는 시집 『님의 침묵』으로 널리 알려진 만해 한용운의 문학 세계가 동학사상과 가까움을 처음 짚어낸 학자이며, 이번 호에서는 만해와 동학-천도교 인물들의 교류 이야기를 통하여 우리에게 여러 가지 생각거리를 안겨준다. 안태연은 월남미술인에 관한 두 번째 연재 글을 통하여 김욱규의 그림 세계를 소개하며, 이데올로기 전쟁과 고향 상실 등의 고통을 온몸으로 겪은 예술가의 꿈속에 오늘날 우리가 바라야 할 평화와 아름다움이 세계가 녹아 있음을 감동적으로 밝혀준다. 홍박승진은 이번 호로써 새로 찾은 윤석중 작품 소개의 연재를 마치는데, 그가 아동문학에 주목하는 까닭, 그리고 한국 아동문학과 동학사상의 연관성에 주목하는 까닭을 언뜻 내비친다.

조성환의 『세계팔대사상가』 번역 연재에서는 한국에서 『게으름에 대한 찬양』 등의 에세이로 잘 알려진 버틀란드 러셀 편을 다룬다. 개벽강독회에서는 『개벽』 1920년 6월호에 실린 현철의 글 「소설개요」를 이정아와 박길수가 현대한국어로 옮겼는데, 현철이 『개벽』에 발표한 문학 관련 글들은 당시 한국에서 격렬한 논쟁을 불러일으켰다. 두 글 모두 재미가 쏠쏠하니 한 번 읽어보시기를 바란다.

앞으로 우리 잡지는 지구학과 개벽학에 초점을 맞추려 한다. 둘은 어떻게 이어지는가? 최근 본지 편집위원들은 독자와 만나서 이야기를 나눈 바 있는데, 그 자리에서 잡지 운영의 여러 어려움을 말하자 어느 한 분이 '가슴으로 하라!'고 조언해주셨다. 그 모임이 끝나고 시간이 꽤 흐른 뒤에 편집위원들끼리 만나서 이런 말을 주고받았다. 가슴으로 하라!, 그 말이 자꾸만 가슴속에서 떠오른다고. '지구학'이라는 주어와 '개벽하다'라는 동사의 목적어는 가슴임을 깨닫는다.

ラブレター

지구인간의 시대
토마스 네일의 지구유물론 음미

우석영

【1】

흔히 인류세로 통칭되곤 하는, 우리가 진입해 있는 이 새로운 시대는 그 두 얼굴을 함께 봐야 전모가 드러난다. 인류의 일부가 주된 힘이 되어 지구에 일으킨 지구시스템 교란이 그 한 얼굴이라면, 이제껏 쥐죽은 듯 지내는 것처럼 보였던 이들이 생판 다른 이들로 보이는 상황이 또 하나의 얼굴이다.

그러나 후자, 사물(死物)로만 알았던, 그렇게만 알려졌던 것들이 일종의 활물(活物)로서 인간에게 다가오는 상황에 시선이 더 쏠려야 한다. 크게 두 가지 이유에서인데, 그 하나는 인류세의 두 얼굴 중 이 얼굴이 널리 생각되거나 이야기되지 않기 때문이다. 또 하나, 전자를 강조할 경우, 인간이 나서서 뭘 해야 한다는 인간본위적 행동론(인간의 신탁자 됨(trusteeship), 청지기 됨(stewardship)을 말하며, 인간이 어질러놓았으니 인간이 책임져야 한다는 행동론도 물론 여기에 포함된다)의 기세가 꺾이기는 어렵기 때문이다. 이게 문제인 것은, 인간의 책임 있는 행동이 필요하지 않기 때문이 아니다. 인간의 책임 있는 행동 이전에 인간중심적 행동의 주체가 돼 온 바로 그 인간의 죽음이, 붕괴가, 용융이 긴요함에도, 저 인간본위적 행동론은 이러한 요구를 간과하거나 생략하는 경향이 짙기 때문이다.

12

지금 우리에게 어떤 행동이 절실히 요구된다면, 그건 어떤 행동일까? 아픈 자, 병든 자, 괴로워하는 자, 억울하게 죽어 가는 자에게 시선을 돌리는 행동이, 인간사회만이 아니라 지구 전체에서 누가 그런 상태에 있는지를 알아차리는 행동이 절요(切要)하다. 그런 사태가 일어난 원인이 무엇인지를, 그 원인이 돼 온 것, 즉 원인자의 죽음이 어떻게 가능할지를 숙고해 보는 행동이 절요하다. 지구파괴적/생명파괴적 행위에 가장 열심이었고 열심인 이들이 어찌 그런 괴물이 되었는지를, 그런 괴물이 '내' 안에는 정녕 없는지를 묻고 되묻는 행동이. 그 모든 섣부른 또는 의미 있는 행동에 나서기 이전에. 무슨 뉴딜을, 무슨 비상사태를 선포하기 이전에.

무언가 다가오고 있다. 우리를 깨우려는 이 움직임은 기후변화만은 아니다. 우리 곁으로, 어떤 목소리가 다가오고 있다.

사물(死物)로만 알았던 것들이 실은 정반대의 존재자들이라는 진리가 다가오고 있다. 존재의 위계구조(the chain of being)에서 인간보다는 한참 아래쪽에 있다고 생각돼 온 것들이 실은 그렇지 않다는 진리가. 돌고래만이 아니라 문어도, 문어만이 아니라 말미잘도 뛰어난 자임을 말하는 동물학자들 바로 옆에서 동물 신경계와 유사한 식물들의 네트워크와 그 능력을 논하는 식물학자들이 입을 열고 있다. 바로 그 옆에서 어떤 철학자들은 생물학적 의미의 유기체만이 아니라 산이나 바위나 금관악기나 연필심도 느끼고 감각하고 경험하는 자, 일종의 '삶'을 살아가는 자, 모종의 정신적인 존재자로 봐야 한다는 생각을 말하고 있다. 인간중심적 윤리만이 아니라 생물/생물권/생태학중심적 윤리가 무너지고 있고, 일원론적 존재론인 새로운 유물론의 윤리가 어디선가 솟아나고 있다.

【2】

그렇다면 지구는 어떨까? 지구는 어떻게 봐야 할까? 토마스 네일(Thomas Nail)은 『지구론The Theory of Earth』(2021, 국내 번역본 미출간)이라는 저작에서 인류세의 두 얼굴을 균형감 있게 이야기한다. 한편으로 인류가 "지구과정들 전체에 뒤엉킨, 지질학적, 대기(학)적, 수문학적 차원의 행위자"가 된 시대이지만, 그 시대상을 뒤집어보면 "지구과정들이 점점 더 요동하는" 모습이 보인다는 것이다. 땅이 꺼져 바다가 되고 있는가 하면, 숲이 변해 사막이 되고 있고, 플라스틱과 닭뼈와 여타 폐기물들로 구성된 전례 없던 지질층이 새로이 형성되고 있다(같은 책, 6). 그러니까 작금의 20세기형 인류의 일부가 주요 행위자가 되어 "지구의 예측 불가능한 행위자성과 변동성"(6)을 드러냈다는 것이다. 같은 맥락에서 네일은 인류가 현행 경제 활동으로 드러낸 이 지구 요동의 시대를 칭하는 적합한 단어는 인류세가 아니라 키노세(Kinocene, 力動世/역동세)라고 주장한다.

　그러나 운동하고 변동하고 때로는 요동하는 지구의 성질은 네일이 보기엔 지구의 기본 성질이다. 네일은 지구에 관한 두 가지 통상적인 이미지가 실은 허상에 불과하다고 비판의 날을 세운다. 첫째 이미지는 사화산(死火山)의 이미지이다. (그가 이런 용어를 쓰는 것은 아니다.) 비교적 최근까지도 대다수의 인류는, 고대의 인류처럼, 지구를 삶의 무대 정도로 생각했다. 생물보다는 사물(死物)이 더 많은 지구라는 무대는 때로는 흔들렸지만 대개는 안정적이어서, 지구 자체에 생명 개념을 적용하기는 어려웠다. 대신 그곳은 기계론적 인과의 법칙이, 천체물리학적 법칙이 작동하는 세계였다. 그리고 이러한 올드 이미지를 폐기해야 한다는 새로운 세력이 등장했다. 지구는 그런 것이 아니라, 살아 숨쉬는 자, 자율적 조정 능력을 갖춘 자, 유기체 같은 자라고 이들은 주장했다. 전자의 지구 이미지가 탐구 대상이자 착취 가능한 대상물(object)로서의 사화산의 이미지라면, 후자의 지구 이미지는 잘 감지되지 않지만 엄연한 주체(subject)로서 자율적 생명 활동을 하는 삼나무 또는 삼나무숲의 이미지이다. 네일은 이 두 이미지 모두 지구의 실제를 오해한 결과물이라고 말한다. 그가 보기엔, 이 둘은 지구가 어떤 식으로든 안정된 상태에 있다고 가정한다는 점에서 사실상 동일한 오류를 범하고 있다. 지구는 정반대 상태에 있다는 것이다—지구는 언제나 역동적[동역적]kinetic 운동과정으로서만 존재했다. 지구는 행성적 마당들(planetray fields)과의 관계 속에서, 지구 안에 발생한 여러 물질과의 관계 속에서, 부단히, 역동적으로, 예측 불가능한 방식으로 운동/변동하면서 자기를 우주로 방사/발사하는(radiating) 물질운동(material motion)이다. 따라서 지구에는 임시안정[준안정] 상태의(metastable) 운동과정이라는 표현이 적용되어야 한다.

지구가 대체 어떤 운동을 하고 있단 말인가? 네일은 지구의 기본 운동을 몇 가지로 제시한다. 그에 따르면, 이 기본 운동은 지구의 발명품이거나 지구에서만 발견되는 지구 고유의 것이 아니다. 우주-과정 자체의 운동이 그렇기에, 거기에서 창발되어 자기를 지속하고 있는 지구-과정의 운동 역시 그럴 수밖에 없다. 어떤 운동일까? 창발된 우주의 물질(matter)은 언제나 에너지로서, 어디론가 흘러간다(flow). 그 물질의 흘러감 또는 흐르는 물질은 어느 순간, 특정 조건에서 접혀(folded) 기본물질(elements)이 된다. 접힌 것, 접혀 물질화된 그 기본물질은 궤도를 그리면서 순환을 거듭하고, 그 과정에서 차츰 우주적/행성적 마당들을 형성한다.

네일에 따르면, 이러한 우주의 삼중 운동의 한 결과물이 바로 태양계이기에 지구의 기본 운동 역시 삼중의 이것일 수밖에는 없다. 지구라는 운동마당에서는 지금도 몇십억 년 전에 그랬듯, 물질이 흘러가고 있고, 그중 어떤 것들은 특정 시공간에서 접히고 있고, 그 접힌 것들은 개별적으로, 동시에 한 무리를 이루어 순환을 거듭하고 있다….

【3】

네일을 계속 따라가 보자. 주목을 요하는 사실은, 이러한 삼중 운동과정에 우리 자신(그 신체, 역사) 역시 묶여 있다는 것이다. 인간은 흐르다 한곳에 접히게 된 물질화된 접힘이자, 그 접힘의 운동과정이고, 인간의 삶이란 무엇보다도 지구적 순환운동에의 참여를 함축한다. 우주의 한 접힘인 지구라는 마당에서 창발한 한 접힘—그것이 바로 인간이다. 또는 우주의 한 접힘인 지구에서 창발한 실로 놀라운 접힘인 ("지구에서 전에 본 적 없는, 확장하고, 수축하고, 뻗고, 앞뒤로 운동하는 능력"[198]을 갖춘) 동물, 그것의 개성적 한 표현 형태—그것이 바로 인간이다. 그렇다면 인류의 출현 이전에 지속되어, 인간 신체에 누적되어 있는 우주적/행성적/지구적 운동과정, 그 딥 히스토리에 대한 이해 없이, 우리는 우리 자신을 결코 이해할 수 없다. 그리고 누군가가 비인간물질과 인간을, 자연[자연물]과 문화[인공물]를 둘로 딱 잘라 구별하는 존재론적 몽매에 빠져 있다면, 그건 이 사실에 무지해서이지 다른 이유에서가 아니다…. 이처럼 네일은 지구론과 지구 이해를 인간론과 인간 이해의 선요건으로 제시한다.

어떤 지구사가 우리의 여정[실존/신체]에 누적되어 있다는 말인가? 네일은 지구의 물질사를 알아야 비로소 현재의 지구와 인간이 보인다고 말한다.

지구의 물질사를 구성해 온 것으로 그가 언급하는 네 가지 지구동역학적 운동마당[운동패턴/운동시스템]은 이런 것들이다—(명왕누대의) 미네랄[광물]적 운동마당, (시생누대의) 대기적 운동마당, (원생누대의) 식물적 운동마당, (현생누대의) 동물적 운동마당. 네일에 의하면, 이 운동마당들은 하나씩 펼쳐져서는 누적되고 결합되고 상호작용하며 지구를 변형시켰고 또 오늘의 지구를 이루고 있다. 그 운동마당들의 과거는 아직도 현재를 살고 있다. 현재 지구에 존재하는 물질은 전부가 이 역사과정에서 창발한 것들이다.

예컨대, 가장 먼저 자기를 펼친 미네랄 운동마당에서, 그 마당을 이루며 온갖 미네랄이 창발했다. 네일이 보기에, 지구의 가장 기본 되는 마당의 성질인 이 미네랄성[광물성]은 "원자 단위의 물질들이 고체의 결정체가 되도록 질서를 부여하는 과정"(80)이다. 명왕누대 시기 이 미네랄들은 그러나 고체가 아니라 엄청나게 유동적인 물질이었다는 것이 네일의 설명이다. "어디로 튈지 모르는 식으로 흐르고, 녹고, 자기를 다시금 형성하는"(79) 상태였다는 것이다. 이렇게 초창기의 원시지구는 "원자들의 미네랄 흐름"(79)이 주를 이룬 지구였다. 그런데 그가 보기엔, 이런 원시지구의 미네랄성은 오늘 우리가 생물이라고 부르는 물질, 인간이라 여기는 물질의 기초를 여전히 이루고 있다. (금속으로 된) 핵이라는 구심의 형성, 자기장의 형성을 대동한 미네랄 층의 형성과정 그리고 그 결과물(뼈 같은 미네랄 코어와 지층, 그 구성 물질)은 모든 생명현상의 토대로, 지구의 모든 생명현상(생물을 포함)은 이 토대에서 한 번도 분리된 적이 없다. 달리 말해, 우리가 생물에서 가장 쉽게 발견하며 생물의 성격이라 단언하는, 또는 일부 신유물론자들이 만물에 적용하고 있는 "생기성이란 곧 미네랄적인 것이다."(73) (혹자들이가 말하듯, "미네랄의 덩어리가 실은 생기적"인 것이 아니라.) 모든 생물의 신체, 동물의 신체는 미네랄 신체이다. 인간이라고 예외가 될까? 그러나 네일에 따르면, 인체는 단순히 미네랄 신체만은 아니다.

"지구와 마찬가지로, 동물의 신체는 미네랄적[광물적]이고, 대기적이고,
식물적이다. 우리는 동물을, 그들 이전에 나왔던 특정 운동패턴들 그리고 딥
히스토리에서 분리할 수 없다." (199)

"지구는 유연한, 유동적인 막(바다)을 지탱하는 뼈 같은 미네랄[광물] 코어를
보유하고 있다. 동물성이란 이러한 미네랄들이 액체화되고, 누적되고, 혼합되고,
다소 신축성 있는 다양한 조직들, 이를테면 근육, 연골, 힘줄, 조개껍질, 이, 뼈로
조각되는 과정이다." (203)

저 동물성[동물되기/동물됨]에서 자유로운 인간이 이 지구에 있겠는가. 그리하여 인간을 가장 잘 말해주는 단어가 있다면, 그건 바로 동물이면서도 동시에 지구라는 게 네일의 생각이다. 그는 이렇게 말한다. 인간이란 무엇인가, 오해를 지워버리면, 인간이란 사실 지구에 다름 아니다. 인간에는 이미, 언제나 지구사가, 지구사의 역사과정이, 지구가 들어와 있[었]다. 우리 자신을 아는 길은 지구를 아는 길뿐이다. 다른 식으로 말해, 휴머니멀(인간동물, humanimal) 되기로써 자기를 실현 중인 한 가지(나뭇가지를 연상해보라)의 지구 운동과정—인간의 정체란 바로 이것이다. 지구의 모든 동물이 "지구의 양상들"이자 "지구 자체의 동물되기"이듯(253), 인간동물 역시 지구의 무언가 되기의 독특한 한 양상일 뿐이다….

이러한 인간관은 지구과학과 인체과학이 밝혀낸 사실과도 조화롭다. 지구를 이루고 있는 산소, 탄소, 질소, 칼슘이 인간의 체세포 구성성분상 각각 65%, 18%, 3%, 1.5%(무게비율)를 차지한다는 사실, 지구를 이루고 있는 바로 그 미네랄분자와 기체분자와 물분자와 유기분자들이 인체의 뼈와 연골과 근육과 장기와 세포를 이루고 있다는 사실 말이다. 딥 히스토리의 각 역사 시기마다 누적과 융합과 총체적 변형의 역사가 물결쳤지만, 그럼에도 오늘 우리의 인체과정을 이루는 물질은, 우주를 떠돌다 별로 '접히게 된' 바로 그 물질들이고 끊임없이 지구운동과정을 재구성하고 갱신해 온 바로 그 물질들이다.

【4】

이 모든 이야기의 귀결점이 있다면, 그건 인간 재규정일까? 우주와 지구의 운동과정과 그 역사에 관한 앎은 물질에 눈뜨게 해주고, 최종적으로는 우리 자신이 누구인지를 알아차리게 해주는 듯하다. 그러나 지구에 관한 유물론적 탐구인 『지구론』의 최종 목적지는 지구에 관한 인식의 혁명도, 인간에 관한 이해의 지진도 아니다. 오히려 그것은 자본주의에 맞서는 지구/흙 윤리인데, 토마스 네일은 이것을 퇴비 윤리(compost ethics)라고 부른다.

퇴비 윤리라고? 해러웨이(Donna Haraway)가 연상되지만, 네일의 퇴비 윤리론를 이해하려면, 흙보다는 (이번에도) 우주로 먼저 시선을 옮겨야 한다. 그 윤리가 지구, 지구 안의 만물, 우주의 전반적 경향에 관한 독특한(?) 이론을 디디고 있기 때문이다. 그 이론의 기본 명제는 이것이다—지구와 만물과 우주는 내부에서 창출된 에너지를 지출[소진]하고(dispend) 분산시키는(disspate) 방향으로만, 그리하여 죽음(죽음, 그러나 언제나 삶을 번성케 하는 죽음)이라는 방향으로만 나아가고 있다. 이 지출-분산의 동역학 시스템 안에서, (인간과 자연의) 번영이란 곧 에너지 지출-분산에 다름 아니다.[i] 효율적 에너지 지출-분산의 다른 이름은 잘 죽어 감 또는 에너지 지출을 최대로 늘리며 종국엔 죽음에 잘 도달함이다. 자본주의가 저지른 범죄는, 지구의 바이오매스를 대량 파괴함으로써, 탄소 집적으로 인한 열을 과다발생시킴으로써, 지구의 역동적 지출-분산 과정을 교란했다는 것, 지구 전체와 (일부 인간을 제외한 대부분의) 물질들의 평균 에너지 지출율을 (즉, 번영을) 감축시켰다는 것이다.

퇴비화 과정은, 네일에 따르면, "지출의 지출" 또는 "자본주의적 효용성과 축적의 정반대물인 죽음이라는 선물"이라는 에토스[윤리감성]에 따라 진행된다(295). 사용되고 폐기된 물질은 퇴비화 과정에서 미네랄, 대기[공기], 식물, 균류, 동물 신체들 사이에서 공유되어 이용된다. 이 신체들은 그 물질을 이용해 에너지를 지출하는 것이다. 그러니까 좋은 흙이란 지출이 더 잘 일어나는 마당인 셈이다(295). 가령, 이런 식이라는 것이다. 텃밭에서 퇴비가 되는 것

---

[i] 그러나 네일이 강조하는 것은 흥청거림, 죽음을 향한 돌진이 아니다. 그가 말하는 좋은 지출은, 지구의 다른 물질(제 3세계 민중, 여성, 지구 안의 숱한 동식물⋯)의 충분한 지출을 가로막지 않는 선의 그것임을 확실히 알 필요가 있다. 동시에 지구에서 일어나는 인간의 좋은 지출은, 최대한 많은 다수 인류 전체의, 최대한 많은 다수 비인간들의, 최대한 다양한 방식의 지출, 지구 전체의 지출을 증대시키는 방식의 지출이다. 그리하여 네일은 다음 세 가지를 주장한다. (1)지구의 지출량을 증대하라 (2)모든 것을 퇴비화하라 (3)다양성을 증대하라 302)

들은 박테리아와 균류를 번성케 한다. 번성한 이들이 분해한 물질은 흙으로 스며들어서는 흙의 박테리아, 균류, 식물 간 공생 관계를 두텁게 한다. 그리고 인간은 그 결과 식물의 꼴로 변형된 퇴비의 일부를 먹고는, 에너지를 만들지만, 그 대부분은 태워서 열의 형태로 대기 중으로 방출한다. (즉, 제 에너지를 지출-분산한다.) 또한 그 과정에서 인체 안에서 생긴 고체 형태의 폐기물은 흙으로 돌아가 분해되어서는 퇴비화 과정에 승선한다(296). 이렇게 하여 흙의 능력은 증대된다…. 바로 이것이 네일 식의 자연 번영, 즉 에너지 지출-분산의 선순환이다.

하지만 왜 이 과정을 "죽음이라는 선물"의 에토스가 이끈다고 말한단 말인가? 죽은 것들(유기적 형태의 폐기물)은 분해자들의 노동, 즉 퇴비 만들기로써 산 것들을 위한 선물이 된다. 모든 죽음은 이처럼 이 지구-우주 안에서는 선물성을 띤다. 그러나 그 죽음이라는 선물을 받은 이들은 그 선물을 보존하는 데 신경 쓰기보다는 하루속히 써버리는 데, 즉 죽어 가는 데 몰두한다. (모든 산 것들은 에너지 소비를 최대화하려는 소비자들이다.) 그리하여 그 자신이 죽음이라는 선물이 되는 길에. 그리고 이처럼 죽음이 삶으로, 그 삶이 죽음으로, 그 죽음이 삶으로…무한히(또는 무한한 듯) 연결되는 이 궤도가 지구적/우주적 선순환 궤도이다. 이 궤도를 꽉 막은 원흉이 있으니, 죽음을 싫어하고 영생을 선호하며(그 한 형식이 플라스틱이라고 네일은 지적한다. 그러나 트랜스휴머니즘 역시 이것을 분명히 보여주고 있다.) 죽음을 미워하라고 강요하는 자본주의 경제학과 경제가 바로 그것이다…. 네일의 죽음-생명[삶]론을 내 식으로 해석하면 이렇게 된다.

이처럼 토마스 네일은 지구론을 인간론으로, 에너지론으로, 지구 안의 모든 중생(衆生)의 삶에 관한 이론으로, 최종적으로는 자본주의를 극복하는 퇴비의 윤리론으로 연결해낸다.

【5】

그러나 이런 퇴비 윤리가, 선순환적 퇴비화를 선호하는 윤리감성이 조금이라도 우리의/누군가의 것이 되려면, 글 앞머리에서 필자가 이야기한 '인간의 죽음'이 선행되어야 할 것이다. 물론, 이 '인간의 죽음'은 타자에게 선물이 되는 물질들의 죽음이 아니라 (근대적) 정신의 죽음, 생각의 죽음, 행동의 죽음을 일컫는다. 네일 식으로 생각하면, 자기와 지구가 별개라는 생각의 죽음이자 죽음을 혐오하는 생각의 죽음이다. 내 식으로 말하면, 좁은 자기상과 좁은 번영관에 갇힌 채, 그리하여 제 본모습이 뭔지조차 생각할 기회에서 멀어진 채 경제주의(개인의, 기업의, 국가의 경제주의)와 기술맹신에 매몰되고 만 상태, 즉 좀비됨/좀비스러움의 죽음이다.

어떻게 이것이 죽을 수 있을까? 그러려면, 언어부터 먼저 죽어야 한다는 게 내 생각이다. 지구는 엄연히 '내' 밖에 있는 것이라고, '나'는 아니라고, 집 안에서 행복하면 그게 행복이라고, 인류 최후의 동아줄은 엔지니어링이라고 생각하도록 우리의 생각을 왜곡하고 하향평준화하는 곪은 언어들 말이다. 대표적으로는 '환경', '자원', '관리'(가로수를 관리하려 하지 말고 돌보고 모시자), '역대급', '스마트팜' 같은 역겨운 언어들.

죽음은 언제나 일시적이고 국소적이다. 오직 전체를 못 볼 때만 죽음은 어둡고 두렵다. 죽음 없이 새 삶이 있을까. 죽어서 새로 나온 자, 자기가 지구라는 몸에서 뻗어 나온 하나의 손가락임을, 자기가 일순간도 지구와 분리되어 있지 않음을, 늘 지구와 함께함, 늘 지구되어 있음이라는 정체성이 자기의 말단적 정체성이 아니라 본질적 정체성임을 알아차린 자. 그리하여 자기살림이 무언지를 태어나 처음으로 생각하게 된 자. 지구인간, 천지인간(DMZ평화생명동산 이사장 정성헌의 말로는 천지인민)이라고 부를 수 있을 자. 바로 그 자를, 누군가 지금 부르고 있다. 지금, 어디선가.

우석영

◆ 생태전환 · 탈근대전환 연구자이자 작가 ◆ 탈소비주의,
채식, 업사이클링, 글쓰기, 강의 등으로 기후행동에
연대하고 있다 ◆ 산현재(기획위원), 동물권연구변호사단체
PNR(전문가회원), 생태문명원 (연구위원) 등에서 활동한다
◆ 주요 저서로 『불타는 지구를 그림이 보여주는 것은
아니지만』, 『걸으면 해결된다 Solvitur Ambulando』(공저),
『철학이 있는 도시』, 『낱말의 우주』 등이 있다

빅 히스토리와 인류세

전
병
옥

1977년 9월 5일 무게 722킬로그램의 작은 우주선을 싣고 하나의 로켓이 발사되었다. NASA의 야심찬 계획이 집합된 보이저(Voyager) 1호였다. 이 우주선은 태양계 바깥으로 가는 것이 목적이고, 이 과정에서 화성 바깥쪽의 모든 행성, 즉 목성, 토성, 천왕성, 해왕성을 탐사할 계획이었다. 상상만 하던 원대한 목표가 이 우주선에 오롯이 담겨 있었다. 지구를 떠나 약 10년이 훌쩍 넘은 시간인 1990년 2월 14일 보이저 1호는 드디어 태양계의 끝 지점에 도달했다. 성간 여행을 시작하려는 것이었다. 지구로부터는 약 10억 킬로미터 거리였는데, 보이저 프로젝트에 참가했던 천문학자이자 『코스모스』의 저자로 유명한 칼 세이건(Carl Sagon)은 이 순간의 의미를 남기고 싶었다. 그는 하나의 아이디어를 NASA에 제안했는데, 보이저 1호의 방향을 돌려 지구를 비롯한 태양계 행성의 사진을 찍자는 것이었다. 쉽지 않은 일이었지만, 의미가 있다고 판단한 NASA의 담당자들은 이 작업을 수행했고, 60개의 개별 사진들을 종합해 태양계 행성의 '가족사진'(the Family Portrait)을 완성했다. 이 중 지구 부분은 '창백한 푸른 점'(the Pale Blue Dot)이라는 유명한 이름이 붙었다. 칼 세이건은 후에 이 사진의 의미를 다음과 같이 설명했다.

23

태양계를 벗어나 성간 공간을 날아가는 보이저 1호의
상상도(위)와 이미지를 재처리한 '창백한 푸른 점'(아래)
[출처] NASA)

"지구는 우주에 떠 있는 보잘 것 없는 존재에 불과함을 사람들에게
전하고 싶었다."

칼 세이건의 설명은 설득력이 있었다. 이 사진을 본 사람들은 지구는 우주라
는 광활한 공간 속의 티끌 같은 존재라는 사실을 받아들였다. 인류는 오랫동
안 이 지구의 일부를 차지하기 위해 수많은 분쟁을 겪었고, 서로를 존중하기
보다는 사무치게 증오하는 일이 많았다. '창백한 푸른 점'은 이런 우리의 역사
가 얼마나 부질없는 짓이었는지 증명하는 사진인 셈이었다.

　우주는 약 138억 년 전 '빅뱅'(Big Bang)이라는 사건을 통해 탄생했고, 지
금도 풍선처럼 팽창하고 있다. 우주에는 최소 이 조 개의 은하가 서로 뒤엉켜
있다. 그중 하나의 은하에 우리가 살고 있다. 흔히 은하수라고 부르는 우리
은하의 중심에는 어마어마한 크기의 블랙홀이 자리 잡고 있다. 아마도 태양
이 4백만 개 정도 뭉쳐 있는 크기일 것이다. 이런 은하의 변두리에 하나의 별
이 여덟 개의 행성과 함께 소박한 마을을 형성하고 있다. 우리 태양계이다. 그
렇다면 지구는 어떻게 생성되었고, 어떤 역사를 가지고 있을까? 빅 히스토리
(Big History)의 일부인 지구의 역사를 몇 가지 단계를 통해 살펴보자.

【지구 1.0: 원시 지구의 생성】

태양계의 초기에 엄청나게 뜨거운 가스층과 작은 돌들이 태양을 돌고 있었
다. 가스와 작은 돌들은 차츰 뭉치기 시작했다. 이런 과정이 반복되어 약 45
억 년 전 지구가 탄생했다. 처음 뭉치기 시작한 후 약 1,000~2,000만 년이 흘
러 지금과 같은 행성의 크기를 이루었을 것으로 보인다. 응축되지 못한 먼지
는 바깥으로 밀려났을 것이다. 지구의 크기가 커지면서 강한 압력에 의해 내
부의 온도는 뜨거워졌다. 이 과정에서 철과 같은 금속들은 액화되었고 토양

을 이루는 규소염보다 무거웠기 때문에 밑으로 가라앉고 규소염을 표면으로 밀어 올렸다. 이런 변화를 '철의 대변혁'(Iron Catastrophe)이라고 부른다. 지구 형성 후 1,000만년의 시간 동안 벌어진 이런 변화로 지구는 내부에 밀도가 높은 금속 액체(내핵) 층과 외부의 가벼운 토양(맨틀)층으로 분리되었고, 전도성이 높은 내핵의 금속들로 인해 지구 전체는 하나의 거대한 자석으로 변모했다.

이 시기의 태양계는 현재와 같은 일정한 질서가 없었고, 커다란 행성들이 여기저기 날아다니는 무질서의 세계였다. 이 때, 화성 정도의 크기를 가지는 거대한 물체가 지구와 충돌했을 것으로 보인다. '거대충돌 가설'(Gigant Impact Hypothesis)로 불리는 이 사건은 지구 전체를 흔들었고, 돌멩이가 쪼개지듯이 맨틀의 일부가 튀어나갔다. 다만, 지구 중력에 의해 튀어나간 조각은 지구 중력에 의해 멀리 가지는 못했는데, 이 조각이 달이 되었다. 달의 밀도가 지구보다 낮은 이유는 지구 중심의 금속이 아니라 바깥층의 맨틀이 주로 분리되었기 때문인 것으로 추정된다. 그렇지만 내부 중력이 있기 때문에 달도 구 형태로 변했고, 지구를 중심으로 궤도 운동을 하게 되었다. 지구 생성 후 약 3,000만 년이 지난 후에 벌어진 일이다.

지구 내부에 있는 금속은 액체 상태이므로 계속 움직이면서 내부의 더 뜨거운 열을 외부로 분산시켰다. 이런 움직임은 바깥의 맨틀 층에 영향을 미쳤는데, 이 때문에 맨틀도 서서히 움직이게 되었다. 초기의 맨틀은 지금보다 훨씬 뜨거운 섭씨 1,600도 정도여서 맨틀의 움직임은 더 활발했을 것이다. 이런 과정은 수 억 년의 시간 동안 지속되었는데, 맨틀의 온도가 낮아지면서 움직임은 줄어들었고 지표면에는 대륙이라 부를 정도의 지각이 형성되었다.

초기에 지구 내부로 섞여들지 못한 가벼운 물질(수소나 헬륨)들은 잠깐 지구 주위에 머물다가 태양풍과 지구의 열로 인해 대부분 날아가 버렸다. 이후 지구 내부에서 뿜어져 나오는 휘발성 기체가 대기에 축적되었는데, 주로 온실 효과를 강화시키는 물질들이어서 지구의 평균 온도는 지금보다 상당히 높은 수준이었을 것이다. 이후 지구 형성이 어느 정도 안정화되면서 온도가 낮아지게 되었는데, 이로 인해 대기 중에 있던 기체들이 액체가 되어 마침내 비가 내리기 시작했다. 아마도 최초의 비는 섭씨 300도 정도의 뜨거운 상태였을 것이다. 뜨거운 비라도 액체이므로 지표면의 온도를 낮추는데 기여했을 것이다. 무려 1000년 이상 이어진 비로 인해 지표면은 서서히 식어 갔다. 이후 다른 행성과의 충돌을 통해 바다가 모두 증발했고, 그 와중에 얼음을 가득 담고 있던 행성과의 충돌로 지구의 바다가 형성되었다. 바다의 형성에 대한 여러 논란이 있지만, 초기에 지구 형성과 함께 생성되어 몇 번의 굴곡을 겪었다는 것이 현재 가장 유력한 학설이다.

비는 강이 되어 대륙 지각을 침식했으며, 지각을 형성하는 여러 원소가 강물과 함께 바다로 흘러들어갔다. 시간이 지나면서 더욱 많은 종류의 원소가 흘러갔고, 현재의 바다와 같은 조성이 되었다. 이 과정이 안정되면서, 지구는 물과 원소들의 순환체계가 자리 잡게 되었다. 바닷물에는 거의 모든 종류의 원소가 녹아 있는데, 나트륨과 염소가 가장 많이 녹아 있다. 우리 몸 속의 혈액과 조직액도 나트륨과 염소를 많이 포함하고 있다. 농도는 다르지만, 비슷한 상황임을 알 수 있고, 인간을 비롯한 모든 생명체는 물과 물질의 흐름에 의존해 살고 있다는 것을 보여준다.

【지구 2.0: 생명의 탄생】

원시 대기와 바다가 만들어지는 과정이 중요한 이유는 생명이 탄생할 수 있는 환경이 조성되었기 때문이다. 무생물에서 유기물이 나타난 과정에 대해서는 온갖 신화와 함께 다양한 모델이 존재했다. 쉽게 상상하기 힘든 만큼 합리적 추론의 단계를 넘어서는 이야기 구조가 설득력을 가지기도 했다.

지구에 생명이 출현한 시기에 대해서는 아직 논쟁의 여지가 남아 있다. 달을 만들 수 있을 만큼 커다란 충돌이 있은 후 수억 년이 지난 시점인 것으로 추정된다. 생명의 탄생에 있어 첫 단계는 핵산과 아미노산 등 생명을 구성하는 단순한 유기물이 만들어지는 합성 반응이다. 언뜻 말도 안 될 것 같은 이런 반응은 실험을 통해 증명되었다. 1953년에 이뤄진 밀러-유리 실험은 물, 메탄, 암모니아, 수소가 있는 혼합 기체에서 번개의 역할을 하는 전기 스파크로 유기물이 합성되는 것을 확인했다. 이 실험 조건이 원시 대기와 똑같을 수 없다는 이유로 초기에는 여러 의구심이 있었으나, 이후 원시 대기와 좀 더 유사한 조성을 사용한 실험에서도 같은 결과를 얻었다. 최근에는 컴퓨터 시뮬레이션을 통해 좀 더 다양한 실험 모사가 가능한데, 매우 확률이 낮지만 무기물에서 유기물이 합성될 수 있다는 점은 확인이 되었다.

생명체가 하나의 집이라면, 무기물에서 합성된 핵산과 아미노산은 벽돌을 구성하는 작은 알갱이에 불과하다. 따라서 생명의 탄생을 넘어서 복잡한 생명체가 되기 위해서는 몇 가지 단계를 거쳐야 한다. 자신과 유사한 자손을 낳는 능력(자가증식), 스스로 에너지를 생산하고 결함을 고치는 능력(물질대사), 음식이 들어오고 노폐물이 나가며 원치 않는 물질을 막아내는 경계막(세포막) 등이 이런 단계이다. 처음 만들어진 원시 세포는 여러 종류가 있었으나, 이 중 단 한 종류만이 살아남아 모든 생물의 공통 조상(Last universal common ancestor, LUCA)이 되었을 것으로 본다. 이 조상세포는 약 35억 년 전에 출현했으며, 세포막과 리보솜을 갖췄으나 세포핵이나 막성 세포기관이 없는 원핵생물이었을 것이다. 현대의 세포들처럼, 조상세포는 DNA로 유전적 정보를 기록하고, RNA가 정보 전달과 단백질 합성을 맡았으며, 반응을 촉진하기 위한 수많은 효소들이 있었을 것이다. 몇몇 과학자들은 조상세포는 한 종류가 아니었으며, 서로 유전자 전달을 통해 유전자 교환이 있었을 것으로 보고 있다.

【지구 3.0: 산소 대폭발】

원핵생물은 10억 년 이상 지구에 존재했지만, 더 정교한 생명체로 진화하지는 못했다. 이 세포들은 주변 환경에서 에너지와 음식물을 섭취했으며, 발효 과정으로 에너지를 만들어냈다. 발효는 혐기성, 즉 산소가 없는 환경에서만 가능한 과정이므로 이 당시의 모든 생물에게 산소는 매우 낯선 환경 요인이었다. 그러나 대기의 상황은 약 25억 년 전부터 서서히 바뀌게 되었는데, 바다로부터 새로운 생명체가 출현했기 때문이다.

새로운 생명체는 태양으로부터 에너지를 받고 대기 중의 이산화탄소를 원료로 하여 성장하는 독특한 반응을 할 수 있었다. 현재 생태계의 근간을 이루는 광합성(Photosynthesis)이 시작된 것이다. 남세균 혹은 청록균이라고 하는 새로운 생명체에 의해 가능한 일이었다. 마침 적당한 환경도 조성되고 있었다. 젊은 행성은 상당히 짧은 자전 주기를 갖다가 안정되면 자전 주기가 길어지는데, 원시지구는 6시간의 자전 주기를 거쳐 현재의 24시간 주기를 갖게 되었다. 남세균이 나타날 즈음에는 자전 주기가 길어져 태양으로부터 에너지를 받는 낮의 시간이 늘어났다. 광합성에 좋은 환경이 조성된 것이다. 광합성 반응의 결과물은 체내에 쌓이는 탄소화합물과 공기 중으로 배출되는 산소이다. 따라서 남세균 번창과 비례해 대기 중의 산소 농도도 증가했다.

이후, 산소의 농도는 거침없이 상승했고, 산소가 없는 환경에 적응한 세포들은 대부분 소멸되었다. 오래된 것은 가고 새로운 것만 남은 셈이다. 지구의 역사에서 워낙 두드러진 사건이라 이 시기를 '산소 대폭발'(the Great Oxygenation)이라고 부른다. 산소 농도의 상승으로 대기권의 끝자락에 또 다른 산소 덩어리인 오존이 층을 이뤄 형성되었다. 그리고 이 오존층은 지구의 자전으로 인해 북극과 남극에 더 두터운 층을 이루게 되었다. 오존층은 독특한 역할을 하는데, 자외선처럼 태양으로부터 오는 전자파 중 에너지 밀도가 높은 것들을 차단해 주었다. 약 20억 년 전, 지구는 이렇게 생명 활동에 유리한 조건을 차곡차곡 갖춰가고 있었다.

광합성으로 인해 대기 중 이산화탄소의 농도는 계속 줄어들었고, 온실효과가 축소되어 지구의 표면 온도는 유래례가 없을 정도로 낮아졌다. 온도가 낮아지면서 햇빛을 덜 받는 남극과 북극 지방이 눈과 얼음으로 채워졌다. 그리고 이 얼음덩어리들은 점차 세력을 확장해 결국에는 적도 지방의 극히 일부를 제외하고 지구의 모든 지역이 얼음으로 뒤덮이게 되었다. 우주에서 봤다면 지구 전체가 하나의 커다란 얼음덩어리로 보였을 것이다. 산소 대폭발 이후 살아남은 생명체들은 다시 혹독한 생존의 시기를 겪어야만 했다.

【지구 4.0: 생명 대폭발】

지표면은 꽁꽁 얼어붙었어도 지구 내부의 활동은 그대로였다. 이따금씩 화산이 폭발했고, 그때마다 다량의 이산화탄소가 분출해 공기 중으로 퍼져나갔다. 이런 과정이 반복되면서 다시 온실효과가 강화되었고, 이후에 지구는 얼음덩어리를 벗어나 온화하고 따뜻한 환경으로 변했다. 지구는 다시 생명체가 살기 좋은 곳으로 바뀌었고, 얼음덩어리 상태의 지구 환경은 현재까지 나타나고 있지 않다.

긴 시간이 지난 후 이제 5억 4천만 년 전에 도착했다. 지구의 온도가 상승하면서 땅과 바다는 온갖 종류의 식물들로 채워졌다. 그리고 탄소와 물을 비롯해 여러 물질들의 순환 체계가 안정화되고 정교해져 역동적인 생명 활동을 촉진시켰다. 이 시점에 또 다른 대폭발이 일어났다. 비교적 짧은 시기에 놀랄 만큼 다양한 동물들이 출현해 생태계가 점점 풍성해진 것이다. 이 시기를 고생대라고 부르고, 짧은 시간에 생태계가 활발해진 이 사건을 '캄브리아 대폭발'(the Cambrian Explosion)이라고 한다. 이 사건 이후 약 1억 년 동안 생태계는 꾸준하게 다양해지고 정교해졌다. 이 시기 생명체의 진화를 들여다보면 감탄과 함께 진화의 경이로움을 느낄 수 있다. 바다 속에서부터 다양해지기 시작한 생명체들은 점차 육지로 진출했다. 비교적 간단한 양서류와 파충류가 시작이었고 점차 육상 동물들도 다양해졌다. 생태계가 풍성해질수록 물과 탄소의 순환 시스템도 안정화되었고, 이는 지구 환경이 얼음덩어리 상태로 가는 것을 방지하는 것으로 보인다. 광물과 대기, 물로 이루어진 지구 시스템에 생명체가 합류하면서 본격적인 새로운 환경 조절 매커니즘이 가동된 것이다.

그러나 생명체들은 한정된 지역에 모여 살았다. 수직적 관점에서 보면 해발 500미터에서 11킬로미터 사이가 생태계의 구역이고, 추운 지역은 피하고 따뜻한 지역에 대부분 모여 살았다. 생명체는 다양해졌지만 이들의 서식 환경은 협소했다. 그리고 이런 서식 환경은 외부 위험에 상당히 취약할 수밖에 없었다. 따라서 소행성의 충돌이나 대규모 화산 활동이 일어나면 짧은 시간 안에 서식 환경이 급변했고, 이에 적응하지 못한 생명체들은 소멸되는 일이 반복되었다. 캄브리아 대폭발 이후 지구 생태계는 현재까지 다섯 번의 대멸종과 스물네 번의 소멸종을 겪었는데, 다행히 모든 생명체가 소멸된 것은 아니어서 서식 환경이 나아지면 다시 맹렬하게 진화하는 일이 반복되었다. 다섯 번의 대멸종 중 가장 심각한 피해는 2억 5천만 년 전에 일어났다. 이 당시 지구 내부의 힘에 의해 대규모 화산 활동이 빈번하게 일어났는데, 이 때 분출된 이산화탄소가 온실효과를 강화해 지구 평균온도가 상당히 상승하게 되었다. 이 기간 동안 바다 생물의 96퍼센트가 소멸했고, 육지 생물도 그 이상 소멸되었을 것으로 추정된다. 가장 최근의 대멸종은 약 6천 6백만 년 전에 일어났는데 소행성의 충돌이 원인이었을 것으로 추정된다. 이 사건으로 1억 년 이상 지구를 지배하던 거대 파충류, 즉 공룡들이 대부분 소멸하고, 소수의 공룡만이 현재의 조류로 진화하여 유전자를 남겼다.

【인류의 등장】

인류의 등장은 지구의 역사에서 아주 최근에 벌어진 일이다. 현재까지의 연구 결과를 보면, 지난 5백만 년 동안 최소 서른한(31) 종의 영장류 후손이 아프리카와 유라시아 대륙에 거주했다. 이 중 일부는 멸종했고, 일부는 현생 인류와 가까워 유의미한 유전자 흔적을 남기기도 했다. 영장류의 진화도 총 4단계로 구분해 볼 수 있다. 5백만 년 전에 나타난 영장류는 직립보행을 시작했고, 3백만 년 즈음엔 간단한 도구도 사용했다. 그리고 180만 년 전에 큰 뇌 용량을 가지고 똑바로 걷는 직립인간, 호모 에렉투스가 등장했다. 이들은 불을 사용할 줄 알았고 음식을 익혀 먹으면서 더 많은 에너지를 축적할 수 있었다. 축적된 에너지는 뇌의 활동을 촉진시켜 용량이 계속 증가하는 데 기여했을 것이다. 그리고 70만 년 전 더 큰 뇌와 지적 능력을 보유한 호모 하이델베르크 (Homo Heidelbergensis)가 나타났다. 이들이 현생인류의 직접적인 조상으로, 약간의 언어 능력도 있었을 것으로 추정한다. 그리고 20만 년 전에 드디어 '현명한 사람', 즉 호모 사피엔스가 등장했다.

호모 사피엔스는 여러 가지 면에서 흥미로운 존재이다. 먼저 이들은 비슷한 뇌 용량을 가졌으면서도 힘은 더 센 종들과의 경쟁에서 승리했다. 물론 경쟁자인 네안데르탈인의 유전자는 일부 남아 있으므로 경쟁 외에 협업도 했을 것으로 보이지만, 이들 간의 경쟁은 커다란 수수께끼였다. 최근의 가설은 두개골 변화에 따른 호르몬 분비가 이들의 운명을 갈랐다고 설명한다. 두 종은 모두 볼록한 형태의 두개골을 가지고 있었는데, 호모 사피엔스는 차츰 납작한 형태로 진화했다. 두개골이 변하면서 남성 호르몬인 테스토르테론 분비가 억제되었는데, 이로 인해 호모 사피엔스는 과격하고 즉흥적인 행동을 조절하게 되었다. 반면 네안데르탈인은 여전히 과격한 면이 있었는데, 안정적이고 온화한 사회 분위기를 선호하는 암컷에 의해 과격한 수컷들이 점차 배제되었을 것이다. 두 종만 본다면, 좀 더 친절하고 자제력 있는 종이 집단의 선택을 받았고, 이게 호모 사피엔스가 경쟁우위를 가지게 된 요인이다. 적자생존이 아니라, '친자생존'(survival of the friendliest)의 법칙이 적용된 셈이다.

경쟁에서 승리했지만, 호모 사피엔스의 삶은 나아지지 않았다. 기후 환경이 계속 불안정했기 때문이다. 심지어 7만 년 전에는 자칫 멸종할 수도 있었다. 아프리카 대륙에 모여 살던 인류 중 생식 가능 인구가 남녀 각각 만 명 정도에 불과했기 때문이다. 그 시기 즈음에 일어난 대규모 화산 활동이 지구의 온도를 낮춰 견디기 힘든 혹독한 추위가 닥쳐온 것이 원인이었을 것으로 추정된다. 실제로 70억 명이 넘는 현 인류는 한 무리의 침팬지보다 유전적 다양성이 부족한데, 아마도 7만 년 전의 일로 인해 거의 모든 인류가 멸종하고 살아남은 극소수의 공통조상의 후손이기 때문일 것이다. 인류 문명의 수치인 인종차별이 얼마나 어리석은 짓인지 빅 히스토리만 봐도 알 수 있다.

앞에서 자제력과 친절함은 호모 사피엔스의 큰 경쟁력이라고라는 점을 살펴봤다. 여기에 더해 정보 처리 능력이 결합되었다. 주위 환경을 관찰하고, 이를 통해 모은 정보를 하나의 이야기 구조로 정리해 다른 사람들과 소통하여 집단의 능력을 훨씬 배가시켰다. "만약(if), 그리고(and), 그러면(then)"이라는 구조가 우리의 핵심 정보처리 엔진이다. 단순해 보이지만, 이렇게 정리된 구조를 가지면서 사람들 간의 정보 교환이 활발해지고, 이는 집단의 경쟁력을 계속 상승시켰을 것이다. 정리하면, 호모 사피엔스는 자제력과 정보 처리 능력을 확보하면서 개인이 아닌 집단의 경쟁력을 향상시켰고, 사회를 이루었을 때 훨씬 강력한 능력을 발휘하기 시작했다. 생존 환경은 크게 나아지지 않아서 여전히 힘든 삶을 유지했지만, 호모 사피엔스의 내적 역량은 계속 증가하고 있었다.

그리고 결정적인 순간이 찾아왔다. 약 12,000년 전에 갑작스럽게 기후가 좋아진 것이다. 잘 찾아보면 아주 덥거나 춥지 않은 지역을 발견할 수 있었고, 이 지역에서 정착해 살 수 있었다. 불확실한 생존 환경을 벗어나 집단의 미래를 구체적으로 계획할 수 있게 되면서 농업을 비롯한 다양한 창조 활동이 봇

물 터지듯 터져 나왔다. 몇몇 비옥한 지역으로 사람들이 모여들면서 본격적인 문명이 시작되었다. 과학자들은 이 시기를 '홀로세'(Holocene)라는 지질학 명칭으로 불렀다. 라틴어로 '아주 새로운'이라는 의미이다. 온화한 자연 환경과 축적되었던 호모 사피엔스의 사회적 능력은 지구의 역사를 보면 찰나에 불과한 시간 동안 경이적인 문명을 구축했다. 이것이 '홀로세의 기적'이고, 우리가 현재 목격하고 있는 세상이다.

【홀로세에서 인류세로】

지금까지 지구의 역사와 인류의 진화를 각각 4단계로 구분하여 살펴봤다. 빅 히스토리가 제공하는 엄청난 정보 속에서 몇 가지 사항을 정리해 보자. (1) 지구는 하나의 환경에 고정되지 않고, 계속 변한다는 것이다. 물론 변화의 과정은 천문학적 시간이 필요하므로 하나의 개체가 이를 감지하는 것은 거의 불가능하다. (2) 환경 변화를 추동하는 힘은 행성 충돌과 같은 외부 요인과 화산활동과 같은 내부 요인으로 분류할 수 있지만, 지표면의 환경을 변화시키는 직접적인 요인은 온실효과이다. 지표면과 암석, 대기와 물을 통한 지구 순환시스템이 온실효과와 연계되어 상호작용을 일으키고, 이는 생태계의 생존 조건을 결정짓는 요인으로 작용한다. (3) 마지막으로 홀로세 시기는 지구의 역사를 살펴봐도 유래례를 찾기 힘들 만큼 온화한 환경이었다. 이런 환경 속에서 인류는 갑작스럽지만 놀라운 문명을 건설했고, 그 문명의 부작용으로 인해 홀로세를 벗어나려 하고 있다.

불안한 얘기이지만, 상당수의 과학자들은 지구의 기후 환경이 최근에 질적으로 변했다는 사실을 인정한다. 이들은 지구가 이전 지질 시대인 홀로세를 벗어나 새로운 시대에 진입했으며, 직접적인 원인은 온실효과가 강화되어 지구 환경의 변동성이 커졌다는 점을 지적한다. 그리고 온실효과가 강화된 원인은 산업혁명 이후 내연기관의 확장으로 원료인 화석 연료가 과다하게 사용되었고, 화석 연료의 결과물인 이산화탄소 농도가 급증했기 때문이다. 지구 내부의 요인에 의해 환경이 변하고 있지만, 근본 원인이 자연의 활동이 아니라 인간의 활동에 의한 것이므로 새로운 지질시대를 '인류세'(Anthropocene)로 정명명하자는 제안이 설득력을 가지는 원인이 여기에 있다. 인류세를 긍정하는 사람들도 있다. 홀로세 시기의 인류 문명을 과대 해석하여 인류는 새로운 시대에 대응하기 위한 해법을 개발할 것이라고 믿는 사람들이다. 일부 동의할 수는 있지만, 시야를 조금 더 넓힐 필요가 있다. 빅 히스토리에서 우리가 얻을 수 있는 교훈은 지구 시스템에서 하나의 종은 매우 나약한 존재이며, 이들에게 최적화된 생활 방식은 환경 변화에 너무 취약하다는 점이다. 빅 히스토리는 조금만 바뀌면 모든 것이 바뀐다는 사실로 가득 차 있다. 지구 시스템은 정교한 균형을 이루고 있어서, 균형을 존중하는 개체에게는 매우 너그럽지만, 이를 파괴하는 개체에게는 무자비해지고 광폭해지는 측면이 있다.

홀로세 시기의 눈부신 발전 속에서도 정체된 것이 있다. 인간의 뇌이다. 인간의 뇌는 홀로세의 달콤함에 의해 오히려 약간 축소되었다가 산업혁명 이후 다시 회복되었다. 결론적으로 홀로세 시작과 끝 지점에서 인간의 뇌는 큰 차이가 없다. 인류는 홀로세 시작 전에 이미 충분한 사고 능력을 가지고 있었고, 온화한 기후에 힘입어 내적 능력이 현실화되었다고 보는 게 더 설득력이 있는 이유이다.

산업혁명은 인류세를 결정짓는 가장 큰 분기점이다. 인간 활동과 관련된 모든 데이터를 종합해봐도, 홀로세의 시작부터 산업 혁명 전까지 획기적으로 증가한 부분은 거의 없다. 홀로세의 12,000년 중 최근 300년을 제외하면 인간은 자연에 의존하면서 극히 일부만을 개발하여 활용하던 존재에 불과했다. 그러나 산업혁명 이후 모든 데이터는 기하급수적으로 증가했다. 인구, 농업 생산, 에너지 사용부터 학술 연구 논문과 기타 창조적인 활동까지 인간과 관련된 모든 것들이 가파르게 상승하고 있다. 화석연료를 태워서 열에너지를 얻고, 이를 다시 일 에너지로 전환시키는 시스템은 인간 문명의 핵심이 되었고, 이를 대체할 다른 수단은 아직 개발이 미진한 상태이다. 따라서 문명의 발전은 지구의 순환시스템을 교란하는 방식으로 작동하고, 그 결과가 과학자들이 주목하는 인류세의 시작이다. 우리가 현재의 방식을 조금 더 밀어 붙인다면, 인류세는 성큼 다가올 것이고, 지구 환경은 질적으로 완전히 다른 상태로 전개될 것이다. 과학자들은 이 시간을 대략 30~50년 사이로 보고 있다. 아무리 길어 봐야 21세기 내에 우리는 완전한 인류세에 접어들 것이다. 제대로 대비하지 않으면 그렇게 될 것이다.

인류세 시대의 환경 변화는 빅 히스토리를 통해 충분히 예측 가능하다. 약 5천 5백만 년 전 화산 활동 등으로 강화된 온실효과로 인해 지구의 평균 온도가 현재보다 약 8도 정도 높았다. 이 시기를 '팔레오세-에오세 극열기'(Paleocene-Eocene Thermal Maximum, PETM)라고 하는데, 당연히 지구에 있던 모든 얼음은 녹아서 해수면의 높이가 현재보다 70미터 이상 높았다. 더운 날씨와 높아진 해수면도 문제지만, 기후 안정성이 매우 취약해 기상 이변이 시도 때도 없이 일어나서, 생태계에 괴멸적 타격을 입혔다. 대멸종까지는 아니지만, 고생대 이후에 발생한 소멸종의 대부분은 이 시기에 일어난 것이다. 인류세는 이 극열기와 비슷할 것이다. 어쩌면, 극열기보다 더 심할 수도 있다. 지구 평균온도 상승이 이때보다 10배는 빠르게 일어나고 있기 때문이다. 환경에 적응하기 어려운 종부터 소멸될 것이고, 생명의 다양성은 무너져 갈 것이다. 지구 생태계의 견고한 균형은 빠르게 무너지고, 새로운 질서로 재편될 것이다. 모두 빅 히스토리를 통해 예습한 내용이다.

우리가 우려할 것은 지구가 아니다. 지구는 노련한 베테랑으로 새로운 질서와 그 질서에 적응한 생태계를 다시 구축할 것이다. 문제는 인류의 미래이다. 가뭄과 홍수, 질병과 추위는 홀로세에도 있었지만, 홀로세 이전에는 이런 일들이 더 큰 규모로 자주 발생했다. 이미 조짐이 나타나고 있다. 이런 환경 속에서 인류의 미래 세대는 계속해서 문명을 계승 발전할까? 아니면 생존에 급급했던 홀로세 이전이 시대로 돌아갈까? 인류세가 시작된 후 몇백 년이 지난 다음 살아남은 인류는 산업혁명 시기를 긍정적으로 묘사할까? 아니면 부정적으로 평가할까? 이 시기의 문명 발전을 감탄할까? 아니면 인류의 좁은 식견과 한정된 지식을 비웃을까? 대답은 미래 세대의 몫이지만, 책임은 우리에게 있다. 지질학 시대의 변화를 논의할 만큼 현재의 인류는 뛰어난 개체이지만, 자신들의 우수성을 감당하지 못할 만큼 편협하고 이기적인 개체로 남게 될 수도 있다. 앞으로 몇십 년 내에 판가름이 날 것이다.

전병옥

◈ 서강대학교에서 화학을 전공하고 포항공과대학원에서 고분자 물리화학 석사를 받았다. 핀란드 헬싱키 대학 (현 알토) MBA 과정을 마친 후 성균관 대학교 기술경영 대학원에서 박사 과정을 수료했다 ◈ 삼성전자 반도체 연구원을 거쳐 이스트만 화학(Eastman Chemical)과 사빅(SABIC)에서 글로벌 신사업 개발 임원을 역임했다 ◈ 기술마케팅연구소 대표, 바이오마케팅랩 연구소장, 고려사이버대학교 융합정보대학원 외래교수, <사이언스 타임즈> 편집위원, 생태적지혜연구소 학술위원으로 활동하고 있다 ◈ 「브레이킹 바운더리스」 (번역서), 「스타트업 마케팅 가이드」, 「헬스케어 디지털 마케팅 가이드」(공저), 「포스트 코로나 시대, 플랫폼 자본주의와 배달노동자」(공저), 「혁신기술 마케팅 전략」, 「화학이란 무엇인가」(번역서), 「케미컬 마케팅」 등의 저서가 있다

포스트휴먼으로서의 녹색계급

라투르를 중심으로

심귀연

【휴먼과 자연】

근대 계몽주의자들은 이성이 자연의 일탈을 바로잡아 문명으로 이끈다고 하였으며, 낭만주의자들은 문명이 인간의 선한 본성을 해친다고 하였다. 인간은 스스로를 자연과 분리시킴으로써 문명을 이루며 풍요로운 삶을 꿈꾸었지만, 그러한 분리가 비인간에 대한 인간의 폭력임을 깨닫게 했다. 낭만주의자들이 문명의 이기(利己)를 지적하고, 자연으로 돌아가기를 촉구했지만, 그들이 이해하는 자연은 인간에 의해 이상화된 자연이고 그들이 꿈꾸는 자연은 치유의 장이자 유토피아로 간주되었다. 반계몽주의자이자 낭만주의자들에게 자연이 여전히 인간을 위해 존재한다는 점에서 볼 때, 계몽주의자들의 자연에 대한 태도와 크게 다르지 않다. 자연을 선으로 보건 악으로 보건 자연은 존중받는 타자가 아니라 판단되는 대상이었던 셈이다.

근대 인간이 스스로를 다른 자연존재들과 구별하는 특별한 근거는 바로 '이성'에 있다. 인간만이 이성적 능력을 가지고 있으며, 이는 인간이 '자유'로운 존재인 이유이기도 하다. 여기에서 인간에 대한 존재론적 우위의 정당성이 주장된다. 이성을 가지지 못한 존재, 즉 비인간인 자연존재는 어떤 가능성도 가지지 못한다. 또한 신[Being]이 '존재자체'라면, 인간은 신이 될 가능성을 가진 존재, 즉 신을 닮은 존재로 스스로를 규정했다. 인간은 신의 대리인이자 지구의 관리인으로서의 자격을 가진 셈이다. 근대 이후, 인간은 과학기술을 통한 문명의 이기의 절정으로 치달았고, 과학의 힘을 빌려 신의 대리인이 아닌 스스로 신이 되고자 했다. 이렇게 인간은 그들과 다른 특별한 존재로 스스로를 격상했다. 비록 인간 몸은 물질성을 가지지만 인간 이성의 확장을 통해 충분히 극복될 수 있다고 믿었다. 더욱이 그 몸이 소멸하지 않는다면, 불멸하는 몸을 가진 인간은 충분히 영생할 수 있다. 그렇기에 인간이 지향하는 기술의 최절정은 영생에 있다고 하겠다. 영생과 불멸이 가능한 '신인류'로 진화할 것을 꿈꾸는 근대 계몽적 휴머니스트들의 합법적 후계자로 자처하는 트랜스휴머니스트들의 당찬 기획이 그것이다. 오늘날 그것은 '냉동기술'에서부터 '컴퓨터에 업로드되는 기억' 등, 다양한 방법으로 시도되거나 상상되고 있다.

부자가 되기를 소망하는 꿈이 이루어지면 명예를 얻고 싶어 하고, 명예를 얻고 나면 권력을 가지고 싶어 하며, 결국에는 그 모든 부귀영화가 영원하기를 바라는 마음까지 생긴다. 영생에 대한 욕망은 수천 년 전부터 지금에까지 크게 달라진 것이 없다. 다만 과학기술이 그 욕망을 실현할 수 있는 가능성을 보여줬다. 그러나 아이러니하게도 지금, 우리는 그 과학기술로 인해 영생은커녕 당장의 생존에 위협을 받고 있다. 과학기술과 산업의 발달로 인해 기후위기가 왔고, 이는 인류만의 문제가 아니라 지구적 존재 전체의 위기를 초래했다. 공생은커녕 공멸하기에 이른 것이다.

'자연을 보호하자'는 외침에도 인간 중심적인 입장에서 자연을 대하는 태도가 전제되어 있음을 부정할 수 없다. 라투르와 슐츠는 '자연을 보호'해야 할 필요성을 우리 모두가 인지하면서도 사회적 갈등이 생겨날 수밖에 없는 이유를 "일상생활의 모든 영역에 많은 갈등이 실재"[i]하기 때문이라고 말한다. 자연을 보호하기 위한 여러 조처들이 현실적 삶에서는 불평등을 야기하기 때

---

i 브뤼노 라투르, 니콜라이 슐츠(이규현 옮김), 『녹색계급의 출현』, 이음, 2002, 12쪽.

문이고, 그 불평등한 상황에서 비인간존재들의 문제가 제기되지 않은 채 오로지 관심은 인간들에게로 집중된다. 그것은 많은 사람들이 '생태주의'에 대해 관심을 가지고 있음에도 결집되지 못하는 이유이기도 하다. 그래서 라투르와 슐츠는 "생태주의는 어디에나 있으면서 어디에도 없다"[2]고 말하는 것이다. 이즈음에 이르면 우리는 '생태주의'를 새로운 관점에서 다시 사유해야 한다. 생태란 무엇인가? 그리고 자연이란 무엇인가? 인간은 무엇이어야 하는가?

【포스트자연 혹은 생태】

인간과 비인간, 문명과 자연 등, 우리는 양극단의 선택에서 자유로워져야 한다. 자연과 문화는 사실상 분리되지 않았다는 주장은 해러웨이 등 신유물론자에 의해 '자연문화'라 명명되면서 나타난다. 인간은 자연의 일부일 뿐 아니라, 존재하는 모든 것들은 서로 얽히면서 관계 맺고 있다. 그래서 인간도 자연도 새롭게 이해되어야 한다. 포스트휴먼과 포스트자연은 바로 이러한 필요성에 의해 제기된 개념이다. 기후위기 앞에서 우리는 희생자이면서도 공범자가 된다. 왜냐하면 인간은 사실상 자연이었기 때문이다. 그렇다고 인간이 위기의 책임에서 다소 부담을 벗는다는 의미는 아니다. 인간예외적인 상황을 거부하기 위해서다

자연은 물질적이다. 그것은 자연이 추상적이고 이념적인 개념이 아니라, 우리가 발을 딛고 살아가는 구체적인 장소를 의미하기 때문이다. 다시 말해 "지구라는 행성의 거주가능조건을 고려하는 것이다."[3] 이 조건을 검토함으로써 우리는 새로운 계급, 즉 녹색계급의 출현을 의도한다. 그 전에 우리는 자연

---

[2]   앞의 책, 13쪽.
[3]   앞의 책, 26쪽.

혹은 생태의 의미를 인간과의 관계에서 분명히 해 둘 필요가 있겠다.

인간은 자연을 보호해야 할 의무를 지닌 초월적 존재도 아니며, 그렇다고 해서 자연이 모든 것의 우위에 있다고 말해서도 안 된다. 우리는 양극단을 거부한다. 더 이상 자연에 해가 되지 않게 최소한의 삶을 살 것을 요구받고 불편함을 감수하라는 생태주의자들의 요구는 문명 자체를 악으로 보자는 이분법적 태도를 유지한다. 인간이 아닌 자연이 중심이 되어야 한다면 우리는 어떤 행위도 할 수 없을 뿐 아니라 존재조차 거부되어야 할지도 모른다. 우리의 발걸음 아래 밟히는 잡초나 너무 작아서 보이지 않는 생물들은 인간과 다른 차원에서 고통을 느낄 것이다. 자연을 보호하기 위한 여러 행동들은 과연 어디까지 허용될 것인가? 왜 이건 먹어도 되고, 저건 먹으면 안 되는 것일까? 최소한의 삶이란 어디까지 허용되는 것일까? 그리고 그 과정에서 가져야 하는 죄책감은 어떻게 할 것인가? 문명이 자연을 훼손했기에 문명의 거부를 통해 생태를 실현할 수는 있지만, 문명 혹은 사회가 자연과 분리되지 않는다면 문명의 거부가 곧 생태주의는 아니다.

자연은 따로 존재하지 않는다. 자연은 인간과 비인간 모두를 포함한다. 그러므로 생태주의는 지구에 거주하는 인간과 비인간 존재가 공생적 관계임을 전제로 해야 한다. 인간도 고양이도 길가에 피어 있는 꽃들도 모두 자연의 일부일 뿐이다. 그러니 자연에 대한 '고향 같은 어머니'라는 찬사는 자연의 무한한 희생의 강요처럼 들린다. 자연은 낙원도 야생도 어머니도 아닌 존재 그 자체이다. 자연에는 선도 악도 없다. 자연은 요구받지 않는다. 그저 존재할 뿐이다.

자연으로서의 우리의 삶에는 죽음이 포함되어 있다. 자연은 죽고 죽이는 관계로 얽혀 있다. 모든 관계가 그러하다. 여기에 윤리적 문제가 발생한다. 모든 존재는 자신으로 존재하고자 하는 욕구를 가진다. 이는 생(生)에의 욕구이다. 이것을 코나투스(Conatus)라고 한다. 코나투스가 없다면 풀은, 나무는, 그리고 나는 존재할 수 있을까? 내가 나이고자 하는 욕구, 이 욕구는 인간만이 가지지 않는다.

인간중심적 사회에서 생태는 인간만의 문제였고, "세계 차원의 권력 분배는 기후위기의 중심에 놓여 있다."[4] 그러나 생태란 관계들의 총체다. 생태적 삶이란 '자연'으로의 회귀가 아니라, 일상의 회복이다. 물론 누구의 일상인가가 문제가 되겠지만, 그 '누구'가 인간에만 한정되어서는 안 된다.[5] 생태의 진정한 의미는 공생에 있다. 자연보호를 외치며, 실제로는 자신의 이익에만 관심을 갖는 이들에게서 우리는 생태적 삶의 모습을 찾기 힘들다. 문제는 '공생'을 어떻게 모색할 것인가에 있겠다. 공생을 위해 녹색계급이 필요하다. 녹색계급은 좌파도 우파도 아니며, 사회주의도 자본주의도 아니다. 그것은 제3의 계급이다. 그것은 존재했으나, 존재하지 않았던 새로운 계급이다.

우리는 인간과 자연 중 어느 편을 들어야 하는가로 고민할 이유가 없다. 인간이 자연의 일부라면, 인간은 곧 자연이기 때문이다. 그러나 자연이 인간인 것은 아니다. 그러므로 우리는 이제 무엇이어야 하는가? 라투르와 슐츠는 '녹색계급'의 도래로 설명한다. 그런데 이 새로운 계급은 "유물론적인 접근을 토대로 전개되어야 한다."[6] 왜냐하면 모든 문제의 출발은 인간-이성중심적인 사유에 있기 때문이다. 우리의 일상은 얽혀 있고, 이 얽힘에서 배제되었던 물질의 영역을 우리는 다시 소환해야하기 때문이다. 녹색계급이 유물론적이라고 해서 생산의 문제에 관심을 가지는 것은 아니다. 생산의 문제는 여전히 인간만의 문제이기 때문이다. 우리의 관심은 '생성'이다.

[4]   아미타브 고시(김홍옥 옮김), 『대혼란의 시대』, 에코, 2021, 192쪽.
[5]   심귀연, 「생태철학적 관점에서 본 한국의 지역생태공동체 연구」, 대한철학회논문집, 『철학연구』 160집, 2021, 88쪽.
[6]   앞의 『녹색계급의 출현』, 23쪽.

【인간 이후의 인간, 그리고 녹색계급】

계몽주의 시대, 자유의 문제는 오직 인간만의 문제였다. 인간들 간의 억압, 불평등에만 관심을 기울여 왔다. 여기에 비인간존재는 고려되지 않았다. "환경이라는 족쇄를 벗어던진 인간만이 역사적 행위 주체성을 부여받은 존재로 취급되었다."[7] 휴먼의 본질이 '사유의 능력'이라면, 이 능력은 어떻게 행위를 이끌어냈을까? 근대인은 이것을 설명하지 못하고 딜레마로 남겼다. 데카르트는 궁여지책으로 '송과선'을 들고 나오지만, 우리는 그의 실패를 모르지 않는다. 왜 굳이 데카르트는 인간을 물질적인 것과 분리하려 했을까. 그의 철학적 신념은 인간의 욕망을 자극하여 '사실'이 되었고, 지금에서야 근대적 '사실'은 편견이었다는 것을 알게 되었다.

행위 이전에 생각 혹은 마음이 있다는 근대적 사유는 아직도 굳건하다. 그러나 생각하는 존재인 휴먼은 환상이다. 환상에서 벗어나 우리는 행위하는 존재인 포스트휴먼으로 나아가야 한다. 행위 이전에 마음이 있지 않듯이 행위는 행위자를 전제로 하지 않는다. 오히려 행위가 물질화 과정을 거쳐 행위자로 나타나는 것이다. '나'라는 존재와 '너'라는 존재가 다르기 때문에 나와 너가 다르게 행위하는 것이 아니라, 수없이 많은 행위들로 '나'라는 존재가 이해되는 것이다.

하지만 여기에서 언제나 만나게 되는 질문, 행위는 어떻게 가능한 것일까? 여기에 머물면 우리는 다시 실체론에 빠지게 된다. 따라서 우리는 '행위가 곧 존재'라고 말하려 한다. 모든 것은 행위로 존재한다. 행위란 무엇인가? 그것은 힘이자 운동이다. 애초에 있던 것은 이러한 힘과 운동이다. 물질은 힘과 운동의 집합체이다. 그것은 결코 단순하지도 견고하지도 않다. 언제나 다른 곳으로 흩어져 새롭게 모일 수 있는 가능성을 지니고 있다. 문제는 어느 정도의

[7] 아미타브 고시(김홍옥 옮김), 『대혼란의 시대』, 에코, 2021, 159쪽.

지속성을 가지고 있는가의 문제일 뿐이다. 메를로-퐁티는 고유한 몸의 영속성을 이야기하지만, 그 몸은 대상-지평의 관계에서 확장하고 변신한다고 말한다. 습관이 몸틀을 형성하고 스타일화함으로써 '무엇'이 된다. 습관은 몸의 고유한 특성인 시간성과 공간성 그리고 운동이 만들어내는 것이다.

따라서 우리는 행위가 물질성을 전제로 한다고 말하고자 한다. 행위 없이 행위자가 존재하지 않듯이 몸 없이 인간은 존재할 수 없다. 행위한다는 것은 몸적 존재임을 의미한다. 인간은 감각을 초월한 이데아에 사는 것이 아니라, 지구에 발을 딛고 사는 존재이기 때문이다. 생각은 몸으로 표현된다. 그러나 모두에게 드러나는 것은 아니다. 추운 겨울날 봄빛을 느끼는 사람이 있는가 하면, 여전히 봄날은 멀었다고 생각하는 사람이 있다. 누군가의 따뜻한 눈빛을 보고 사랑을 발견하는 이가 있는가 하면, 그의 눈빛을 읽지 못하는 사람도 있다. 생각과 마음이 깊이 감추어져 있는 것이 아니라, 표현되었으나 그 표현의 의미를 알아차리지 못하는 경우이다. 생각이 형태로 드러난다는 점에서 생각은 새로운 물질이다.

휴먼이 생각하는 존재로 규정되었다면 포스트휴먼은 행위하는 존재 혹은 표현하는 존재로 규정되어야 한다. 행위와 표현은 관계성 없이 드러날 수 없다. 메를로-퐁티는 그것을 배경과 무늬라는 게슈탈트적 용어를 차용하여 설명한다. 이때 배경과 무늬는 얽힘의 방식이다. 누군가의 배경이면서 동시에 무늬로 표현되는 인간은 매순간 물질화 과정에 있다. 이러한 존재가 포스트휴먼이다.

인간 이후의 인간, 즉 포스트휴먼은 인간도 자연도 아니면서 또 인간이며 자연인 존재이다. 그래서 포스트휴먼은 자연문화적 존재이다. 자연과 문화가 뒤섞인 존재라는 의미가 아니라 행위들의 집합으로 인해 생겨난 "냉동배아, 전문가 시스템, 디지털 기기, 센서 기반 로봇, 이종교배 옥수수"[8] 등과 같은 하

---

8   브뤼노 라투르(홍철기 옮김), 『우리는 결코 근대인이었던 적이 없었다』, 갈무리, 2009, 137쪽.

이브리드적 혼종체이다. 다시 말해 인간은 혼종적 사회이자 집합체이다. 즉 단일체로서의 인간 또는 비인간은 없다. 존재하는 모든 것은 모두 혼종적 집합체이다.

라투르는 기후위기가 신기후체제를 가져왔고 새로운 형태의 정치를 필요로 한다고 말한다. 기후위기의 공통적 현안에도 불구하고 미국이 파리기후변화협약 탈퇴를 강행한 것은 기후 변화를 부정하는 이들이 있다는 것을 의미하기 때문이다. 따라서 새로운 투쟁전선이 필요하다는 것이다. 라투르는 더 이상 초월적 세계에 헤매지 말고 땅으로 내려와 어딘가에 착륙해야 한다고 주장한다. 20세기 이후 각종 생태정치운동이 일어나고 녹색당이라는 정치 세력도 존재했지만 실패했다. 그런데 그 원인은 무엇인가? 녹색당은 여전히 인간중심적 관점에서 자연을 대하기 때문이다. 라투르는 이것을 '시리우스적 관점'이라고 말한다. 라투르가 땅으로 내려와 지구에 착륙하라[9]고 말하는 것은 지구를 제3자적 관점, 즉 행성으로 보지 않고 대지로서 감각하기 위해서다. 21세기의 새로운 투쟁 지도, 그것은 근대의 생산시스템에서 생성시스템으로의 전환을 통한 새로운 그림이다.

라투르는 새로운 정치적 행위자를 '대지'(errestrial)라 부른다. 대지는 그 자체로 능동적 참여자이다. 생성시스템은 인간과 비인간존재자들의 연결망으로 구성된다. 해러웨이 식으로 말하자면 자연문화(natureculture) 전체다. 라투르에 따르면 생산시스템에서 생성시스템으로 전환함으로써, "불의에 맞서 저항할 주체를 증식하고 이로써 대지를 위한 투쟁에 나설 잠재적 우군의 폭을 상당히 늘릴 수 있[10]"다. 20세기의 녹색생태주의의 실패 원인은 사회 바깥의 자연 문제에 몰두함으로써 이분법적 구조를 벗어나지 못한 것에서 찾을 수 있다. 따라서 새로운 동맹을 위한 지도 그리기가 절실히 필요하다. 그것은

[9]   브뤼노 라투르(박범순 옮김), 『지구와 충돌하지 않고 착륙하는 방법』, 이음, 2021, 18쪽.
[10] 앞의 책, 120쪽.

바로 포스트휴먼으로서의 녹색계급이다. "녹색계급은 지구 차원의 거주가능성 문제를 떠맡는 계급이다."[11] 인간은 자연을 소유하는 것이 아니라, 자연이 인간을 소유한다. "자연은 보호해야 할 피해자가 아니라 우리들 인간의 소유자로 나타난다."[12]

【나가는 말】

현대사회의 화두는 전통적 의미에서의 인간주의를 넘어 있다. 비인간존재에 대한 관심은 인간에 대해 다시 정의하게끔 한다. 지구는 생태적 환경이다. 인간존재는 비인간존재의 생태적 환경이다. 동시에 비인간존재는 인간존재의 생태적 환경이다. 우리는 모두의 생태적 환경이다. 이 말은 모든 존재하는 것들은 혼종적이라는 의미이다. 모두가 얽혀 있는 환경이자 표현된 무늬인 것이다. 각각의 무늬가 각자성으로 나타난다. 그것이 물질화 과정이다. 그런 의미에서 해러웨이의 사이보그로 대표되는 포스트휴먼은 "생물학적 유기체이기도 하지만 문화적 인공물이기도 하다."[13] 따라서 우리는 포스트휴먼을 향상된 인간을 의미하는 트랜스휴먼으로 이해해서는 안 된다. 트랜스휴먼은 휴먼을 초월한, 즉 넘어서 있는 인간이다. 그것은 근대인이 갈망한 신적 존재의 다른 표현에 지나지 않는다. 그러므로 포스터휴먼으로서의 녹색계급은 향상된 인간을 의미하는 트랜스휴먼이 아닌 것은 분명하다.

라투르는 기후위기가 21세기 신기후 체제를 불러오고 녹색계급의 출현을 가능하게 했다고 본다. 아니, 오히려 숨겨져 있던 혹은 드러나지 않았던 녹색

11 앞의 『녹색계급의 출현』, 38쪽.
12 앞의 책, 52쪽.
13 심귀연, 「기술시대의 인간과 장애에 관한 철학적 탐구」, 『철학논총』 제97집, 새한철학회, 2019, 182쪽.

계급을 촉구하여 동원함으로써 이들과 동맹한 정치적 권력 투쟁이 절박한 시기라고 말한다. 이것이 라투르가 '계급'을 다시 말하는 이유이다. 녹색계급을 통해 우리가 얻으려는 새로운 권력은 관계적 윤리, 즉 생태윤리에 의해 정당성이 확보된다. 우리는 이것을 포스트휴머니즘적 생태윤리라고 말해도 될 것이다.

자연호보주의자들의 구호를 다시 떠올려보자. 우리는 자연을 지키는 것이 아니다. 그러할 권리가 없다. 있다면, 자연인 자기 자신을 지켜야 한다. "우리는 자신을 지키는 자연"[14]인 것이다. 녹색계급은 더 이상 보호받는 자연이 아니며, 더 이상 주변에 머무르지 않는다. 스스로 주체적이고 능동적인 태도로의 전환이 필요하다. 녹색계급은 인간 너머의 인간, 즉 포스트휴먼으로서 새롭게 자신을 생성시켜야 한다.

인간은 지구에 거주하는 수많은 존재자들 중 한 그룹에 불과하다. 우연한 계기에 인간은 비인간들의 이빨이나 빠른 다리보다 더 강력한 무기로 이성을 사용하기 시작했다. 인간이 스스로를 비인간존재와 구별되는 특별한 존재라고 생각한 것은 권력투쟁에서의 승리에 있다. 그리하여 인간은 최고의 포식자가 된 것이다. '이성'이라는 무기는 대단하지만, 이것으로 이성의 도덕성을 말할 수는 없다.

자연은 인간의 상품이 되었다. 자연은 인간의 욕망을 만족시키는 대상으로 전락한 것이다. 동물은 동물원에 갇히고 식물은 식물원에 갇혔다. 가두는 행위를 도덕적 행위로 둔갑시키는 이성의 능력은 매우 위선적이고 폭력적이다. 만일 자연이 여전히 수동적인 태도로 머물러 있었다면, 아니 자연의 능동성을 '인간이 깨닫지 못했다면'이라고 말하는 것이 옳을지도 모르겠다. 그랬다면 인간은 인류세를 자각하지도 못한 채 공멸로 이끌었을 것이다. 기후위기로 나타난 자연의 분노는 인간의 생존을 위협하기 시작했다. 인류세에 직면한

---

[14] 브뤼노 라투르, 니콜라이 슐츠(이규현 옮김), 『녹색계급의 출현』, 이음, 2002, , 52쪽.

것이다. 이제 생각이 행위로 이어질 것이 아니라, 행위로써 동맹을 결성해야 할 때이다. 기후위기의 새로운 계급 포스트휴먼으로서의 녹색계급은 지구적 존재, 즉 대지의 다른 이름이다.

심귀연

◈ 현상학을 전공하였으며, "메를로-퐁티의 자유개념"으로 박사학위를 받았다 ◈ 현재 오이코스인문연구소 소장으로 있으며, 생태를 주요 키워드로 하여 연구소의 회원들과 함께 철학 및 인문학 전반적인 영역을 탐색 중이다 ◈ 또한 경상국립대학교 인문학연구소 학술연구교수로 재직 중이기도 하다. '철학입문', '서양철학의 문제들', '현상학', '페미니즘과 철학' 등 교양강의 및 전공강의를 하였다 ◈ 단독저서로 『내 머리맡의 사유』(2022), 『취향-만들어진 끌림』(2021), 『몸과 살의 철학자 메를로-퐁티』(2019) 등이 있으며, 공저로 『지구에는 포스트휴먼이 산다』(2017), 『인류세와 에코바디』(2019) 등이 있다

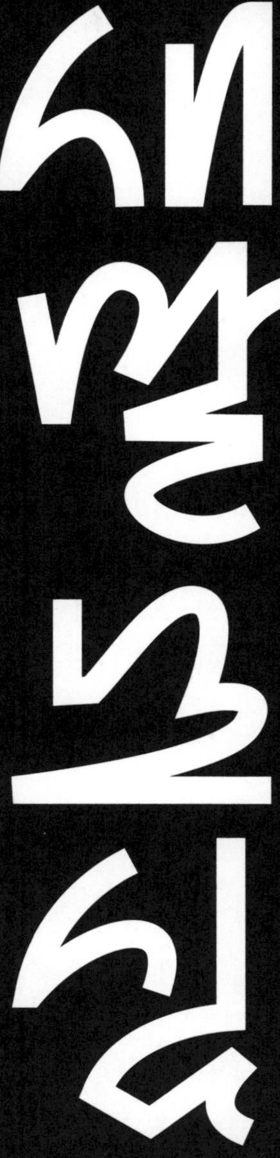

대등생극론

[홍박승진의 모시는 글]

차를 몰고 출근하는 길에 조동일 선생님의 유튜브 강연을 듣는 일은 기쁘다. 강의가 적지 않게 업로드 되어 있고 요즘도 꾸준히 새로 올라오는 덕분에, 출근 시간을 어떻게 쓸모 있게 쓸지를 고민하는 시간이 줄어든다. 라디오처럼 듣기만 하여도 알아듣기에 별 지장이 없으니 안전하다. 교통 체증이 심할수록 말씀을 많이 들을 수 있어 오히려 이익이다. 출근길은 학문의 길처럼 느껴질 때가 있고, 학문의 길은 외롭고 막막할 때가 있다. 그럴 때 곁에서 흘러나오는 이야기를 들으면, 내가 아주 외톨이는 아니며 아주 그릇된 쪽으로 가고 있지는 않음을 알아차릴 수 있다.

  '조동일 유튜브'를 듣는 습관은 취직을 준비하던 무렵부터 생겼다. 대학 교수에 지원하기 위해서 연구계획서와 교육계획서를 쓰던 무렵이었다. 두 글에 담긴 나의 말이 얼마나 남들에게 이해되는지 확신하기 힘들어 불안하였다. 남들에게 이해받지 못할지도 모른다는 불안은 나도 나를 확신하기 어렵다는 불안으로 쉽게 번졌다. 내가 나를 못 믿으면 누가 나를 믿겠느냐는 반성이 번쩍 일어나, 훌륭한 학자라고 내가 믿는 분들 가운데에서 학문하는 방법을 본격적으로 고민한 분이 있는지 찾아보았다. 그러다가 조동일 선생님께서 쓰신 학문론 관련 저서가 내 손에 잡혀 한동안 떨어지지 않았다. 그 책은 서양에서 창조한 이론을 수입하고 가공하고 유통하기만 하는 학문이 아니라 이론을 직접 창조하는 학문이 필요하다고 줄기차게 외쳤다. 선생님의 학문론 저작을 읽다가 그분의 유튜브도 찾았다. 그 강연에서는 수입학을 넘어서 실제로 창조학을 하고 있다는 보람이 메아리쳤다. 연구계획서와 교육계획서에 적어두었던 나의 말이 다시금 믿음직스럽게 다가왔다. 창조학을 연구하고 교육하겠다는 나의 계획을 다시 믿고 싶어졌다. 남들이 받아들이지 않으면 어쩌나 하는 불안은 조금 줄어들었다. 조동일 선생님처럼 나와 비슷한 생각을 말해온 사람이 있다고 생각하면, 그분이 이룩한 창조의 깊이와 너비만큼 불안이 덜어졌다. 취직하고 나서도 끊임없이 새롭게 쓰고 있는 나의 연구계획서와 교육계획서는 조동일 같다. 그런 계획을 세우고 실행하려 학교에 간다.

계간 『다시개벽』 제10호(2023년 봄호)에는 조동일 선생님과의 인터뷰를 싣고 싶었다. 나의 연구계획서이자 교육계획서가 되어주시는 분께 떨리는 마음으로 메일을 보내드렸다; "선생님의 학문론 관련 책들과 유튜브 강연에서 큰 통찰을 얻습니다. 거기에서 강조해 오신 창조학을 펼쳐보고자 『다시개벽』이라는 잡지를 만들고 있습니다. 그 책과 강연의 내용을 중심으로 선생님과 인터뷰를 해서 『다시개벽』에 싣고 싶습니다." 메일을 받으신 선생님께서는 인터뷰를 제안한 곳이 어떠한 잡지인지를 살펴보시고 나서 답장을 보내주셨다; "창조학을 하자는 안내방송의 어수선한 열기는 뜨거운데 정작 창조학을 직접 하는 선수는 없는 경기장 같군요." 그 말씀은 커다란 충격이었다. 수입학을 아무리 소리 높여 비판해 봤자, 함께 창조학을 하자고 아무리 떠들어 봤자 나의 목만 아프고 함께하는 사람은 새로 나타나지 않는 까닭을 그제야 깨달았다. 내가 직접 창조학을 하는 과정과 성과를 보여주는 방법이 훨씬 더 바람직하기 때문이었다. 아무리 빼어난 축구 해설을 들어도 '내가 직접 축구를 잘해 보고 싶다'라는 마음은 잘 일어나지 않는다. 그러나 훌륭한 실력을 선보이는 축구 선수의 경기를 보면 '나도 저렇게 축구를 하고 싶다'라는 마음이 조금 더 강하게 일어날 수 있다. "직접 선수로 뛰면서 좋은 경기를 보여주겠습니다." 이렇게 메일을 드렸더니, 200자 원고지 500매 분량의 미발표 신작 저서 『대등생극론』 파일을 보내주셨다. '지금 내가 선수로 뛰는 경기의 현장이 이 원고'라고.

경기장에 들어서는 선수의 소개를 후배 선수인 내가 맡고자 한다. 조동일 교수님께서는 서울대학교 국어국문학과에서 박사학위를 받으셨고, 계명대학교, 영남대학교, 한국학대학원, 서울대학교에서 교수를 지내셨다. 현재 서울대학교 명예교수, 대한민국학술원 회원이시다. 저서로는 『문학연구방법』, 『탈춤의 원리 신명풀이』, 『한국문학사상사시론』, 『한국문학통사』(전6권), 『한국의 문학사와 철학사』, 『철학사와 문학사 둘인가 하나인가』, 『한국소설의 이론』, 『소설의 사회사 비교론』, 『시조의 넓이와 깊이』, 『하나이면서 여럿인 동아시아문학』, 『공동문어문학과 민족어문학』, 『문학사는 어디로』 등이 있다. 서구 문학론을 넘어서는 문학 갈래 이론을 창조하셨고, 서구 중심 문학사의 한계를 극복하는 세계문학사 서술 방법을 창조하셨으며, 서구 철학을 뛰어넘는 생극론을 창조하셨다. 계간 『다시개벽』에 모시는 미발표 원고 『대등생극론』은 『우리 학문의 길』부터 『인문학문의 사명』, 『이 땅에서 학문하기』, 『학문론』, 『창조하는 학문의 길』을 거쳐 『국문학의 자각 확대』 및 유튜브 강좌 <학문 왜 어떻게?>에 이르는 조동일 학문론의 압축적인 집대성이자 그보다 한 차원 높은 충격을 일으키는 깨달음의 노래이다.

『대등생극론』 원고는 모두 9개 장으로 이루어져 있으며, 각 장은 4개 절로 이루어져 있다. 1장부터 3장까지는 서론 격인 '철학 바로잡기' 작업에 해당하며, 4장부터 9장까지는 본론 격인 '만물대등생극론' 제시에 해당한다. 저작 전부를 잡지 한 호에 실으면 너무 방대하며, 여러 호에 나누어 실으면 너무 풀어질 듯하였다. 핵심을 잘 보여주면서도 집중 토론을 할 수 있는 부분인 6장부터 9장까지를 한 호에 싣고, 그 앞뒤에 저작의 <시작하며>와 <마치며>를 붙이면 좋겠다고 조동일 선생님께서 직접 제안해주셨다.

선생님의 이번 신작을 처음부터 끝까지 거듭 읽는 동안, 절마다 생각을 깊게 하는 깨달음이 있어 각 절에 관한 토론을 벌이는 식으로 A4 10쪽 분량의 토론문을 써서 선생님께 보내드렸다. 토론문을 좋게 보아주셨는지, 둘이 토론한 내용을 다음 호인 2023년 여름호(제11호)에 싣자고 답해주셨다. 절마다 붙인 토론을 '총괄 토론과 그에 따라서 중요 쟁점들을 논하는 토론' 형식으로 고쳐서 보내드리면 선생님께서 응답문을 써주시기로 하였다. 중요 쟁점들은 철학과 시의 관계, 유물론과 대등생극론, 병법과 철학, 남녀 평등과 대등, 동학 사상 등이 될 것이다. 여기까지의 제1차 토론과 응답을 제11호에 싣고자 한다. 그 뒤에는 『다시개벽』의 여러 편집위원이 제1차 토론-응답을 보고 참여하여 제2차 토론-응답을 할 것이다. 제2차 토론-응답까지를 대상으로 제3차 토론-응답을 할 수 있고, 제3차 토론-응답까지를 대상으로 제4차 토론-응답을 할 수 있다. 제2차 토론-응답 이하는 가을호인 제12호에 실을 계획이다. 조동일 선생님의 대등생극론이 어째서 중요하고 얼마나 놀라운지를 이 과정에서 제대로 밝힐 수 있다면 좋겠다.

【1. 시작하며】

무엇을 하려고 하는가? 이치의 근본을 밝히는 총론을 이룩하려고 한다. 이치의 근본은 추구하고자 하는 대상이고, 총론은 그것에 관한 논의이다. 표면에서 안으로 깊숙이 들어가, 사분오열된 학문의 천하통일을 하려고 한다고 해도 지나친 말이 아니다.

총론을 방해하는 기존 학문의 경계를 넘어선다. 철학과 과학이 하나이게 한다. 인문학문·사회학문·자연학문을 합친다. 이렇게 해야 하는 이유가 무엇인가? 철학과 과학이, 인문학문·사회학문·자연학문이, 그 안의 여러 개별학문이 따로 놀아서는 진정으로 크고 중요한 문제를 감당하지 못하기 때문이다. 이치의 근본을 외면하고 방치하기 때문이다.

학문의 분야가 지나치게 세분된 것은 잘못이다. 어느 한쪽의 관점에서 살피기만 하니 문제의 전모를 파악할 수 없다. 어느 쪽의 소관도 아닌 중요한 문제는 방치된다. 개별적인 학문이 자기 특성만 내세우다가 보편적 사고를 상실한다. 전공 이기주의가 학문을 망친다.

개별학문에서 추구하는 이치를 모으면 이치의 근본이 되는가? 이 말은 맞으면서 틀렸다. 총체는 개체의 집합이므로 이 말은 맞다. 총체는 개체의 집합 이상의 것이므로 이 말은 틀렸다. 학문에 대한 모든 요구를 받아들이면서 더 나아가야 총론이 이루어진다. 기존 학문을 연결시키고 통합하는 데 그치지 않고, 지금까지 하지 못한 작업을 찾아서 해야 한다.

총론은 학문 내부의 분열을 해결하기 위해 필요한 것만이 아니다. 세상에서 학문을 우습게 보는 잘못을 바로잡기 위해서도 총론을 이룩해야 한다. 학문의 의의와 유용성을 입증하는 임무도 감당해야 한다. 학문 안팎의 차질을 바로잡는 대혁명을 해야 하는 시기에 이른 것을 절감한다.

학문이 어떤 처지인지 보자. 경제, 사회, 문화 등을 열거할 때 학문은 빠져 있거나, 문화의 말미에 가까스로 포함되어 있다. 과학기술이라는 말을 즐겨 쓰면서 과학은 기술을 위해서 필요하다고 여긴다. 과학기술이 아닌 학문은 불필요한 사치품으로 취급된다. 실용을 이념으로 섬기고, 수익을 가치의 척도로 삼아, 실용이 의심되고 수익을 올리지 못하는 학문은 천덕꾸러기로 여긴다.

이렇게 된 이유는 서양에서 이룩한 근대자본주의 문명이 실용주의 깃발을 흔들며 세계를 휩쓸고 있기 때문이다. 이윤의 극대화를 목표로 삼는 사고방식에 따라 학문의 분야를 나누고, 대학을 조직하고, 연구와 교육을 하는 데 뒤떨어지지 않으려고 일제히 경쟁한다. 대학 구조조정을 할 때 돈을 벌 가능성이 적은 학과부터 없애는 것이 너무나도 당연하다고 한다. 대학이 학문의 전당이라는 말은 다시 들어보지 못하게 되었다.

지나치면 폐해가 생긴다. 갖가지 차질이 생기고, 상실한 것이 적지 않은 줄 알고 방향을 돌리려고 하는 노력이 학문에도 나타난다. 잘못을 바로잡겠다는 시도가 없지 않으나 많이 모자란다. 진단이 어설프고 대책이 미지근해 효과가 없다. 학제간의 연구니 통합학문이니 하는 말을 많이 해도 달라지는 것이 없다. 분과학문의 아성이 흔들리지 않는다.

여기서 더욱 적극적인 대책을 내놓는다. 개별학문이 폐쇄성을 깨고 하나이게 하는 총론을 이룩한다고 선언한다. 총론이 모든 학문을 포괄하고 있으니, 문을 닫고 들어앉았어도 소용이 없다고 말한다. 완전히 포위된 것을 알고 항복하고 나오라고 통고한다.

이렇게 외쳐대도 기대하는 성과가 나타나지 않을 수 있다. 비슷한 말을 너무 많이 해서 실속이 없고 진부하게 들린다고 해도 반박하기 어렵다. 그 소리를 또 하는구나 하고 시큰둥하게 여기면 난처하게 된다. 이런 난관을 타개하기 위해 특단의 대책을 강구한다.

특단의 대책은 둘이다. 학문이 하나이게 하는 데 앞서야 할 학문이 임무를 거부하고 방해 공작만 하고 있는 녀석을 적발하고 매우 친다. 그 녀석은 철학이다. 범인 처단을 능사로 삼는 법가의 통치를 하자는 것은 아니다. 엇길에 들어서 비뚤어진 철학을 바로잡아 학문 총론을 이룩하는 주역이 되도록 한다.

또 하나 특단의 대책은 총론을 빈말로나 떠들어댄다는 오해를 불식하려고, 그래서 만만하게 여기지 못하도록 하려고 내용을 제시한다. 만물대등생극(萬物對等生克)을 밝히는 만물대등생극론(萬物對等生克論)이 이룩하고자 하는 총론이라고 미리 선포한다. 이것이 무엇인지 알아보고 토론을 하자고 한다.

두 가지 특단의 대책은 단계가 있다. 철학 바로잡기는 서론이라면, 만물대등생극론을 제시하는 것은 본론이다. 서론을 거쳐 본론으로 가는 것은 장애 요인을 없애고 길을 잘 닦을 필요가 있기 때문이다.

특단의 대책을 강구해 지금까지의 학문과는 다른 학문을 하자고 한다. 유럽 전래의 근대학문을 부분적으로 수정하자는 것은 아니다. 근대를 넘어서서 다음 시대로 나아가는 학문을 하자고 한다. 문명의 전환을 하자고 한다.

다음 시대로 나아가려면 근대가 부정한 중세의 학문을 이어받아야 한다. 근대는 고대 자기중심주의의 부정의 부정이듯이, 다음 시대는 중세 보편주의의 부정의 부정으로 이루어진다. 이것을 분명하게 하는 창조학을 이룩하려고 한다.

엄청난 소망을 한꺼번에 다 이루려는 것은 아니다. 학문의 대혁신을 이룩해 다음 시대로 나아갈 가능성을 탐색하고, 방향을 확인한다. 우선 할 수 있는 말만 되도록 짧게 해 토론 자료로 내놓는다. 전대미문의 시도에 많은 관심을 가지고, 시비를 적극적으로 가려주기 바란다. 학문을 혁신하는 깨달음은, 토론에서 확인되고 확대된다.

누구나 자기 나름대로 지닌 창조주권을 발현해, 토론의 주역으로 나설 수 있다. 격문을 한 장 써서 붙이고, 초야의 만백성이 모두 영웅호걸이 되어 들불처럼 일어나라고 한다. 학문의 천하통일을 함께 하자고 한다. 새 역사 창조의 시발을 학문에서 마련하자고 한다.

전에는 기학(氣學)이라고 하던 학문을 생극론이라고도 하고, 대등생극론이라고도 한다. 국문으로 적어도 알 수 있는 말을 쓴다. 기(氣)의 움직임 가운데 핵심이 무엇인지 살피고, 과학이 이룩한 성과를 담을 그릇을 갖추는 것이 긴요한 작업이다.

　이 대목에서 한 말을 시조를 한 수 지어 간추리면서 다시 나아가려고 일어선다. 앞으로도 계속 이렇게 한다. 시조는 가장 **빼어난** 시이고, 시는 학문을 넘어서기 때문이다.

돌부리나 차면서 골짜기를 헤맬 건가? 산 위에 올라서야 시야가 열린다. 강산이 뻗어난 것은 하늘에서 보인다.

【2. 이치의 기본[i]】

1) 시야를 넓혀야

지금까지 고찰한 동서의 유산을 이어받아 새롭게 할 수 있는가? 철학의 탐구와 과학의 업적을 합쳐 더 큰 철학을 할 수 있는가? 그래서 더 나은 미래를 창조할 수 있는가?

　이런 문제의식을 가지고 다시 출발한다. 이제는 어디를 거치지 않고 내 말을 직접 한다. 험한 길을 지나오면서 깨달은 것을 알리고, 길이 험해 고생시킨 이유도 쉬운 말로 밝힌다. 아직 많이 부족하지만, 길을 찾는 데 도움이 된다고 여기고 내놓는다. 말을 길고 복합잡하지 않고 쉽게 하겠다는 다짐을 이제야 실행한다.

　세계를 내가 탐구하겠다고 작정하고, 탐구하는 세계가 셋이라는 말부터 한다. 눈으로 볼 수 있는 가시세계, 너무 작아 눈으로 볼 수 없는 미시세계, 너

---

[i]　이 장은 〈대등생극론〉 전문의 제6장에 해당한다. – 편집자 주

무 커서 눈으로는 조금만 볼 수 있는 거시세계가 있다. 세 세계에 대한 탐구가 이루어진 경과를 살피고, 다시 할 일을 말한다. 이것을 새로운 철학을 위한 서설로 삼는다.

가시세계 탐구는 쉽고 당장 필요해 잘들 한다. 눈에 보이는 것들을 그대로 알리면 학문이 아니라고 여기고, 일관된 원리를 말하려고 한다. 차등지속을 일관된 원리로 삼고자 하는 것이 예사이다. 눈에 보이는 것들은 다 같지 않고 차등이 있으며, 차등이 일관된 원리라고 한다.

이에 대해 반론이 제기된다. 차등지속은 실상이 아닌 허상이다. 차등에서 우월한 지위에 있다고 여기는 자들이 그 지위를 영속시키려고 거짓말을 한다. 실상은 대등생극이다. 모든 것은 대등한 관계에서 상생하고 상극하면서 달라진다. 있기도 하고 없기도 한다.

차등지속론은 어느 문명권에나 있는 기득권 옹호의 논리이다. 차등지속론을 버리고 대등생극론으로 나아가는 움직임이 동아시아에서 먼저 나타났다. 유럽에서는 기독교가 확고하게 하고 있는 차등지속론을 받들기나 하고 딴 소리를 하지 말아야 하므로 뒤떨어지지 않을 수 없었다.

그러다가 유럽에서는 현미경으로 미시세계를, 망원경으로 거시세계를 탐구한 덕분에 선후 역전이 일어났다. 낡은 철학과 결별하고 새로운 과학을 한다면서 선후 역전을 분명하게 했다. 이것이 오늘날에는 선후 역전을 당하게 되는 이유이다.

미시세계의 탐구가 양자역학에까지 이르러, 차등지속론은 틀리고 대등생극론이 맞다는 것을 분명하게 했다. 정확한 관측에다 때로는 실험까지 보태, 얻은 결과를 수리논리로 명시해 반론의 여지가 없게 했다. 보이지 않은 세계를 다루고 하는 말이 이해하기 어려워, 차등지속론자들이 간섭하고 반대할 수 없다.

거시세계의 탐구도 우주의 생멸을 고찰하는 데까지 이르러, 차등지속론은 틀리고 대등생극론이 맞다는 것을 분명하게 했다. 이것은 실험으로 입증하기는 어렵지만, 정확한 관측을 증거삼고 수리논리로 명시해 반론의 여지가 없게 했다. 이쪽은 일부는 보이는 세계를 다루고 하는 말이 조금은 알 수 있어, 차등지속론자들이 간섭하고 반대하려고 하지만 역부족이다.

과학은 자기 영역을 지키면 된다고 여기면 그 이상 문제될 것이 없지만, 영역을 넘어서는 비교를 하지 않을 수 없다. 영역을 지키는 과학에 만족하지 않고, 영역을 넘어서는 철학을 하지 않을 수 없다. 미시세계의 대등생극론과 거시세계의 대등생극론을 비교하는 것이 당연한데, 비교를 잘못한다. 작은 차이점을 들어, 상대방이 잘못되었다고 주장한다. 이 둘을 철학의 견지에서 비교해 대등생극 일반론으로 나아가야 한다.

미시시계의 대등생극론과 거시세계의 대등생극론은 둘 다 과학의 영역이고, 가시세계의 대등생극론은 철학의 영역이라고 여겨 구분하고, 과학은 수리언어를, 철학은 일상언어 사용하므로 소통이 불가능하다고 하면 탐구가 중단된다. 과학과 철학을 합친 새로운 탐구를 해야 한다. 이것을 새로운 철학이라고 하자.

미시·가시·거시세계의 대등생극론을 합쳐 여럿이 하나이게 하는 것이 학문의 목표이고, 새로운 철학의 임무이다. 이 작업은 가시세계의 대등생극론을 중간에 놓고 해야 한다. 서쪽에서 미시·거시세계의 대등생극론을 과학으로 전개한 업적, 동쪽에서 가시세계의 대등생극 철학을 이룩한 전통을 합쳐서 하나이게 해야 한다.

동서의 우열을 일방적으로 판정하면 차등론이 된다. 우열은 서로 반대가된다. 우열이 반대가 되어 서로 필요로 하고, 그 때문에 상극이 상생이 되는 것이 대등생극이다. 동쪽에서 가시세계의 대등생극 철학을 이룩한 전통과 서쪽에서 미시·거시세계의 대등생극 과학을 발전시킨 성과가 생극의 관계를 가지고 커다란 창조를 해야 한다.

서쪽의 과학에서는 밝혀냈다. 모든 것은 원소로 이루어져 있으며, 태양과 같은 항성에서 핵융합을 만든 원소가 사람의 신체 구성에 쓰였다. 동쪽의 철학에서는 말해 왔다. 모든 것이 기(氣)로 이루어져, 천인합일(天人合一)이고 물아일체(物我一體)이다. 이 둘은 같은 말이므로 합쳐야 하는 것만은 아니다. 양쪽의 합동작전으로 차등론을 타파하고 대등론이 살아나게 하는 것을 또한 절실한 과제로 삼아야 한다.

우물 안 개구리가 되는 잘못을 저지르지 말고, 시야를 넓혀야 한다. 가시세계에 머무르면서 우월감을 뽐내는 잘못을 철저하게 반성하고 시정해야 한다. 미시·거시세계와 진정으로 대등하다는 것을 깊이 깨닫고 크고 작은 생극을 함께 이룩하는 행복을 누려야 한다.

증거가 부족하고 수식을 찾지 못해, 하던 작업 팽개치고 과학이 물러나면, 그 파탄 수습하는 수고 어느 대인 맡는가?

2) 대등생극의 단계

양전기와 음전기가 대등(對等)한 관계에서 생극(生克)하면서 만물을 이룬다. 양전기 원자핵 주위를 음전기 전자가 도는 원자가, 물질을 이루는 최소의 필수적인 단위인 것이 밝혀졌다. 쉽게 확인하고 긴요하게 이용해 온 양전기와 음전기의 생극이 미시의 영역에서부터 있다니 놀랍다.

물과 불이 대등생극의 실상을 잘 보여주어 누구나 확인할 수 있다. 반대가 되는 점이 여러모로 아주 분명해, 물과 불은 서로 싸운다. 수화상극(水火相克)이라는 말은 적실하다. 물이 불을 꺼서, 물이 이긴다. 액체인 물을 기체로 만들어, 불이 이긴다. 그러면서 물과 불은 서로 돕는다.

물이 불을 끄는 것을 보고, 물이 불을 죽인다고 하고 말 것은 아니다. 불이 지나치게 타올라 큰 피해를 끼치지 않도록 물이 도와준다. 태울 것을 다 태우고 불이 죽지 않도록 물이 진정시킨다. 불은 적절한 정도로 타오를 때 아주 좋은 일을 한다. 그 정도를 불이 스스로 정할 수 없고, 물이 개입하고 도와주어야 가능하다.

불이 액체인 물을 기체가 되게 하는 것을 보고, 불이 물을 죽인다고 하고 말 것은 아니다. 물은 불 덕분에 장소를 옮기고 순환한다. 죽었다가 새롭게 살아난다. 물은 아래로 흐르는 속성을 거역하고 높이 올라가 구름이 되었다가, 많이 뭉치고 차가워지면 비가 되어 다른 곳으로 내려와, 메마른 대지를 적시고 만물이 자라나게 하는 혜택을 베푼다. 물을 기체로 만들어주는 불이 없으면, 이런 변화가 가능하지 않다.

식물과 동물도 대등생극의 실상을 잘 보여준다. 식물은 동물에게 산소를, 동물은 식물에게 탄소를 제공한다. 식물이 광합성을 해서 구성한 신체를 동물이 먹어, 둘의 투쟁에서 식물이 패배하고 동물은 승리한다. 식충식물의 역습은 너무나도 미미하다. 동물은 식물을 먹고 배설한 것을 식물에게 되돌려준다. 죽은 시체를 식물에게 먹이로 제공한다. 살아서 식물을 먹는 동물이 죽어서 식물에게 먹힌다. 승리가 패배이고 패배가 승리이다.

미생물은 단성생식을 하지만, 식물이나 동물은 양성생식을 한다. 양성생식을 해야 유전자가 다양해져 불리한 환경에 적절하게 대처할 수 있는 것을 알고 실행한다. 식물은 움직일 수 없으므로 양성생식을 스스로 하지 못한다. 바람을 이용하는 경우도 있으나, 꽃을 피워 곤충을 부르는 것이 더 좋은 방법이다. 곤충에게 꿀을 제공하는 대가로 수정을 위한 꽃가루를 운반하도록 한다.

수정이 되면 생기는 씨앗을 먹음직한 과일로 감싸 곤충보다 더 큰 동물이 먹도록 한다. 과일은 먹고 소화되지 않은 씨앗을 배설해 멀리까지 퍼지도록 한다. 작은 비용을 지불하고 큰 머슴을 부린다. 그 머슴에 인간도 포함되어 있다. 인간은 더 좋은 것을 먹으려고 야채나 과일을 힘써 가꾸고 개량한다. 야채나 과일을 제공하는 식물은 인간을 위해 죽으면서 인간을 아주 큰 머슴 노릇을 하도록 한다. 식물은 패배해 승리하고, 동물은 승리해 패배한다.

암수 또는 남녀도 생극론의 실상을 잘 보여준다. 식물도 동물도 인간도 양성 생식을 하므로 암수 또는 남녀가 나누어져 있다. 식물이나 동물에 관해서는 암수라는 말을, 인간에 관해서는 남녀라는 말을 쓰는 관습은 차등론의 사고를 보여준다. 차등론의 잘못을 대등론으로 바로잡아야 한다.

인간과 동식물은 대등하다. 인간의 남녀는 대등하다. 이렇게 말하려면 같은 용어를 사용해야 한다. 동식물이든 사람이든, 여자와 남자라고 하고, 줄여서 여남이라고 하는 것이 좋다. 여남은 '음양'과 바로 대응된다. '음'은 '여'이고, '양'은 '남'이다. '음양'이 '여남'에서 아주 분명하게 살아 있다.

남녀평등을 여남평등이라고 고쳐 일컫고, 타당한지 검토해보자. 여자는 임신해 출산하고, 출산한 어린 자식을 양육할 직접적인 책임이 있다. 남자는 여자가 임신하게 하고, 출산과 양육을 도와주어야 한다. 출산과 양육 때문에 스스로 먹이를 구하지 못하는 기간 동안 여자를 먹여 살리는 것이 남자의 가장 중요한 임무이다. 그럴 능력이 있어야 남자라고 할 수 있다.

여남은 책무가 달라 평등하지 않고 대등하다. 장단점이 반대가 되어 서로 도와야 하는 관계가 대등이다. 여남평등을 여남대등으로 고쳐 말해야 한다. 여남은 서로 다른 것을 이해하지 못하고 상대방이 자기와 같아야 한다고 착각하는 탓에, 관계를 맺기까지 충돌할 수 있다. 그 뒤에도 책임 수행을 놓고 오해가 생겨 다툰다. 이것이 평등과는 다른, 대등의 양상이다.

근래에는 여남의 대등이 아닌 평등을 요구해 벌어지는 어처구니없는 싸움이 심각하다. "여자도 병역을!"이라고 하니까, "남자도 출산을!"이라고 맞받아친다. 이혼할 때 여자가 자식 양육권을 가지고 남자는 양육비를 부담하는 것이 불평등이니, 남자가 양육권을 가지고 여자는 양육비를 부담하는 반대의 경우도 있어야 한다고 주장할 것인가?

여자와 남자는 서로 달라 대등한 관계를 가지고, 상극의 싸움을 하면서 상생의 창조를 함께 한다. 상생의 창조가 자식을 낳는 것만이 아니다. 심리적 성향이 서로 다른 상극이 상생의 문화를 만들어내기도 한다. 이것은 상당히 복잡한 현상이므로, 면밀한 이해가 필요하다.

여남 양쪽 다 여성 호르몬과 남성 호르몬을 갖추고 있다. 임신과 출산이 가능한 시기에는 여성은 여성호르몬, 남성은 남성호르몬이 일방적으로 많이 분출되어 양쪽의 차이가 뚜렷하다. 그 전후에는 여남 양쪽 다 여남 호르몬이 배출되어 심리적인 성향이 가까워진다. 사람은 이런 정도가 다른 생물보다 더욱 두드러진다. 다른 생물은 임신과 출산 이전의 기간이 짧고, 그 이후 기간은 거의 없는 것이 예사이다.

위에서 말한 사실에 상당한 개인차도 있다. 여자 같은 남자, 남성진 여자도 있다. 여남의 공동 창조는 여자 같은 남자나 남성진 여자가 잘한다. 소설이 바로 그런 것이다. 소설은 여남 관계를 다루는 것을 기본 내용으로 하고, 여남의 경쟁적 합작품으로 생겨나고 자라난다. 그렇게 하는 데 여자 같은 남자나 남성진 여자가 각별한 기여를 해서, 여남 양쪽의 심리를 핍진하게 나타내는 여남의 언어를 자연스럽게 구사한다.

낮에는 해가 뜨고 밤이면 별이 빛나, 양쪽을 구분하면 할 말이 더 없는가? 저달은 구분 지우려고 밤낮을 넘나든다.

3) 차등·평등·대등

차등론은 종교에서 생겨났다. 종교에서 절대자가 있다고 하는 것이 차등론의 절대적인 논거이다. 절대자가 있으니 신앙하라는 말을 사제자가 해서 절대자·사제자·일반인의 차등론이 이루어진다. 동물과 식물을 보태, 인간·동물·식물의 차등론까지 만들기도 한다.

모든 종교는 차등론을 공유하면서 그 양상은 조금씩 다르다. 기독교는 절대자·사제자·인간·동물의 절대적 차등을 말하고, 식물은 언급조차 하지 않는다. 유교에서는 절대자는 말하지 않고, 절대적인 이치를 받아서 구현하는 정도에서 인간·동물·식물이 상대적인 차등이 있다고 한다.

불교에서는 인연에 따라 이루어지는 연기에서 절대자는 벗어난 차등이 있을 따름이라고 하고, 사제자를 포함한 모든 인간은 동물과 함께 그 속에서 살아간다고 해서 상당한 정도로 차등이 아닌 대등을 말한다. 그렇지만 식물은 연기에 포함되어 있지 않다. 동물을 죽이는 살생은 하지 말라고 하고, 식물을 죽이는 것은 살생이라고 여기지 않는다.

종교의 차등론은 정치의 차등론과 밀접한 관련을 가진다. 이미 있는 종교의 차등을 정치의 차등론으로 이용하는 것이 예사이다. 더러는 정치의 차등을 뒷받침하기 위해 종교의 차등론을 다시 만들어 바치기도 한다. 정치는 통치자와 피치자를 구분해서 이루어지므로 차등론을 필수로 한다. 통치자는 통치의 정당성이 절대적으로 보장되기를 바란다.

어떤 정치권력이라도 차등을 힘으로 삼는다. 통치자를 피치자가 선출하는 경우에도 통치 행위는 권력을 갖추어야 이루어진다. 평등을 이룩하기 위해 필요한 불가피한 수단이라고 하는 권력도 차등의 횡포를 자아낸다. 무리한 평등을 급격하게 추진하려고 하면 차등의 횡포가 더 심해진다.

종교는 민주화될 수 없는데, 정치는 민주화되는 것이 큰 자랑이다. 종교에서는 빈말로 하던 평등을 정치에서는 실제로 이루려고 하니 훌륭하다. 과연 그런가? 종교는 절대자가 피안에서 평등을 이루어준다고 한다. 이 말로 절대자가 절대적임을 입증한다.

차등과 평등은 영속을 요구한다. 영속해야 차등이나 평등을 흔들리지 않게 할 수 있다. 차등영속이고 평등영속이어야 한다고 한다. 대등은 그냥 있지 않고 달라져야 한다. 대등영속은 있을 수 없고 대등생극이어야 한다. 상생이 상극이고 상극이 상생인 변화가 계속 이루어져야 한다.

차등은 위가 아래를 누르고 있는 상태이다. 계속 누르고 있으려면 움직임이 없어야 한다. 움직임이 있으면, 아래 것이 튀어나와 아래 위를 뒤집을 수 있어 극력 조심한다. 아래를 더 눌러 움직이지 못하게 하는 것도 움직임이지만, 조심해서 드러나지 않고, 눈치 채지 못하게, 겉으로는 완강하게 부인하면서,

움직이지 않는 듯이 움직여야 한다.

평등은 누구나 키가 가지런하다고 하는 주장이나 상상이다. 조금이라도 움직이면 들쭉날쭉한 것이 드러나 평등이 허위인 줄 알게 된다. 직선을 하나 그어놓고 그 선은 폭의 변화가 전연 없다고 할 수 있다. 기하학에서는 그렇게 말한다. 기하학의 선은 가상일 따름이고 현실에는 없다. 평등론은 기하학의 선과 같은 것을 현실에 긋고, 함부로 움직이지 말라고 하는 기만이고 횡포이다.

대등은 서로 다른 것들이 수직이 아닌 수평에서 키가 각기 다르고, 들쭉날쭉하게 얽혀 있는 관계이다. 움직여야 대등임이 확인되고, 여러 요인이 겹쳐 움직이지 않을 수 없다. 움직임이 천태만상인 것 같으나, 잘 살피면 일정한 원리가 있다. 싸우면서 화합하고 화합하면서 싸운다. 서로 타격을 주면서 힘을 모아 무엇을 함께 이룬다. 이런 것을 상생이 상극이고, 상극이 상생인 생극이라고 하는 것이 적절한 명명이다.

이에 관한 이론이 대등생극론(對等生克論)이다. 대등생극론은 차등항구나 평등항구와 다른 대등상극만 말한 것이 아니다. 그 모두를 파악하는 총론이다. 대등생극론은 적용 범위에 따라 셋이 구분된다. 만물(萬物)대등생극론은 있음의 모든 것을 말하는 궁극의 총론이다. 만생(萬生)대등생극론은 있음 가운데 삶만 특별히 말하는 그 하위의 총론이다. 만인(萬人)대등생극론은 다시 그 하위의 총론이다.

만물대등생극론은 만물차등항구론이나 만물평등항구론과 맞서서 논란하지 않는다. 만물차등항구론도 만물평등항구론도 있을 수 없기 때문이다. 사람의 삶에서만 만인차등항구론이 말썽을 부리고 만인평등항구론을 지어내 혼란을 일으키므로, 만인대등생극론을 분명하게 해서 그 혼란을 바로잡아야 하다.

만물차등항구론이나 만물평등항구론은 있을 수 없다. 만물대등생극론만 있고 타당하다. 이렇게만 말해도 시비를 다 가릴 수는 없다. 거짓말로 말썽을 부리고 혼란을 일으키는 책동이 워낙 완강해 근접 전투를 해야 한다.

산이 높아 물은 깊고 물이 깊어 산이 높듯, 바람과 빗발이 서로 불러 동행하듯, 사람은 제각기 달라 도움 주며 살아간다.

4) 대등사회로 가는 길

만물차등항구나 만물평등항구는 있을 수 없고, 만물대등생극만 있다. 차등이나 평등은 허구이고 대등만 진실이다. 이렇게 말하면 할 일을 다 하는 것은 아니다. 허구를 가지고 만든 차등사회가 엄연하게 존재하고 있어 폐해를 끼치고, 허구에다 허구를 더 보태 만든 평등사회가 혼란을 빚어내 판단을 흐리게 하고 있다. 헐어낼 것은 헐어내고 청소할 것은 청소하는 수고를 하지 않을 수 없다.

차등사회는 종교나 정치가 막강한 힘을 가지고 횡포를 부리는 사회이다. 종교나 정치가 막강한 힘을 가지는 것은 횡포가 아니고 평등의 이상을 실현하기 위한 봉사라고 하는 말을 함께 하면서, 종교와 정치는 서로 비난하기도 한다. 상대방은 악의 극치이고, 자기 쪽은 선의 절정이라고 한다. 이런 구분법도 차등론이다. 선과 악을 극도로 양분하고, 극치 또는 절정과 그 반대인 바닥이나 나락은 엄청난 거리가 있다고 하는 것이 같다. 극치 또는 절정은 오류가 전연 없이 오직 선하기만 하고, 바닥이나 나락에는 구제 불능일 정도로 타락하고 악한 무리가 득실거린다고 한다. 이렇게 해서 차등론이 극대화된다.

종교는 개혁할 수 있어도 민주화할 수 없다. 개혁한 종교라도 종교의 차등을 그대로 지니고 있다. 절대자를 믿고 의지하면서 피안의 정신적 평등세계를 동경하라는 말을 그대로 한다. 종교가 다른 종교를 인정하고 화해를 시도하는 것은 더 큰 진전이다. 절대자에 의지하라는 종교를 옹호하기 위해, 스스로 깨달아야 하는 종교처럼 믿으라고 말하기까지 한다.

스스로 깨달아야 한다고 하면 종교가 아니다. 스스로 깨닫는 규범이 있고, 인도자가 있으니 믿고 따라야 한다고 해야 종교이다. 규범과 인도를 신뢰할 수 있는가 하는 것이 문제이다. 깨달음은 일상생활과 별개가 아니라고 하면서 특별한 과정과 방법을 거쳐야 얻을 수 있다고 한다. 종교가 불신되자 자가당착의 옹호론이 갖가지로 등장한다. 종교는 아무리 다른 말을 해도 차등론을 버리지 않고 있어 종교이다.

정치도 몇 단계 달라질 수 있다. 절대적인 타당성을 독점한 정당이 국정을 전담하는 나라가 안으로 개혁을 하고, 밖으로 개방을 하면 차등이 조금은 완화되는 것처럼 보이는데, 과연 그런가? 차등 완화를 더욱 강성해지기 위한 수단으로 삼으려고 해서 차질을 빚어낸다.

정치가 민주화되어 누구나 투표권을 가지는 선거로 국정 담당자를 선출하면 차등이 사라지는 것처럼 보이지만 그렇지 않다. 투표는 기존 정당이 내놓은 후보 가운데 누구를 선택하는 행위이다. 표방하는 것과는 달리 그 의의가 아주 한정되어 있다. 기존 정당과 무관한 후보에게 투표할 수도 있고, 그런 후보로 출마할 수도 있으나, 그런 것은 사실상 장외경기에 지나지 않아 대세가 달라지지 않는다.

유력후보는 남의 공약을 잘 베끼고 임기응변에 능한 장기를 보인다. 평등사회를 당장 이룩한다고 약속해 믿도록 하는 능력이 그 가운데 으뜸이다. 당선되면 차등론자로 표변하고, 공수표를 남발한 책임을 지지 않는다. 정치는 차등론을 본질로, 기만책을 수단으로 한다. 정도의 차이가 있으나 그리 중요하지 않다.

평등사회는 존재하지 않는 가상이고, 이룰 수 없는 희망이므로 따로 논할 필요가 없다. 그렇지만 종교나 정치에서 차등론의 타당성을 입증하기 위해 평등론을 이용한 폐해가 적지 않아 문제로 삼지 않을 수 없다. 남녀평등 또는 양성평등 주장을 본보기로 들어보자.

평등을 이룩하려면, 남자도 아름다워야 하고, 여자도 굳세야 한다. 여자도 군인으로 징집되어야 한다고 하니, 남자도 출산을 해야 한다고 응수한다. 이것은 불가능하니 가능한 것을 택해, 남자가 출산을 하지 않으니 여자도 출산을 하지 않아야 한다고 한다. 이런 주장이 오가면서 상극이 극대화한다. 삶이 황폐하게 되고, 인류의 멸종이 예견된다.

대등사회는 가상이 아닌 실상이다. 평등사회의 가상에서 벗어나 대등사회의 실상을 알고 가치를 발현하는 것이 잘살기 위해 가장 힘써야 할 일이다. 차등이 심한 사회에 살고 있어 멸시받는 사람들이 자기가 남들과 대등한 관계를 가지맺는 주체임을 알아차리면 극적인 전환이 가능하다. 사람은 누구나 지닌 창조주권을 스스로 발견하고, 열심히 일하는 즐거움을 누리면 대등사회를 이룩하는 주역으로 당당하게 나설 수 있다. 상극이 상생이고 상생이 상극인 생극의 투쟁이 창조이게 하는 작업을 남들과 함께 하면서, 대등사회의 의의를 입증할 수 있다.

저절로 하고 있는 생극의 창조를 무엇을 하는지 알고 더 잘하는 것이 바람직하다. 천부인권을 말하는 데 현혹되어 엉뚱한 환상에 들뜨지 말고, 누구나 지니고 있는 창조주권이 소중한 것을 깨달아야 한다. 정치주권이 별것 아닌 줄 알아 지나친 기대를 걸지 말고, 그 결함을 보충하고 과오를 시정하는 작업을 창조주권이 감당하고 있는 것을 알고 실행해야 한다.

차등과 평등은 있음이나 삶의 원리를 어긴 일탈이고 배신이다. 차등이나 평등이 영속되기를 바라는 것은 착각이다. 대등은, 대등생극은 있음이나 삶의 원리이고 그 실행이다. 만인대등생극론은 만생대등생극론이고, 만물대등생극론이다.

긴 줄이 보이면 뒤에 가서 서지 말고, 자기 삶을 즐기면서 서로 얽힌 우리 모두, 누구나 선두가 되어 대등사회 이룩하자.

【3. 논의의 진전[2]】

1) 파동이면서 입자

물리학계는 빛이 파동이라고 여기다가 입자이기도 한 것을 발견하고 놀랐다. 빛은 파동이면서 입자임을 실험으로 검증하고, 파동방정식이라는 것을 만들어 분명하게 했다. 그러면 할 일을 다한 것은 아니다. 의문이 더 커진다.

원자핵 주위를 도는 전자는 입자라고 여겼는데, 파동이라고 해야 할 특성도 보인다. 이것은 입자는 파동이라는 증거인가? 양쪽에서 발견한 사실은 겹쳐지는가? 동일 사실의 양면인가? 모든 물질은 원자로 이루어져 있으므로, 파동은 입자이고, 입자는 파동인 이중성이 모든 물질의 공통적이고 필수적인 요건인가?

의문이 확대되면 물리학이 감당하지 못한다. 과학의 다른 분야가 맡아 나설 수도 없다. 관측하고 실험한 사실을 방정식으로 정리해 나타내는 과학의 방법으로 관측도 실험도 가능하지 않은 영역을 다루기 어렵다. 그 난관을 사고실험으로 해결해도, 얻은 결과를 방정식으로 나타내야 타당하다고 인정된다.

이런 작업에 치명적인 결함이 있다. 방정식의 언어가 파동이 입자이고 입자가 파동이라고 하지 않을 수 없는 물질의 특성과 정확하게 합치된다고 여기는 것은 순진한 착각이다. 수리언어는 일상언어가 부정확하고 다의적인 결함을 시정하는 공적이 있지만, 바로 그 때문에 사고를 제한하고 경직되게 하는 결함이 생긴다.

천지만물이니 삼라만상이니 하는 것은 아주 다양하고 가변적이어서 정확하게 이해하기 무척 어렵다. 게다가 사람의 능력은 많이 모자란다. 어느 부분을 정확하게 이해하는 방정식을 만들면, 전체를 이해하는 시야는 더 흐려진

---

[2] 이 장은 〈대등생극론〉 전문의 제7장이다.

다. 전체를 이해하는 방정식은 있을 수 없다. 전체를 이해하려면 방정식을 만들어야 한다는 생각을 버리고, 정확해야 한다는 망상에서도 벗어나야 한다.

눈을 크게 뜨고 마음을 활짝 열며, 되도록 넓은 범위에서 이것저것 살펴야 한다. 부정확한 것은 부정확하게, 다의적인 것은 다의적이게 말하는 일상언어를 좋게 여겨야 한다. 미시나 거시를 별도로 존중하지는 말아야 한다. 가시와 나란히 놓고, 대등한 정도로 부정확하고 다의적으로 파악하는 것이 마땅하다.

이런 말을 공연히 장난삼아 하는 것은 아니다. 빛은 파동이면서 입자라고 하는 것 같은 현상이 거시나 가시 영역에도 있는지 알아보고자 한다. 발견한 본보기 가운데 적절하다고 생각되는 것 여섯을 가져와 영역에 따라 분류해본다.

(가1) 파동이 입자이고, 입자가 파동이다.
(가2) 질량이 에너지이고, 에너지가 질량이다.

(나1) 협력이 경쟁이고, 경쟁이 협력이다.
(나2) 승리가 패배이고, 패배가 승리이다.

(다1) 선진이 후진이고, 후진이 선진이다.
(다2) 사랑이 미움이고, 미움이 사랑이다.

보충설명을 좀 한다. (가)는 물리학에서 밝힌 원리이다. (가2)는 상대성원리이다. (나)는 생물들이 각기 주체가 되어 맺는 관계이다. (나2)의 본보기는 동물이 식물을 먹어, 식물의 종자를 퍼뜨리고 식물을 위한 비료가 되는 것이다. (다) 사람의 삶이다. (다1)은 역사의 주역 교체이다.

총괄해 말하면, (가)는 만물대등생극이고, (나)는 만생대등생극이고, (다)는 만인대등생극이다. 셋을 아우르면 대등생극이다. 대등생극은 상반된 양쪽이 맞먹거나 맞설 자격을 가지고 상생하고 상극하며, 상극하며 상생하는 총체이다. 이에 관한 이론은 대등생극론이다.

상반된 양쪽은 물질, 생명, 행위자, 의식 등 무엇이든 가능하다. 대등은 생극이 생겨날 수 있게 하는 조건이다. 생극의 기본 양상은 대체로 같고, 구체적인 내역은 경우에 따라 얼마든지 달라질 수 있다. 그 내역을 미리 알자는 것은 무리이다. 개별적인 연구를 열심히 하는 것이 마땅하지만, 얻은 성과를 과신하지 말고 미지의 영역을 존중해야 한다.

그 전체에 대해 구체적으로 정확하게 말하는 것은 가능하지 않다. 정확하게 말하려고 하면 도리어 부정확해진다. 대강 부정확하게, 어느 정도 다의적으로 말해야 아주 틀리지는 않는다. 과학이 아닌 철학이 나서서 말해야 한다.

이것과 저것은 같은가 다른가? '것'이어서 같고 '이'와 '저'는 다르다. 하나만 옳다고 하며 고집하면 우습다.

2) 생극의 실상 해명

생극의 양상은 몇 가지로 나누어진다. (A) 생극을 이루는 주체가 달라 나누어진다. (B) 생극하는 주체의 상호관계가 달라 나누어진다. 앞에서 든 사례를 이용하면서, 이미 사용한 기호를 이어받는다. 동어반복이라고 여기지 말고 주의 깊게 살피기 바란다.

(A) 생극을 이루는 주역이 달라 나누어진다.
(A1) 생극의 직접 등장: 상생의 성격과 상극의 성격을 지닌 것이 직접 등장하는 경우이다. 다음과 같은 것들이 이에 해당한다.

(나1) 협력이 경쟁이고, 경쟁이 협력이다.

(다2) 사랑이 미움이고, 미움이 사랑이다.

협력은 상생이고, 경쟁은 상극이다. 사랑은 상생이고, 미움은 상극이다.

(A2) 생극의 변형 등장: 상생과 상극의 성격이 유사한 것으로 변형해 등장하는
경우이다. 다음과 같은 것들이 이에 해당한다. 앞에서 사용한 기호를 이어받는다.

(나2) 승리가 패배이고, 패배가 승리이다.
(다1) 선진이 후진이고, 후진이 선진이다.

승리는 상생을 잘해 이룩하고, 패배는 상극에 잘못 휘말린 결과여서, 둘 다 생
극의 변형이다. 선진도 상생을 잘해 이룩하고, 후진도 상극에 잘못 휘말린 결
과여서, 둘 다 생극의 변형이다.

(A3) 생극의 전환 등장: 상생과 상극이 다른 것으로 전환되어 등장하는
경우이다. 둘이 상반된다는 것은 생극과 같고, 상반되는 이유는 다르다. 다음과
같은 것들이 이에 해당한다.

(가1) 파동이 입자이고, 입자가 파동이다.
(가2) 질량이 에너지이고, 에너지가 질량이다.

상생과 상극은 x축에서 갈라지고, 파동과 입자는 y축에서 갈라진다. 질량과
에너지도 y축에서 갈라진다. 둘 다 축의 전환이 있다.

(B) 생극하는 주체의 상호관계가 달라 나누어진다.
(B1) 생극의 동시 공존: 상생이 상극이고, 상극이 상생이다. 다음과 같은 것들이

이에 해당한다. 앞에서 사용한 기호를 이어받는다.

(나1) 협력이 경쟁이고, 경쟁이 협력이다.
(다2) 사랑이 미움이고, 미움이 사랑이다.

협력이 그 자체로 경쟁이고, 경쟁이 그 자체로 협력이다. 사랑도 그 자체로 미움이고, 미움도 그 자체로 사랑이다.

(B2) 생극의 인과 관계: 상생이어서 상극이고, 상극이어서 상생이다. 다음과 같은 것들이 이에 해당한다. 앞에서 사용한 기호를 이어받는다.

(나2) 승리가 패배이고, 패배가 승리이다.
(다1) 선진이 후진이고, 후진이 선진이다.

승리에 도취해 무리한 짓을 하는 것이 원인이 되어 패배하고, 패배의 쓰라림을 안고 분발해 승리한다. 선진이라고 뽐내다가 내실을 잃어 후진이 되고, 후진의 처지를 반전의 발판으로 삼고 각별한 노력을 하다가 선진이 된다.

(B3) 생극의 순차 교체: 상생이다가 상극이고, 상극이다가 상생이다. 다음과 같은 것들이 이에 해당한다. 앞에서 사용한 기호를 이어받는다.

(가1) 파동이 입자이고, 입자가 파동이다.
(가2) 질량이 에너지이고, 에너지가 질량이다.

파동이 지니고 있는 입자의 성격이 어느 때 나타난다. 질량이 에너지이기도 하다가, 필요한 조건이 갖추어지면 에너지로 전환된다.

이것도 생극이고 저것도 생극이라, 생극이 아닌 것은 찾기도 어려운데, 구태여 딴 길로 미끄러져 멍청이가 되는가?

3) 원소와 갈래

원자는 원자핵과 전자로 이루어져 있다. 원자핵은 양성자와 중성자로 이루어져 있다. 양성자의 수에 따라 원소가 달라진다. 1 H 수소, 2 He 헬륨, 3 Li 리튬, 4 Be 베릴륨이다.

　문학에도 무언가 중심이 되는 것이 있다. 중핵이라고 일컬어보자. 중핵의 수에 따라 갈래가 달라진다. 이 사실을 다음과 같이 나타낼 수 있다. 숫자는 중핵의 수이고, 영문자는 중핵이 같고 다른 것을 말해준다.

1	a+	
2	a+	a-
3	a+	a-
	b+	
4	a+	a-
	b+	b-

자못 질서정연한 결과를 얻었다. 새로운 용어를 갖추고 산뜻한 설명을 하는 것이 좋겠으나, 너무 나가지 않기로 한다. 이해하기 쉽도록 하려고 우선 기존의 지식을 활용하는 편법을 택한다. 1은 서정, 2는 희곡, 3은 서사, 4는 교술이다. a+는 자아이고, a-는 세계이다. b+는 작품외적 자아이고, b-는 작품외적

세계이다.

일단 이해가 되었으면, 용어를 가다듬어 다시 말한다. 자아라고 한 +는 주동자이고, 세계라고 한 -는 반동자이다. 이 둘은 전기가 음양으로 나누어져 생극을 벌이는 것과 같은 관계를 가진다. a는 작품 안의 것이고, b는 작품 안팎에 걸쳐 있는 것이다. a+는 안의 주동자이고, a-는 안팎의 반동자이다. 작품외적 자아라고 한 b+는 안팎에 걸쳐 있는 주동자이고, 작품외적 세계라고 한 b-는 안팎에 걸쳐 있는 반동자이다.

서정은 a+ 자아 또는 안의 주동자만 중핵으로 하고, 다른 모든 것을 임의로 선택하고 변형시켜 무형이 유형인 듯이 보이게 하는 데 쓰면서, 생극을 일방적으로 전개한다.

희곡은 a+와 a-로 이루어져 있어, 자아와 세계 또는 주동자와 반동자가 상생하고 상극하며, 상극하고 상생하는 생극을 어느 한쪽에 치우치지 않고 보여준다.

서사는 a+와 a-가 전개하는 생극을 그대로 두지 않고, 서술자, 작품외적 자아, 안팎에 걸쳐 있는 주동자 등으로 일컬어지는 b+가 개입해, 다면적이고 복잡하게 만든다.

교술은 작품외적 세계 또는 안팎에 걸쳐 있는 반동자인 b-가 개입해, a+, a-, b+가 이룬 작품세계를 개방하고, 현실에서 진행되는 생극과 직결되게 한다.

말이 너무 어려워졌으므로, 방법을 바꾼다. 둘씩 쉽게 비교하고, 그 이유를 괄호 안에 적는다.

서정은 말이 적어야, 교술은 말이 많아야 잘 지어낸다. (a+는 형체를 갖추기 어렵고, b-는 잡다하기 때문이다.)

운동 경기를 현장에서 보는 것은 희곡, 텔레비전에서 보는 것은 서사와 같다. (b+는 방송진행자와 같다. 서사에서는 의도적인 편파방송을 자주 한다.)

사람이 서정에서는 같다고 하고, 서사에서는 다르다고 한다. (서정은 a+ 하나만이어서 말을 줄여야 하고, 말을 줄이려면 모두 같다고 해야 한다. a+, a-, b+, 이 여럿이 다 한 가락 해야 하는 서사는 사람은 무엇이 어떻게 다른지 길게 말해야 한다.)

희곡은 지어내기 가장 어렵고, 교술은 누구나 쉽게 내놓는다. (a+와 a-의 대결이 제대로 전개되게 하려면 상당한 수련을 해야 한다. b-는 쓰레기 수준의 잡담이라도 된다.)

여기서 제시한 새로운 갈래 이론은 기존의 이론보다 더욱 선명한 장점이 있다. 말을 앞세우지 않고 사실을 잘 정리한 도표를 내놓고, 필요한 설명을 여러 단계 하는 것이 진전된 성과이다. 기존의 이론은 밀어두고, 이것을 널리 사용할 만하다.

그뿐만 아니라, 더 큰 의의도 있다. 문화 창조물인 갈래가 물질을 이루는 최소단위인 원소와 같아, 중핵을 이루는 것이 하나씩 늘어날 때마다 성격이 다른 새로운 무엇이 생겨난다. 놀라운 발견이다.

바람에 굽은 가지 못났다고 흉보고, 비 맞고 떨어진 꽃 칙칙하다 나무라며, 그대는 만남 피하려 진공 속에 머무나?

4) 모두 아울러야

원소와 갈래는 같기만 하지 않고 다르기도 하다. 가장 크게 다른 점은 원소는 118개까지이고, 갈래는 4개까지인 것이다. 그 이유가 무엇인지 밝히면 갈래를 더 잘 이해할 뿐만 아니라, 원소 연구에서도 새로운 성과를 기대할 수 있다.

갈래가 4개까지인 이유는 다음의 표에서 확인할 수 있다.

a+	a-
b+	b-

이 표는 완결되어 있다. 있어야 할 중핵이 다 있다. 성향이 반대인 +와 −, 안팎이 구분되는 a와 b 이외의 다른 무엇이 있을 수 없다. 그래서 구분된 넷의 관계가 완벽하다. 사람이 이룩한 문화창조물이 이런 줄 몰랐다고 놀랄 것인가? 아니다. 만물대등생극이 어디서나 구현되는 증거라고 보면, 당연하다.

원자는 어떤가? 원자에는 중핵이라고 할 것이 여럿이다. 중심에 원자핵이 있고 그 주위에 전자가 돈다. 원자핵은 양성자와 중성자로 이루어졌다. 그 가운데 늘어나는 것은 양성자이다. 1개이던 양성자가 118개까지 늘어나, 성격이 서로 다른 원소가 그렇게 많아진다. 양성자가 자꾸 늘어나는 것은 갈래의 경우처럼 양성자들끼리 생극을 하지는 않기 때문이다. 양성자가 늘어난 만큼 더 커진 + 전기의 힘을 가지고 − 전기를 띤 전자와 생극을 하기 때문이다.

갈래는 단순하고 명확한 구조를 이루는 중핵들이 서로 생극을 하므로, 그 전체는 안정되어 있고 변하지 않는다. 갈래의 변천은 크게 나누어진 넷을 구체화한 여러 하위 형태에서 이루어진다. 서정의 시조, 희곡의 탈춤, 서사의 소설, 교술의 몽유록 같은 것들이 시대적 여건에 따라 생겨나고 없어지며, 번성하고 쇠퇴한다.

원자는 구조가 복잡하고, 중핵의 하나인 양성자의 수가 늘어나면서 생극이 확대되어 다른 원소로 바뀐다. 이런 일이 자연 상태에서 저절로 이루어지는 것은 아니다. 태양과 같은 항성이 핵융합으로 양성자 수가 더 많은 원자를 만들어내다가 온도가 지나치게 올라가면 폭발해서 흩어진다. 그래서 양성자 늘어나기는 한계가 있다.

갈래와 원자가 위에서 검토한 바와 같은 것이 무슨 상관이 있는가? 이에 대해 몇 가지 대답을 할 수 있다. 하나씩 들고 검토해보자.

그 둘은 아무 상관도 없다. 갈래는 사람이 지어낸 문화이고, 원자는 자연에 있는 물질이다. 갈래는 인문학문의 한 분야 문학론에서나 다루고, 원자는 자연학문의 물리학이나 화학의 소관이다. 공연히 한 자리에 놓고 이상한 소리를 하지 말아야 한다.

그 둘이 같은 점은 인정하지만, 우연의 일치일 따름이다. 원자의 양성자 수가 늘어나면 원소가 달라지는 사실에서 착상을 얻어 갈래 이론을 더 잘 만든 것은 다행한 일이지만, 그 이상의 의미는 없다. 작은 성과를 확대해 해석하지 말아야 한다. 자극 주고받기가 분야 넘기는 아니다.

두 사례는 수가 늘어나면 질이 변하는 것을 함께 보여준다. 이것은 우연의 일치라고 할 수 없고, 만물대등생극의 한 면을 선명하게 알려주는 의의가 있다. 다른 한편으로는 많은 차이가 있다. 같은 점은 아주 소중하게 여기고, 다른 점도 같다고 하는 무리한 논의를 펴지는 말아야 한다. 학문 통합은 제한된 범위 안에서나 가능하다. 포부가 너무 크면 이런 사실을 무시하고 헛소리를 한다.

갈래와 원자가 같은 것뿐만 아니라 다르다는 사실도 만물대등생극을 넓은 범위에서 말해준다. 갈래와 원자처럼 아주 다른 것들을 한 자리에 놓고 검토하는 엄청난 행운을 얻어, 옛 사람이 천인합일(天人合一)이니 물아일체(物我一體)니 하던 것을 더욱 확실하게 한다. 대등생극론이 모든 것을 아우르는 진전을 기대한다.

상대성이론, 상보성이론, 불확정성이론 등을 각기 주장하면서 맞고 틀리는 것을 다투는 소리가 요란하다. 달팽이 뿔 위의 전쟁을 나무란 말이 생각난다고 하면, 착각이고 모독인가? 온 세상이 부적절한 시비에 말려들지 않도록 하는 학문을 해야 한다.

거시·미시·가시, 만물·만생·만인대등생극은 다르면서 같고 같으면서 다르다. 맞고 틀린 것을 양분할 수 없다. 그 모두를 파악하는 거대한 통찰, 달관의 철학, 대등생극 총론이 있어야 한다.

동쪽에서 헤아리니 차등이 미세하고, 그 모습 서쪽에선 지나치게 확대된다. 남북을 오가며 보니 넓게 뻗은 대등이다.

【4. 역사의 전환[3]】

1) 지나치면 망한다

지나치면 반전이 일어나 망한다. 이것이 보편적인 원리이다. 이 원리가 구현되는 양상은 몇 가지로 달라진다. 쉽게 생각할 수 있는 것을 셋 든다.

> (가) 가해를 너무 심하게 하다가, 피해자가 없어지도록 해서 자멸한다.
> (나) 한 방향으로 지나치게 나아가, 상황 변화에 대처할 수 없게 된다.
> (다) 더 강해지려고 하다가, 극한을 넘어서서 돌이킬 수 없게 된다.

(가)는 가장 단순한 원리이다. 송충이가 솔잎을 다 먹어치워 소나무가 죽으니 자기도 죽는 것이 이런 경우이다. 코로나바이러스는 송충이보다 영리해, 감염 속도가 빠른 대신 치사율은 낮다.

(나)의 본보기로 공룡의 멸종을 들 수 있다. 공룡은 몸집을 너무 키워 먹이가 부족하게 만드는 (가)의 잘못을 저질렀으나, 그 때문에 멸종한 것은 아니다. 아직 무어라고 정확하게 말할 수 없는, 생활환경의 대변화가 닥쳐 와 대응 능력을 잃고 멸종했다.

공룡처럼 거대하지 않고 체구가 왜소한 포유류는 시련을 이겨내고 살아남고, 환경이 좋아지자 크게 번성했다. 공룡의 자리를 차지해 동물계의 최강자가 되었다. 포유류가 공룡의 실패를 되풀이했다. 거대하게 자라나 맘모스, 검치호, 땅늘보 같은 것들이 되었다가 모두 멸종했다. 그 대신 몸집이 더 작은 코끼리, 호랑이가 나타나 위기를 넘겼다. 큰 힘을 가지고 활발하게 돌아다니던 땅늘보가, 나무에 올라가 있으면서 움직임을 최소한으로 줄인 나무늘보로 바

---

[3] 이 장은 〈대등생극론〉 전문의 제8장이다.

뀐 것은 아주 슬기롭다.

지금은 호랑이가 위태롭게 되었다. 힘이 너무 세고, 무엇이든 공격하는 것을 두렵게 여기고 사람이 죽인 것은 (나)에 해당하는 불행이다. 거기다 보태 먹이가 부족해 살아갈 수 없는 (가)의 위기가 닥쳤다. 호랑이는 멸종의 위기에 이르고, 호랑이의 축소판인 고양이는 나날이 번성하고 있다.

고양이는 체구가 작은 것을 장점으로 해서, 호랑이와 운명이 전연 다르다. 작은 먹이를 쉽게 사냥할 수 있어 (가)의 염려가 없다. 사람이 위협을 느끼지 않아 (나)의 불행도 없다. 고양이를 쥐가 없어지게 해서 좋은 일을 한다고 칭찬하다가 애완동물로 기른다. 호랑이를 두려워하다가, 축소판 호랑이를 애완동물로 삼으니 아주 기분이 좋다.

지나치면 반전이 일어나는 것은 동물의 세계에만 있는 일이 아니다. 천체에도 있다. 태양을 보자. 태양은 영원히 빛나지 않고 언젠가는 폭발하고 이지러지고 사라진다. 영원히 빛날 것 같은 위세가 그 원인이다. 이것은 위에서 (다)라고 한 데 해당한다.

태양이 열과 빛을 엄청나게 내는 것은 질량이 너무 크기 때문이다. 질량이 너무 커서 생기는 인력이 온도를 아주 높여 핵융합 반응이 일어난다. 질소(H)의 원자핵이 결합해 헬륨(He)으로 변하면서 엄청난 열과 빛을 낸다. 그 때문에 열이 더 올라가 질소를 모두 헬륨으로 바꾸고, 다시 핵융합이 일어나 더 무거운 원자, 금이나 쇠까지 만들어낸다. 그 절정에서 대폭발이 일어나 거대하게 부풀어 올랐다가, 쪼그라지고 흩어진다. 잔해가 떠돌아다니다가 많이 모이면 다시 행성도 되고 항성도 된다.

우리 태양만 그런 것은 아니다. 같은 변화를 보이는 다른 태양이 얼마든지 있다. 핵융합으로 생겨난 여러 원소가 수많은 물질을 이루는 자료가 되는데 인체도 포함된다. 이에 관해 자세하게 고찰하는 것은 필요하지 않다. 모두 만물대등생극에 포함된다는 말만 하면 된다. 종래의 철학을 과학과 합쳐서 이룩하는 새로운 철학은 시야를 최대한 넓히고, 아주 포괄적인 말을 해야 할 일을 한다.

위에서 말한 두 사례, 생물에 관한 것과 천체에 관한 것은 전연 별개라고 여겨 왔다. 한 자리에 놓고 공통점이 있다고 하는 것이 억지라고 할 수 있다. 시야를 넓혀 만물대등생극을 이해하고 만생대등생극이 거기 포함되는 줄 알면, 두 사례에 공통점이 있는 것이 너무나도 당연하다.

위에서 생물과 천체를 들어 지나치면 망하는 원리를 말한 것은 강 건너 불구경이 아니다. 나날이 살아가면서 절실하게 여기고 고민하는 문제와 직결되어 있다. 우리 집에 불이 나는지 알아보게 한다.

사람이 만든 것도 지나치면 망한다. 그 가운데 거대제국이 가장 크다. 모든 거대제국은 엄청난 위세를 부리다가 해체되고 멸망했다. 지금의 거대제국은 그렇지 않다고 한다. 역사의 교훈을 배우는 것만으로는 부족하다고 한다. 과거의 모든 제국이 실패를 한 각기 특수한 이유를 들고, 그런 것들을 잘 알아 되풀이하지 않는다고 반격한다.

그러면서 새 역사를 창조한다고 자부하면 난감하다. 위대한 이념으로 위대한 지도자가 전에 어디서 누구도 하지 못한 위업을 달성한다고 주장하면 대처하기 어렵다. 위대하다는 것이 망상이라고 나무라면, 설득력은 없다. 위대함을 힘이 증명하는 데 무력한 언설로 맞설 수 없다.

지나치면 망하는 원리가 생물이나 천체뿐만 아니라 제국의 흥망에도 그대로 타당한 것을 밝혀야 한다. 제국의 흥망은 어떻게 해서 생기는가? 앞에서 말한 (가)인가? (나)인가? (다)인가? 셋 다 타당하다.

거기다 둘을 추가해야 한다. (라) 차등을 확대해 힘을 키우다가, 대등의 가치를 부인해 사고가 경직된 탓에 힘을 잃는다. (마) 획일화로 일탈을 막으려고 하다가, 융통성을 잃고 창조력이 고갈된다.

학문한다 뽐내려고 엇길로 들어서면, 玩物喪志(완물상지) 자아도취, 索隱行怪 (색은행괴) 소통단절. 만인과 함께 깨달아야 천지가 열린다.

2) 반면교사 덕분에

호랑이는 너무 크고 강해 멸종 위기에 이르렀다. 호랑이의 축소판이라고 할 수 있는 고양이는 작고 약해 잘 지내고 늘어난다. 개는 사람을 너무 따른 탓에, 스스로 살아갈 수 있는 능력을 잃었다. 고양이는 사람과 적절한 관계를 가지다가, 야생으로 돌아갈 수 있다.

고양이는 한편으로 호랑이를, 다른 한편으로는 개를 반면교사로 삼아, 실패를 되풀이하지 않고 자기 길을 슬기롭게 선택했다고 할 수 있다. 생물의 종은 다른 종들과의 경쟁을 유리하게 해서 살아나고 번성하고자 한다. 다른 종들의 실패를 따르지 않고 반대가 되는 길로 가려고 한다. 이렇게 한 것이 적중하면 그 종이 번성한다. 이처럼 반면교사 덕분에 잘되는 것이 만생대등생극의 이치에 포함된다.

반면교사 덕분에 잘 되는 만생대등생극의 이치가 만인대등생에서는 더욱 분명하다. 본능적인 선택에 의도적인 노력이 추가되기 때문이다. 개인의 삶에 그런 본보기가 많이 있다.

역사의 전개도 같은 관점에서 고찰할 수 있다. 이런 사실을 두고 많은 말을 할 수 있으나, 몇 가지 예증만 든다.

신라 때의 인물 강수(强首)는 지체가 낮았으며 머리가 이상하게 생겼다. 불도를 닦아 높이 오르는 선례를 따르지 않고, 세상에서 대단치 않게 여기는 유학을 공부하고 문장력을 길러 자기 능력을 발휘했다. 부모의 반대를 무릅쓰고, 최하층 신분 대장장이의 딸을 아내로 맞이하고, "가난하고 천한 것은 부끄러운 바가 아니지만, 도를 배우고 행하지 않는 것이 진실로 부끄러운 일입니다"라고 했다.

서경덕(徐敬德)은 집이 가난해 서당 공부를 제대로 하지 못하는 처지를 역전의 발판으로 삼았다. 좋은 스승에게서 잘 배우는 쪽이 받드는 성현의 도리를 반면교사로 삼고 천지만물의 이치를 스스로 깨달아, 리(理)는 별개의 것이 아니고 기(氣)의 원리일 따름이라고 하는 기일원론의 철학을 처음 확립했다.

중국에서 받아들인 이기(理氣)이원론을 넘어서는 독자적인 탐구로, 이치의 근본을 바로 밝히는 길을 열었다.

역사의 전개에서 본보기를 찾아, 고구려와 신라의 관계를 먼저 보자. 건국 초의 세 군주가 아주 달랐다. 고구려에서는 동명성왕(東明聖王)·유리명왕(琉璃明王)·대무신왕(大武神王)이라고 했다. 신라는 혁거세거서간(赫居世居西干)·남해차차웅(南解次次雄)·유리니사금(儒理尼師今)이라고 했다. 고구려는 위대한 제왕이 일사불란한 질서를 자랑스럽게 확립한 선진국이고, 신라는 촌스러운 상태에서 이리저리 흔들리고 있어 많이 뒤떨어졌다. 강성한 고구려가 누르는 것을 힘겹게 견디면서, 신라는 자기 길로 가면서 국왕과 백성이 가까운 관계에 있는 후진성을 역전의 발판으로 삼았다.

스페인과 네덜란드, 영국과 아일랜드, 러시아와 핀란드, 일본과 한국은 모두 가해자와 피해자의 관계이다. 가해자가 막강한 힘으로 식민지 통치를 해서 피해자는 견디지 못하고 해방 투쟁을 했다. 가해자보다 더 큰 힘으로 피해자가 독립을 쟁취한 것은 아니다. 가해자가 차등론의 극치인 패권주의를 극한까지 밀고 나가 자멸의 길에 들어서므로, 피해자는 작은 힘으로도 큰 과업을 이루어 사태를 역전시킬 수 있었다.

이런 사실을 바로 알지 못하고, 피해자가 독립국을 이루고서는 가해자를 교사로 삼고 패권주의의 길로 나아가 국위를 선양해야 한다고 할 수 있다. 네덜란드는 그 길로 나아가 넓은 식민지를 장악했다. 다른 세 나라는 그런 힘이 없는 것을 개탄할 수 있다. 그러나 식민지 통치를 하던 가해자를 교사가 아닌 반면교사로 삼고 패권주의를 부인하는 방향으로 나아가는 것이 행복을 얻고 남들을 위해 널리 기여하는 길이다.

이에 관해 아일랜드나 한국이 기여하는 바도 말해야 하지만, 핀란드가 보여주는 모범을 고찰하면 더 많은 것을 얻는다. 핀란드는 러시아의 식민지 통치를 그리 오래 받지 않고, 명목상의 독립국 지위를 얻었다. 러시아가 다시 침공할 때에는 완강하게 물리쳤다. 그러므로 "보아라, 우리 핀란드는 패권주의 경쟁에서 러시아보다 앞설 수 있다." 이렇게 부르짖을 만하지만 전연 그렇지 않았다. 러시아에 대해 적대감을 나타내지도 않고, 자기 민족을 예찬하지도 않고, 누구나 대등한 관계에서 자기의 창조주권을 발휘하면서 편안하고 행복하게 살도록 하는 데 힘쓰기만 한다.

캐나다는 미국의 식민지 통치를 받지 않았다. 인구가 열 갑절 되는 패권주의의 최강자 미국과 긴 국경을 두고 맞닿아 압력을 느낄 따름이다. 미국을 반면교사로 삼아 패권주의를 부인하는 방향으로 나아가 그 압력을 무효로 만든다. 총기를 규제하고, 공공의 의료보험이 있고, 다른 사회보장 제도도 모범이되게 갖추었다. 원주민을 존중하려고 한다.

핀란드나 캐나다는 살기 좋은 나라 최상위에 올라 있어 부러움을 산다. 이때문에 러시아나 미국은 부끄러워하지 않을 수 없다. 그 부끄러움은 패권주의는 창피스럽다고 인정하는 증거이다. 패권주의는 창피스럽다는 본보기를보여주어 반면교사 노릇을 한 쪽의 공적을 인정하는 것이 대등의 마땅한 도리이다. 살신성인(殺身成仁)을 하느라고 수고가 많다고 위로하자.

앞 대목에서 말했다. 차등을 확대해 힘을 키우다가 대등의 가치를 부인해사고가 경직된 탓에 힘을 잃고, 획일화로 일탈을 막으려고 하다가 융통성을잃고 창조력이 고갈되어, 거대제국이 망하고 있다. 이것을 반면교사로 삼는다면, 깊이 감사한다고 말할 자격을 얻는다.

미세하게 올려보면 티끌이 태산이고, 하늘에서 내려 보면 태산은 티끌이다. 대소가 고정되어 있다고 고집하면 어리석다.

3) 생극의 차질

상생과 상극이 맞물려야 상생이 상극이고 상극이 상생일 수 있다. 상생과 상극이 맞물리지 않고 어긋나면, 상생은 상생이고 상극은 상극이어서 따로 논다. 생극의 차질이 생기고, 의의가 없어진다.

만물대등생극이나 만생대등생극의 생극은 상생과 상극이 맞물려 있다. 만인대등생극의 생극은 그렇지 않고, 상생과 상극이 어긋나 따로 놀 수 있다. 공격용 무기의 용도를 들어 양쪽이 얼마나 다른지 말할 수 있다.

짐승의 무기는 몸의 일부여서 몸이 미치는 범위 안에서만 효력이 있으므로, 피하면 무사하다. 약한 짐승이 상극의 공격을 받아도, 죽지 않고 달아나 피차의 상생을 이룰 수 있다. 상극의 공격 덕분에 병약자를 처리하고 인구 조절을 하는 것이 피해자 쪽에도 유익한 상생일 수 있다. 상극과 상생이 맞물려 있다.

인간은 자기 몸의 일부가 아닌 무기를 따로 만들어 상극의 공격을 한다. 무기를 더 잘 만들어 공격의 효력이 미치는 범위를 확대하고, 피해의 정도가 심해지도록 하는 것을 문명의 발전이라고 한다. 문명의 발전이란 상극을 상생에서 분리시키고, 대등을 차등으로 파괴하는 정도가 더 심해지도록 하는 반칙 이외의 다른 무엇이 아니다. 상생과 상극이 어긋나게 하는 데 그치지 않고, 상극이 극대화해서 상생을 부정하도록 한다. 그 양상을 살펴보고, 과연 그대로 되는가, 거기서 끝나는가 말해보자.

무기를 가지고 무엇을 하는가? 범죄를 저지르고, 전쟁을 하고, 혁명을 한다. 범죄는 모두 나쁘고, 전쟁은 나쁜 것도 있고 좋은 것도 있고, 혁명은 다 좋다고 한다. 이 셋은 아주 다른 것 같지만 공통점이 더 크다. 인간이 얼마나 추악한지 함께 말해준다.

예사 범죄는 규모가 작고 힘이 모자라, 전쟁이나 혁명일 수 없다. 쉽게 제압당하기 때문에 범죄라고 별도로 지칭되고 모두 나쁘다고 일률적으로 평가된다. 범죄가 나쁘므로 처벌은 정당하다고 하지만, 상극에 상극으로 맞서서 상극의 폐해를 키우기나 하고 상생과는 거리가 먼 것이 예사이다.

전쟁은 인간이 저지르는 최악의 범죄이다. 나쁜 전쟁은 목적과 수단이 다 범죄이고, 좋은 전쟁이라고 하더라도 수단은 범죄이다. 수단이 큰 힘을 가지면 피해가 그만큼 커진다. 오폭에서, 핵무기를 실수로 발사하는 것까지 전쟁의 수단은 아무리 선한 목적을 위해 사용된다고 해도 범죄인 본색을 감추지 않고 드러낸다.

혁명은 차등을 무너뜨리고 평등을 이룩하겠다고 하는 목적이 훌륭해, 폭력을 사용하는 수단이 정당하다고 한다. 그러나 실현 가능하지 않은 평등을 목적으로 내세워, 대등의 의의를 망각하게 한다. 불가능을 가능하게 하려고 하다가, 폭력이 일시적인 수단에서 항구적인 당위로 변질된다. 폭력을 장악한 혁명투사는 위대하다는 차등론이 반론의 여지가 없이 통용되어, 혁명이 혁명을 배신한다.

범죄·전쟁·혁명으로 만인대등생극을 유린해도, 만생대등생극이나 만물대등생극까지 흔들리지는 않는다. 만물대등생극을 근거로 해서 만생대등생극이, 만생대등생극의 하나로 만인대등생극이 이루어진다. 보편적인 원리가 특수한 쪽의 일탈을 바로잡는 것은 당연하고, 특수한 쪽에서 생긴 차질이 보편적인 원리에 손상을 끼치지는 않는다.

보편적인 원리가 특수한 쪽의 일탈을 바로잡는 것이 사람의 삶에서 어떻게 나타나는가? 차등을 거부하고 대등을 실현하겠다는 요구는 사람이 모든 생물과 함께 갖추고 있는 근원적인 본성이다. 사람은 그 본성을 창조주권으로 나타내고 있다. 이에 대한 위해가 거듭되어도 피해의 정도가 한정되어 있다. 대등의식을 온통 마멸시키지는 않는다. 어려움이 닥치면 대등의 소중함을 더욱 절감한다.

인류 역사는 차등을 몰아내고 대등을 실현하고자 노력하는 과정이다. 그래서 만인대등생극이 만생대등생극이고, 만물대등생극이게 하고자 한다. 근원으로 돌아가고자 한다. 살아서는 돌아가지 못하더라도 죽어서는 돌아간다. 죽으면 가능한 회귀를, 살아서도 가능하게 하고자 한다.

사는 동안에 차등이 아무리 심한 횡포를 자아내도, 대등은 무너지지 않고 역전을 가져온다. 사회의 상층과 하층, 의식의 표층과 심층은 다르다. 상층이

나 표층은 차등이 지배해도, 하층이나 심층에는 대등이 살아 있어 역전을 이룩한다. 강하다고 자만하고 약하면 분발해 강약 교체 선후 역전이 겹겹이 얽히어, 역사는 예측불허 태풍처럼 마구 격동한다.

차등의 대안이 평등이라는 주장이 강력한 힘을 가지고 등장해 새로운 차등을 만들어내자 대등은 잠시 혼란에 빠졌으나, 길게 염려할 것은 아니다. 평등의 기만이나 폐해가 드러나면서, 무엇이 어떻게 되는지 알게 된다. 평등의 구호가 무색하게 되자 다음 시대가 시작된다. 다음 시대는 대등의 시대이다.

대등 실현은 폭력을 배제하고, 주동자가 따로 없는, 혁명이 아닌 혁명을 해야 가능하다. 혁명의 과제라고 인정되는 것들을, 누구나 자기 일로 알고 자발적으로 참여해 창조주권을 다양하게 발현해 해결해야 한다. 종교나 정치와 아주 먼 일상생활의 여러 영역에서, 종교나 정치가 기만을 위한 수단으로 삼아온 이상을 실제로 이루어야 한다.

폭풍이 몰아쳐 천지를 뒤집어도, 아주 어린 새싹은 몰라보게 자라는데, 그대는 재난이 닥치면 두렵다고 무릎 꿇나?

4) 모순 해결

세 가지 모순이 세 가지 차등에서 자라난다. 계급 차등의 상위 계급이 계급모순을, 민족 차등의 상위라고 여기는 민족이 민족모순을, 문명 차등의 상위이기를 바라는 문명이 문명모순을 조장한다. 조장한다는 것은 이미 있는 것을 키운다는 말이다.

모순이 있어도 그리 심각하지 않은데, 상위자가 차등을 키우느라고 확대해 하위자를 괴롭힌다. 그대로 견딜 수 없어 투쟁하지 않을 수 없게 한다. 투쟁해 모순을 해결하는 것이 당연하지만, 작전을 잘 세워야 한다. 소리 높이 외치면 뜻을 이룰 수 있는 것은 아니다. 모순을 완전히 해결하고 평등을 이룩하려고 무리하면 부작용이 크다. 모순을 완화하고 화해가 가능하게 하려고 하는 노력을 평가해야 한다.

투쟁을 생극의 양면에서 해야 한다. 상극의 투쟁만 하지 말고, 상생의 투쟁도 해야 한다. 상극의 투쟁은 상대방을 적으로 삼고 폭력으로 말살하려고 하는 전투이다. 투쟁이기만 한 투쟁이다. 상생의 투쟁은 상대방에게 차등을 버리고 대등을 이룩해 서로 필요한 관계가 되자고 하는 평화적인 설득이다. 투쟁이 아닌 투쟁이다. 이 두 가지 투쟁을 함께 하면서, 상황에 맞추어 적절하게 배합해야 한다.

변증법은 상극의 투쟁에 치우친 편향성이 있다. 상극과 상생을 분리시켜, 상극은 처음부터 있는 사물의 본질이라고 하고, 상생은 중간에 우연히 끼어든 방해꾼 정도로나 여긴다. 어느 경우에나 상극의 투쟁으로 혁명을 해서 모순을 해결하니, 변증법은 위대하다고 한다. 과연 그런가? 여러모로 무리를 해서, 표방하는 것과는 상반된 결과에 이른다.

차등을 평등으로 바꾸는 것을 혁명의 이유로 한다. 상극의 투쟁을 극단화하는 폭력을 혁명의 방법으로 한다. 신념이 절대적인 강경파가 혁명의 주역으로 나선다. 그런 이유가 겹쳐, 차등의 대안이 대등일 수 없게 한다. 좋은 길을 버리고, 험로에 오른다. 누구나 평등해야 한다는 무리한 요구를 강압적으로 관찰시키려고 해서, 새로운 차등을 엄청나게 조성하는 역설을 빚어낸다.

그런 혁명이 그 자체로는 불신되었으면서, 반면교사 노릇은 훌륭하게 한다. 살신성인의 극치를 보여준다고 할 수 있다. 폭력혁명이 무섭다는 것을 분명하게 알려, 차등을 유지하려면 어느 정도는 양보해야 한다는 것을 아주 우둔한 통치자라도 짐작하도록 한다. 대등을 주장하는 상생투쟁은 억압하지 않는 것이 유리한 줄 널리 알게 한다.

계급모순이 이래저래 상당한 정도로 완화되자, 민족모순이 심각하게 되었다. 계급모순을 폭력혁명으로 해결하고 평등을 일제히 실현한다는 획일주의가 여러 민족의 독자적인 삶을 짓밟아 여기저기서 항거가 일어나는 것이 지금의 사태이다. 그 때문에 인류는 피를 흘리고 있다.

민족모순도 폭력혁명으로 해결할 것인가? 아니다. 계급모순에서는 가해자가 소수이고 피해자는 다수이므로, 피해자가 폭력혁명을 일으키면 성공할 수 있다. 민족모순에서는 가해자가 다수이고 피해자는 소수이므로, 피해자가 폭력혁명을 일으키면 성공할 수 없다. 테러나 하고 말아 광범위한 지지를 상실한다.

상극투쟁만 투쟁이라고 여기는 착각에서 벗어나, 상생투쟁이 더 큰 힘을 가질 수 있는 것을 알고 다각도로 노력해야 한다. 상생투쟁은, 군인이나 정치인은 뒤로 물러나고 예술가나 학자가 이끌어야 한다. 상생투쟁을 하는 예술가나 학자를 잡아 죽이는 만행은 온 인류가 분노하게 하는 극악한 테러이다. 만행을 규탄하는 여론의 포위공격을 견디지 못하고, 민족모순의 가해자가 스스로 무너지게 하는 것이 최상의 방안이다.

문명모순이 또 하나의 모순이고, 지금은 가장 심각하다. 세계를 몇 개로 나누어 인류 거의 전부가 말려들게 한다. 차등을 부인하는 대등이 계급모순이나 민족모순 해결에서 가지는 의의가 문명모순에서는 더욱 확대된다. 문명모순은 상극투쟁으로 해결할 수 없다. 공격을 하면 모순이 커질 따름이다. 차등의 상위에 있다고 여기는 문명의 착각을 깨는 상생투쟁을 힘써 해야 한다.

차이점을 서로 존중하면서 대등을 분명하게 하고, 도움을 주고받으면서 공동의 창조를 하는 상생을 성과 있게 이룩해야 한다. 이렇게 하는 데 모범을 보이면서 뒤떨어진 쪽이 분발하게 하는 것은 차등의 잔재를 버리지 않아 적절하지 못하다. 종교적이나 이념적인 독선이 적은 문명이 독선이 커서 불화가 심한 두 문명이 화해할 수 있게 하는 것이 대등상생의 방법이다.

기독교문명과 이슬람문명이 독선을 버리지 않고 상극의 갈등을 빚어내 인류를 불행하게 하고, 세계사를 위태롭게 한다. 이 사태를 그냥 두고 볼 수 없다. 그러면 어떻게 해야 하는가? 우리 유불문명이 중재자로 나서서 화해를 권유하고 설득하는 것이 바람직하다.

우리는 유교와 불교의는 상극이 상생이게 해서 유불문명을 이룩한 만큼 종교적 독선이 적어 중재자일 수 있는 필요 자격을 갖춘다. 기독교문명과 이슬람문명 가운데 어느 쪽에 치우치지 않고 대등한 애정을 가지면 중재자일 수 있는 충분 자격까지 갖춘다. 자기를 바로잡는 데 더욱 힘써 세상을 바로잡으려고 노력해야 한다.

계급·민족·문명모순은 모두 차등의 산물이다. 차등을 타파하고 대등을 이룩해야 해결된다. 이를 위해 생극 양면의 투쟁이 필요하다. 상극의 투쟁은 강력해서 실수를 하고, 상생의 투쟁은 미약해서 슬기로울 수 있다.

지금 다른 어느 모순보다 남녀갈등이 더 심각해져, 출산이 급감하다가 인류가 멸종할 위기를 예고한다. 차등론을 공격하는 상극의 투쟁은 역효과를 낸다. 차등론의 대안이 평등론이라는 과오를 대등론으로 시정하는 상생 투쟁을 해야 한다.

한밤중에 달이 밝고, 절망으로 시를 쓴다. 어둠에서 밝음 나고, 밝음은 어둠 된다. 명암이 따로따로라고 우겨대면 바보로다.

【5. 행로 점검[4]】

1) 세 종교와 철학

기독교는 유일한 절대자 하느님이 이 세상을 창조하고, 다스리고, 심판한다고

---

[4]　이 장은 〈대등생극론〉 전문의 제9장이다.

한다. 그 이치가 오묘해 이해하고 신앙할 수 있게 하는 작업이 필요해, 신학이 철학을 거느린다. 철학이 함부로 나서서 하나님을 의심하는 것을 허용하지 않는다.

"태초에 말씀이 있었다"고 하고, "말씀은 하느님과 똑같아" 모든 것을 창조했다고 한다.(<요한복음>) 이런 절대적 정명론(正名論)을 불변의 교리로 한다. 『성서』라는 경전을 문자 그대로 믿어야 한다고 하고, 설화나 비유로 이해하는 것을 금지한다.

모든 천체가 지구 주위를 돈다는 천동설은 『성서』에 명시되어 있지 않다. 그런데도 지동설을 주장하는 과학의 주장이 등장하자, 기독교를 부인하는 철학이 성장할까 염려해 엄격하게 막았다. 브루노(Bruno)라는 수도사가 지동설을 말해 화형을 당한 것으로 알려졌는데, 우주는 무한하다고 한 것이 더 큰 죄였다고 교단에서 해명한다.

기독교는 실증에 근거를 둔 과학은 마지못해 방관하고, 실증의 영역이 아닌 교리는 엄격하게 보호하려고 철학을 금지했다. 이에 맞설 용기가 없어, 서쪽의 철학은 치사하게 살아남는 술책을 찾아내야 했다. 기독교 교리에 저촉되지 않는 범위 안에서 그리 중요하지 않은 문제에 대한 천착에 힘쓰고, 과학에서 개척하는 방법을 추종해 평가를 얻으려고 한다.

하나마나한 말을 길고 복잡하고 난해하게 해서 철학의 존재 의의를 증명하려고 한다. 과학이 크게 발전하자 스스로 해결하지 못하고 철학의 도움을 받아야 할 문제를 계속 발견하고 당황해 하는 것을 외면한다. 자폐증에 빠진 지 오래되어 일어날 힘이 없다. 이런 무기력증이 서세동점의 바람을 타고 온 세계에 번져 철학을 다 망치려고 한다.

불교는 말을 불신한다. 모든 언설은 가명(假名)이라고 한다. 부처의 가르침도 가명이므로 믿지 말아야 한다고 한다. "所謂佛法者 卽非佛法 如來所說法 皆不可取 不可說"(이른바 '불법'이라는 것은 '불법'이 아니다. 여래가 말한 것은 모두 취할 것이 아니고, 말할 것이 아니다.) (『金剛經』) 기독교에서는 상상도 할 수 없는 이런 말이 경전에 올라 있다.

절대자가 모든 것을 창조했다고 하지 않고, 전연 다른 말을 한다. "色卽是空 空卽是色"('색'은 '공'이고, '공'은 '색'이다.) 있음이 없음이고, 없음이 있음이라는 말이다. 철학을 아주 크게 제시해 다시 하는 철학이 그 속에서 놀게 한다. 유교는 정명(正名)을 앞세우고 시작할 때 갑갑하다는 느낌이 들었다. 철학이라고 하기 어려운 처세훈이나 말하면서 정치의 주도권을 잡고 행세하니 반발의 대상이 될 수 있었다. 불교가 들어오자 위협을 느끼면서 자극을 받고, 이단이라고 여기고 밀어둔 도가의 철학을 이용해 이치를 분명하게 가다듬었다.

"天地之間 有理有氣 理者也 形而上之道也 生物之本也 氣者也 形而下之器也 生物之具也"(천지 사이에 '이'가 있고 '기'가 있다. '이'라는 것은 형이상의 도리이다. 만물을 만드는 근본이다. '기'라는 것은 형이하의 그릇이다. 만물을 만드는 도구이다.) (『朱子大典』) 이런 이기(理氣)이원론을 확립했다.

이에 대해 "氣外無理"('기'외에 '이'가 없다)고 하고, '이'는 '기' 자체의 원리를 따름이라고 하는 기(氣)일원론의 반론을 서경덕이 분명하게 제기한 것은 질서를 온통 뒤흔든 반역이다. 브루노가 우주는 무한하다고 한 것보다 큰 죄이다. 그런데 브루노는 처형되었으나, 서경덕은 무사하고 오히려 칭송을 받았다. 둘을 구체적인 사실을 들어 비교해보자.

브루노에게 종교재판소 사제들이 이론 철회를 요구하니, 브루노는 말했다. "나는 철회할 것이 없다"라고 말했다. 마침내 사형 선고가 내릴 때, 조금도 기가 꺾이지 않은 채 자신을 기소한 사람들에게 말했다. "내 형량이 선고되면, 당신들의 두려움이 오히려 더 클 것이다." 사형 선고가 내려지자 예수회 사제들은 브루노의 턱에 쇠로 된 재갈을 채우고, 쇠꼬챙이로 혀를 꿰뚫었으며, 또 다른 꼬챙이로 입천장을 관통시켰다. 수레에 싣고 구경거리를 만들어 로마 거리에서 끌고 다녔다. 발가벗긴 브루노를 불태워 죽였다. 이것은 1600년의 일이다.

서경덕은 굶주림을 견디며 학문에 매진하다가, 효행으로 천거되어 참봉에 제수되었으나 받아들이지 않았다. 사후 명종 때 호조좌랑으로 증직되었다. 선조 때 우의정으로 증직하자는 논의가 있었다. 그때 오간 논의가 실록에 있어 요지를 옮겨 적는다.

국왕: "서경덕이 지은 책을 내가 보았는데, 대체로 기수(氣數)만 논하고 수신(修身)의 일은 언급하지 않았으니, 그의 학문은 바로 수학(數學)이 아니냐? 그리고 공부에 의심스러운 곳이 많다."

박순(朴淳): "서경덕은 학자가 공력을 들이는 방법은 선현이 모두 거론했으나, 이기(理氣)의 설만은 분명하게 밝힐 것이 있다고 하고, 궁리하느라고 공력을 들었다."

이이(李珥): "이 사람의 공부는 진실로 학자들이 본받을 바는 아니다. 성현의 뜻과 맞지 않는다. 깊이 생각하고 멀리 나아가 자득(自得)한 묘리(妙理)가 많으며, 문자만 익히고 말로만 한 학문이 아니다."

이 말을 받아들여 서경덕을 우의정으로 추존한 것이 1575년의 일이다.

국왕이 주재하는 어전회의에서 철학 논란을 한 것이 놀랄 일이다. 서경덕의 문집이 세상에 통용되어 국왕도 읽었다. 결함을 지적한 것은 기일원론에 동의할 수 없다는 말이다. 박순은 서경덕의 제자이다. 서경덕의 견해가 옳다고 말하는 말은 피하고 우회 작전을 폈다. 선현이 미진하게 남겨둔 문제를 맡아, 힘써 탐구한 노고를 평가할 만하다고도 했다.

이이는 서경덕의 제자가 아니고, 서경덕의 기일원론은 부당하고 이기이원론이 정당하다고 입증하는 것을 사명으로 했다. 그러면서 서경덕이 이미 있는 말을 따르지 않고 스스로 노력해 이치를 밝히는 자득지학(自得之學)을 한 것을 높이 평가해야 한다고 했다. 이 말을 받아들여 서경덕을 우의정으로 추존하자는 결론을 내렸다. 서경덕이 시작한 기일원론은 반역이라고 박해를 받지 않고 몇 단계의 발전을 이룩했다.

　기독교와 철학, 유교와 철학의 관계는 이렇게 다르다. 기독교의 종교재판과 유교의 철학 논란은 전연 딴판이었다. 철학을 기독교는 없애려 하고, 유교는 북돋우었다. 기독교 탓에 이지러지고 비뚤어진 철학을 수입해다가 받들고, 좋은 풍토에서 잘 자란 철학의 유산은 폐품으로 여기니 얼마나 어리석은가. 악몽에서 깨어나라고 호통을 친다.

종교와 정치가 차등을 다투어, 수직으로 매달린 백성 밟히다가 밀려난다. 학문이 대등론으로 활인공덕 이룩해야.

2) 과학과 철학

과학은 아는 것과 모르는 것을 명확하게 구분한다. 아는 것은 안다고 하고 모르는 것은 모른다고 한다. 언젠가는 모두 다 완전하게 알기를 기대하고, 그 목표를 향해 한 걸음씩 나아간다고 한다. 착실한 학생이라고 할 수 있다.

　철학은 아는 것과 모르는 것을 명확하게 구분할 수 없고, 무리하게 구분하면 아는 것이 사라진다고 한다. 아는 것이 모르는 것이고 모르는 것이 아는 것이라고 하면 아는 것이 나타나고 늘어난다고 한다. 모두 다 완전하게 아는 것은 가능하지 않다고 여기고 기대하지도 않는다. 노련한 스승이라고 해도 된다.

　과학은 아는 것만 골라내 수리논리로 기술한다. 수리논리만 정확하고 다른 말은 모두 헛되므로, 수리논리로 잡아내 기술할 수 있는 것만 진실이고 나머지는 허위라고 취급한다. 일기예보와 일치하는 날씨만 인정하고, 그렇지 않은 날씨는 거들떠보지 않는다고 할 수 있다. 똑똑한 것이 편파적인 탓에 무색하게 된다.

철학은 수리논리뿐만 아니라 다른 어떤 논리로도 잡아낼 수 없는 것이 있다고 한다. 그런 것은 허황하다고 여기지 않고, 논리를 반성하고 쇄신하려고 노력한다. 일기예보와 다르다고 날씨를 나무라지 않고, 일기예보를 하는 방법을 개선하려고 한다. 개선을 아무리 잘 해도 날씨를 완벽하게 알아낼 수 없다는 것을 인정한다. 아는 것과 모르는 것, 가능과 불가능을 모두 포괄하는 총론을 이룩하고자 한다. 편파적이지 않으려고 조금 멍청해진다.

과학논문은 수리논리를 정확하게 갖추고 초지일관 일사불란하게 전개된다. 모르는 것이 조금이라도 끼어들지 못하게 막아야 하기 때문이다. 허점이 있거나 오류가 발견되면 무효가 된다. 그런 논문은 휴지 조각이 된다. 모르는 것이 끼어들어 아는 것을 교란하고 오염시킨다고 여기기 때문이다. 대단한 결벽증이다.

철학에서 쓰는 글도 같은 요건을 갖춘 과학논문이어야 한다는 주장이 있다. 이 주장을 실현했다는 논문이 높이 평가된다. 논리를 정확하게 갖추어 모르는 것이 끼어들지 못하게 하는 것은 철학이 할 일이 아니다. '거름 지고 장에 간다'고 할까? 남의 걸음으로 걷는 한단지보(邯鄲之步)라고 할까? 자기가 할 일을 잊고 남의 흉내나 내니 한심하다고 하지 않을 수 없다.

그 정도로는 말이 모자란다. 아는 것과 모르는 것, 가능과 불가능을 포괄하는 총론을 이룩해야 하는 철학의 임무를 스스로 부인하고 자살한다는 말이, 너무 험하지만 꼭 맞는다. 자살을 아주 잘한다고, 길고 복잡하게 꼬인 책을 써서 자랑하는 것이 유행이 되었다. 그런 책이 높이 평가된다. 그 때문에 과학의 위세가 날로 높아지고, 철학은 더욱 초라해진다. 이것은 인류문명의 심각한 위기이다.

중력에 관한 논의를 본보기로 들어 무엇이 문제인지 따져보자. 뉴턴은 질량이 있는 모든 것들은 서로 당기는 인력이 있다고 하고, 인력의 크기가 질량과 어떤 관련이 있는지 수식을 작성해 명시했다. 인력이 왜 있는가 하는 의문은 관심의 대상에서 제외하고, "나는 가설을 만들지 않는다"고 했다. 아인슈

타인은 인력과 질량의 관계를 다르게 파악하고 수식을 고쳐야 한다고 했다. 그래도 중력이 왜 있는가는 하는 논의는 하지 않았다.

중력이 왜 있는가 하는 의문은 과학이 감당할 수 없으므로, 묻어두거나 버려야 하는 것은 아니다. 이런 의문은 철학이 맡아야 한다. 철학은 탐구 방법이 과학과 달라, 과학이 할 수 없는 일을 한다. 어떤 의문이든 그 내부에서 해결하려고 하지 않고 다른 것들과의 연관을 살핀다. 내부의 양상을 말해주는 수식의 정확성을 평가의 기준으로 삼지 않고, 다른 것들과의 연관 관계 파악 확대를 탐구의 성과로 여긴다. 외연이 늘어나는 만큼 내포가 줄어드는 것이 당연하다.

최한기는 말했다. "究天歷之活法者 從氣輪而入學 究人歷之死法者 循攝力而用切"(하늘에서 나온 활법을 탐구하는 자는 기륜을 따라 학문에 들어가고, 사람이 낸 사법을 탐구하는 자는 섭력을 따르고 절력을 사용한다.)(『星氣運化』 권12 <經緯差度>) 이것은 철학과 과학의 차이점을 명확하게 하면서, 그릇된 통념을 깬 말이다.

용어가 생소해 당황할 것은 아니다. 섭력(攝力)이니 절력(切力)이니 하는 것은 뉴턴이 말한 인력이다. 그런 것을 나타내는 수식은 사람이 만들어낸 사법(死法)이라고 했다. 수식이 이치를 모두 포괄하지 못하면서 절대적인 타당성을 주장해 진정한 탐구를 죽인다고 나무랐다. 잘못을 바로잡으려면, 모든 것을 포괄하는 총론을 갖추고서 개별적인 현상을 살펴 "하늘에서 나온 활법(活法)을 탐구"해야 한다고 했다.

모든 기(氣)의 공통된 특성을 알고 천체를 살피면서 중력을 고찰하는 순서를 밟아야 한다고 했다. 이것은 철학의 접근 방법이다. 철학은 과학보다 포괄성에서 앞서서, 과학의 각론이 정확성에 집착하다가 탐구를 방해하지 못하게 하는 총론을 제시한다. 총론은 입증되지 않는 사실까지 포괄하므로 가설이 아닐 수 없다. 가설을 만들지 않는다고 하면, 각론이 총론의 의의를 부인해 스스로 시야를 막는 사법(死法)이 된다. 가설이기도 해서 적지 않게 미비한 총론은 구체적으로 타당한 각론이 많이 생겨나도록 부추기고 고무하는 활법(活法) 노릇을 한다.

철학에서 제시하는 포괄적인 총론은 이미 알려진 사실로 구성되는 것이 아니다. 미지의 것, 탐구해야 할 것, 어떻게 말해야 할지 알 수 없는 것들까지 포괄한다. 과학이 발달하면 기존의 미지는 줄어들지만, 새로운 미지가 늘어난다. 과학이 철학을 무용하게 하는 날은 오지 않는다. 과학이 협소한 소견에 사로잡혀 자만하지 않도록 깨우쳐주어야 하는 임무를, 철학은 저버릴 수 없다.

나는 대등생극을 가장 포괄적인 총론으로 삼아 만물·만생·만인대등생극을 고찰하고, 더 나누어져 있는 영역의 각론을 개척하려고 한다. 인력에 의한 구심력과 원심력은 만물대등생극의 명백한 사례이다. 이것은 동식물이 삶과 죽음을 주고받는 만생대등생극, 인류역사의 선후 역전에서 나타나는 만인대등생극과 크게 보면 모두 같고 작게 보면 아주 다르다.

학문 집안 여러 형제 철학이 으뜸인데, 잘난 아우 과학이 무능자로 취급한다. 맏형이 맡은 소임은 시비종식 우애단합.

3) 에너지와 기

기(氣)와 에너지는 어떤 관계인가? 다음 세 가지로 말할 수 있다.

  (가) 氣(기) ↔ 에너지
  (나) 氣(기) = 에너지
  (다) 氣(기) > 에너지

(가) "기(氣) ↔ 에너지"는 둘이 무관하다는 것이다. 기(氣)는 동쪽 철학의 용

어이고, 에너지는 서쪽에서 발전시킨 과학에서 연구하는 물질 현상이다. 氣에 관한 논의는 본바닥에서도 거의 사라지고, 에너지는 세계 어디서나 최대의 총애를 받는다.

(나) "기(氣) = 에너지"는 둘이 같다는 것이다. 기(氣)는 실체가 있고, 에너지는 실체는 없고 작용만 있는 것 같은데, 그렇지 않다. '기'(氣)를 풀어 말해 '기운'이라고 하는 것은 '에너지'와 거의 같다. 둘 다 힘이다. 움직이면서 어떤 작용을 하는 힘이다. '에너지'라는 말은 번역한다면 '힘'이나 '기운'이어야 한다. 에너지는 어떤 물체에 저장되어 있다가 나온다. 기(氣)와 에너지를 함께 논의해 공통점을 찾는 것이 긴요한 과제이다.

서경덕은 "死生人鬼 只是氣之聚散而已 有聚散而無有無"(죽고 사는 것, 사람과 귀신은 기가 모이고 흩어지는 것일 따름이어서, 모임과 흩음만 있고 있고 없음은 없다)(「鬼神死生論」)고 했다. 이것은 과학에서 밝혀낸 에너지 보존 법칙에서, 에너지는 형태를 바꾸거나 다른 곳으로 전달할 수 있어도 사라질 수 없어 항상 일정하게 유지된다고 하는 말과 같다. 기(氣)와 에너지는 불멸하는 힘이라는 점이 같다.

기(氣)를 말하는 것은 철학이기만 하지 않고 과학이기도 하다. 과학에서 밝혀낸 사실을 보태면 철학은 내용이 더 충실해지고 불신에서 벗어날 수 있다. 에너지가 과학만이 아닌 철학의 용어이기도 하면, 서쪽에서 일원론 철학을 이룩하기 쉬워진다. 신·정신·물질 가운데 어느 하나를 택해 모든 것을 아우르려고 하는 무리한 시도를 하지 않을 수 있다. 물질의 에너지, 정신의 에너지, 신의 에너지가 같은 에너지라고 하면, 에너지철학이 기(氣)철학과 같아진다.

에너지철학은 기(氣)철학과 같다. 둘을 합치면 동서의 대립을 넘어서고, 철학이냐 과학이냐 하는 다툼도 해결하는 최상의 철학을 이룩할 수 있다. 이렇게 판단하고, 둘을 합친 철학을 실제로 이룩하는 작업을 김용배(金龍培, 1895~1961)가 했다. 1960년 무렵에 이분의 강의를 들은 기억이 생생하다. 장재(張載)나 서경덕(徐敬德)의 기(氣)철학이 서쪽에서 발전시킨 에너지과학과 일치하므로 'E氣'라는 글자를 만들어 둘이 하나임을 명시하고, 물질력·생명력·정신력을 일관되게 이해하고 행사하는 철학을 이룩한다고 했다.

이 작업은 획기적인 의의를 가지지만, 발상이 너무 단순하다. 힘의 크기가 다른 무엇보다도 소중하다고 여기고, 정치를 하는 힘이 가장 커서 역사를 움직인다고 하는 정치력 사관을 주장했다. 유물사관을 경제력 사관이라고 하고, 경제력보다 정치력이 더 크므로 경제력 사관보다 정치력 사관이 더욱 타당하다고 한 데 단순 발상의 결함이 나타나 있다. 유물변증법을 근거로 사적 유물론이 이루어졌다고 하는 것에 대응되는 이론을 충실하게 갖추지 않고, 정치력의 우위를 주장하는 것이 무리이다. 강의를 들으면서 이미 이런 생각을 했다.

김용배는 자기가 전개하는 E氣철학의 과학적 타당성이 에너지과학에 의해 귀납적으로 입증되었다고 강조해 말했다. 기(氣)철학에 대한 무지나 불신을 바로잡기 위해 하는 말이 지나쳐서, 과학만능시대의 풍조에 휩쓸려들었다. 에너지과학이 E氣철학으로 행세하도록 하고, 기(氣)철학은 이름이나 빌려주는 신세가 되었다.

(다) "기(氣) > 에너지"는 기(氣)가 에너지를 포함한다는 것이다. 기(氣)철학은 에너지과학이 할 수 없는 일까지 맡아, 기(氣)철학이 에너지철학 이상의 철학이게 한다는 말이다. 에너지과학은 에너지를 측정하고 계산하는 각론에 머문다. 질량이 에너지라고 하는 상대성 이론이 시야를 크게 열어주었어도, 어째서 그런가, 그것이 무슨 까닭인가 알지는 못한다.

기(氣)철학의 기(氣)는 대등생극을 실현하는 총체이므로, 모든 현상에 관한 어떤 의문에 관한 해답도 내포하고 있다. 그 내역을 밝히는 것은 여기서 할 일이 아니다. 무한한 각론을 필요로 하기 때문이다. 총론이 분화되어 각론으로 나아가는 최초의 분할을 확인하는 것이 선결 과제이다.

대등생극은 하나이면서 여럿이다. 만물대등생극·만생대등생극·만인대등생극이 같으면서 다르다. 역사의 전환은 민인대등생극에서 이루어진다. 만물대등생극은 질량이 에너지라는 원리를 포함한다. 이밖에도 아주 많은 각론을 포괄하고 있는 총론이 대등생극론의 철학이다.

연구의 승패는 판정자가 따로 없어, 경기하는 선수들이 심판 노릇 함께 한다. 논란이 치열해지면 공동우승 가능하다.

4) 슬기로운가?

모든 생물은 때가 되면 죽고, 자식이 뒤를 잇는다. 몇천 년 사는 나무나 하루살이 곤충이 이 점에서 대등하다. 사람은 다른 생물과 차등이 있어 영생이 가능하다고 여기고, 종교에 매달린다. 만생대등생극에서 벗어나려고 한다. 이것이 슬기로운가?

부모가 자식 창조를 일생의 가장 중요한 과업으로 삼는 것은 어느 생물이나 대등하고, 그 방법은 여럿으로 나누어져 있다. (가) 자기 몸을 나누는 단성생식을 하기도 한다. (나) 부모가 양성생식을 해서 창조한 자식과 다시 만나지 않기도 한다. (다) 부모가 양성생식을 해서 창조한 자식을 양육하기도 한다. 이것이 진화의 단계이고, 발전의 등급이라고 한다. 진화나 발전이 슬기로운가?

사람은 (다)의 극치이다. 자식을 오래 양육하면서 많이 가르치고 문명을 전수해, 다른 생물을 아무리 덩치가 크고 용맹한 것들이라도 쉽게 제압하고 이용할 수 있는 능력을 대대로 행사한다. 그래서 최후의 승리자가 된 것은 아니다. (가) 가운데서도 가장 미세한 바이러스가 역병을 일으키는 공격을 받고 곤경에 빠져 있다. 바이러스는 자기 몸을 나누는 단성생식이 무서운 속도로 이루어지는 것을 탁월한 무기로 삼아 사람을 무력하게 한다. 백신이나 치료제를 만들어 대응하면, 변종이 생기고, 다른 종류가 나타난다. 사람과 바이러스는 어느 쪽이 슬기로운가?

(나)의 본보기로 연어를 들어보자. 연어는 민물에서 태어나고 바다에 가

서 자라나 성체가 되면, 부모가 산란을 하고 사정을 해서 자기가 태어나게 하고 죽은 곳을 찾아간다. 민물의 강을 거슬러 올라가는 험한 여행을 목숨을 걸고 감행한다. 아무것도 먹지 않는 채, 폭포를 뛰어오르는 모험을 용감하게 한다. 가다가 곰 같은 짐승에게 잡아먹힐 각오를 하고, 어떤 위험이 있어도 자기가 태어난 곳으로 기어코 되돌아간다. 거기서 부모가 그랬듯이 산란과 수정을 하고는 죽는다. 슬기로운가?

왜 자기가 태어난 곳으로 가야 하는가? 그곳이 어딘지 어떻게 아는가? 이런 의문은 해결되지 않는다. 과학이 자랑하는 관측과 실험의 첨단 방법이 한계를 드러내고, 온통 무력하다고 알려준다. 자식 창조는 일생의 가장 중요한 과업이므로 목숨을 바쳐서라도 반드시 해야 하고, 부모가 겪은 시련을 자식이 되풀이해야 한다. 이렇게 말하는 것은 철학이다. 과학은 연어의 특성을 해명하는 각론을 마련하려고 하다가 실패하고, 철학은 만생대등생극론을 쉽게 갖춘다.

자식 창조는 가장 중요한 과업이므로 반드시 해야 한다는 것이 모든 생물에 두루 타당한 명제이다. 그러면서 (다) 부모가 자식을 데리고 있으면서 양육하기도 하는 경우에는 수고와 고난이 추가된다. 새가 자식에게 먹이를 잡아 나르느라고 애쓰는 광경을 보면 감동을 받는다. 사람은 자식을 특히 오래 양육하고 공부를 시키고 재산을 마련해주기까지 한다. 슬기로운가?

자식이 받은 부모의 은공은 자식에게 갚는 것이 불변의 이치이다. 연어는 태어날 때 부모가 죽고 없다. 새는 양육 기간이 끝나 둥지를 떠나면 다시 돌아오지 않는다. 잘 살고 부모가 한 일을 다시 해서 자식을 창조하는 것이 부모의 은공을 가장 확실하게 갚는 방법이다. 부모가 그 소식을 몰라도 아무 지장이나 차질이 없다. 부모는 자식을 믿고 안심하는 것 외에 더 할 일이 없다. 슬기로운가?

오직 사람만 부모와 함께 오래 살아, 부모의 은공을 자식에게 갚으면 되는지 부모에게 갚는 데 더 힘써야 하는지 고민한다. 동아시아에서는 말했다. 사람은 오륜(五倫)이 있어 모든 생물 가운데 가장 귀하다고 한다. 부모를 섬기는 효(孝)는 오륜의 핵심을 이룬다고 한다. 이것은 부모의 은공을 부모에게 갚으라는 말이다. 그렇게 하는 데 방해가 되어 자식을 희생시키려고 했다는 이야기가 중국과 한국에 다 있다. 어머니에게 드리는 음식을 빼앗아 먹는다고 자식을 땅에 묻자, 중국 옛적의 곽거(郭巨)에게는 황금솥이, 신라인 손순(孫順)에게는 돌종이 나타나 지극한 효성을 치하했다고 한다. (『三國遺事』<孫順埋兒>) 이것이 슬기로운가?

모든 생물은 살아서든 죽어서든 자기 몸을 다른 생물의 먹이로 제공하는데, 사람은 예외이고자 한다. 시신을 조장(鳥葬)하는 경우에만 먹이 제공을 온전하게 하고, 그 임무를 매장(埋葬)을 해서 회피하려고 하다가 화장(火葬)을 택해 아주 거부한다. 사람은 다른 생물의 몸을 먹고 살아온 보답을 하지 않아도 되는 차등의 특권이 있다고 여긴다. 이것이 슬기로운가?

자식을 창조하는 과업을 고의로 저버리는 다른 생물은 없고 사람만 있다. 배우자가 없고 자식을 창조하지 않고 사는 것이 고결하다고 한다. 이것이 슬기로운가, 어리석은가?

일식은 계산하고 지진은 속수무책. 하늘 위는 안다 하고, 사람 일은 모른단다. 유무식 뒤집어지는 것 이뿐만이 아니리라.

【6. 마치며】

모든 생물이 그렇듯이, 사람은 누구나 때가 되면 죽는다. 그래도 아주 죽는 것은 아니다. 후손이 삶을 이어나가기 때문이다. 유전자를 직접 이어받아야 후손이라고 할 것은 아니다. 인류의 유전자를 공유하고, 문명을 함께 누리는 모든 후대인이 후손이다.

인류는 멸종할 수 있다. 문명의 발전이 지나쳐 자멸할 수 있다. 핵무기를 일제히 터뜨려 다 죽을 수 있다. 지구 환경 파괴를 너무 심하게 해서 막을 수 없는 앙화가 닥칠 수 있다. 인류 멸종의 이유가 밖에서 생겨날 수도 있다. 거대한 소행성과 충돌하는 사태가 다시 벌어질 수 있다. 예견하고 설명할 수 없는 시련도 있을 수 있다.

위와 같은 참변이 닥칠 때 생물의 모든 종이 멸종하는 것은 아니다. 거대한 공룡은 죽고 왜소한 포유류는 살아남은 것 같은 사태가 재현된다. 인류는 몸집이 너무 크지 않지만, 수가 너무 많고 횡포를 지나치게 저질러 멸종 후보 제1호가 된다. 다른 생물 가운데 작고 무력하게 보이는 것일수록 살아남을 가능성이 더 크다. 바이러스, 세균, 미생물, 작은 식물, 작은 동물 등의 순서로 살아남을 가능성이 더 클 것이다.

이것은 대등론의 당연한 이치이다. 우월하면 열등하다. 지나치면 망한다. 강하면 약하다. 발전은 사멸의 예고이다. 영리하다고 뽐내면 제 꾀에 넘어간다. 어떤 비상한 노력을 하고, 기상천외의 대책을 강구해도 이런 이치에서 벗어날 수 없다. 멸망을 재촉할 따름이다.

'인류는 멸종하고 다른 생물은 살아남는 사태에 관해 이렇게 말하는 것이 무슨 악담인가? 자학이 심하지 않은가?' 이렇게 말하지 말자. 대등생극의 이치가 당연한 줄 알면, 개인의 죽음도 인류의 멸종도 당연한 줄 알고 편안하게 받아들일 수 있다. 개인은 죽어도 후손이 있어 아주 죽는 것은 아닌데, 인류의 멸종은 아주 멸종하는 것이 아닌가? 이렇게 생각하면 어리석다.

인류는 멸종해도 살아남는 다른 생물은 후손과 그리 다르지 않다. 지구의 물질로 신체를 이루고 생명을 함께 누리며, 유전자를 자기 후손에게 물려주는 일을 함께 해서 살아남은 다른 생물이 인류의 후손이라고 할 수 있다. 살아남은 생물 가운데 어느 것이 인류와 대등한 수준으로 진화해 인류가 남긴 문명을 이어받을 수 있다. 문명 전수자는 간접적이라는 한정어를 붙일 필요가 없는 진정한 후손이다.

예견되는 위기는 지금까지 말한 것에 그치지 않는다. 우월하면 열등하다는 원리에서 태양도 벗어나지 않을 것이다. 태양이 핵융합을 지나치게 하다가 폭발하고 쭈그러드는 것은 피할 수 없는 일이다. 그렇게 되면 지구는 지금의 궤도에서 이탈해 어디로 갈지 모르고, 태양의 빛과 열을 잃어 지구의 모든 생명이 멸종한다.

지구의 죽음도 온전한 죽음이 아니라고 할 것인가? 생명이 멸종해도 지구는 죽지 않고 다른 곳의 행성이 되거나 다른 것들과 합쳐 항성이 될 수 있다. 그렇게 되는 지구가 생명을 잇는다는 궤변을 늘어놓을 것인가? 아니다. 우리 지구가 아닌 저 먼 어디에도 저쪽 인류라고 할 수 있는 인류가 있다. 어느 한 곳에만 있지 않고, 아주 많은 곳에 아주 많이 있다. 이렇게 생각하는 것은 허황한 공상이 아니고, 타당성이 아주 큰 사실이다.

이쪽 인류가 멸종해도 저쪽 인류는 타격을 받지 않고 살아간다. 저쪽 인류는 우주의 물질이 신체를 이루고 생명이 생겨나가게 하고 지적 능력을 키운 진화 과정이 이쪽 우리 인류와 대등하다. 그러므로 이쪽 인류가 멸종하면 저쪽 인류가 후손 노릇을 한다고 할 수 있다.

저쪽 인류는 과학기술이 발전 때문에 파멸되는 위기를 피하고 공간 이동을 용이하게 할 수 있으리라. 공간 이동을 하지 않고서도 필요한 정보를 다 수집할 수 있으리라. 이쪽 인류가 남긴 문명을 알아내고 이어받을 수 있다. 문명 전수자는 간접적이라는 한정어를 붙일 필요가 없는 진정한 후손이라는 말을 다시 하게 할 수 있다.

자기 죽음이 당연하다고 여기고 편안하게 받아들이며, 남은 일은 후손을 믿고 맡기면 대등생극론을 알고 실행한다고 할 것이다. 인류의 멸종이 닥쳐오더라도 당연하다고 여기고 편안하게 받아들이며, 남은 일은 다른 생명이 후손이라고 여기고 믿고 맡기면 대등생극론을 상당한 정도로 알고 실행한다고 할 수 있다. 태양이 없어져 지구가 종말에 이르는 사태도 당연하다고 여기고 편안하게 받아들이며, 남은 일은 저쪽 인류가 후손이라고 여기고 믿고 맡기면 대등생극론을 아주 잘 알고 실행한다고 말할 수 있다. 이것이 최상의 달관이다.

이렇게 말하는 것은 대강 알 수 있고, 자세하게 밝히지는 못한다. 대체로 타당하다고 하겠으나, 확실하지는 않다. 확실하게 하고, 자세하게 밝히려고 더 살겠다고 하지 말아야 한다. 대등생극론으로 모든 것을 아우르고, 어떤 의문이든지 해결하려고 하면 어리석다.

사람의 한평생 아무리 길다 해도, 학문의 크나큰 일 뜻대로 못 이루고, 미완의 서론이나마 남겨두면 여한 없다.

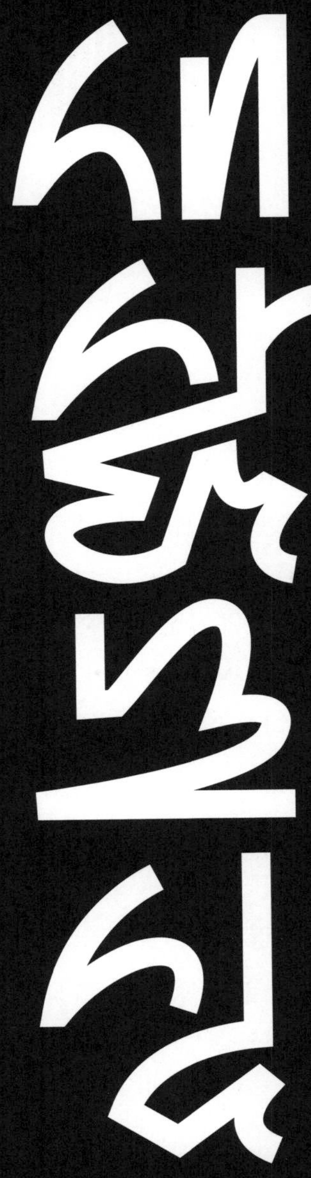

트루 스피릿

겨울방학을 맞아 아이들이 캠프에 다녀왔다. 방학 시작과 함께 손꼽아 기다려 온 '산소해심캠프'는 곡성에 있는 인문공동체 '이화서원'을 중심으로 공부하면서 살아가고 있는 삼촌, 이모들이 어린이, 청소년을 위해 꾸리고 있는 야생과 모험의 캠프이다. 기대감에 부풀어 짐을 싸는 아이들과는 다르게 내 뱃속 깊은 곳에서 걱정과 불안이 스멀스멀 올라왔다. 이례적인 한파에 기온이 영하 10도~15도까지 내려간다고 하는데, 하루 종일 산과 강에서 노는 일정에, 잘 곳도 먹는 것도 마땅치 않은 환경이라는 것을 알기 때문이다. 무엇보다 아이들의 모험심과 야생성을 키워주고자 하는 삼촌 선생님들의 철학이 마음을 불안하게 했다.

지난번 여름캠프에서 우리 아이들은 수영도 못하는데 꽤나 깊은 물에서 (구명조끼를 입고) 물놀이를 하고, 패들링을 하고, 카약을 타고, 여수 앞바다에서 요트를 타고 항해를 했다. 불을 피워 밥을 하고, 나무와 돌을 타고 놀고, 활쏘기를 하며 놀았다. 부모들이라면 안 된다고 말렸을 법한 놀이들이 삼촌들의 지도하에 허락되었다. 위험해 보이는 장면들이 많았지만 다행히 아무런 사고 없이 캠프가 끝났고, (살아 돌아온) 아이들은 한 학기 내내 다음 캠프를 기다렸다.

대한(大寒) 절기에 열린 겨울캠프는 '추위와 친해지기'라는 주제로 활쏘기

와 배타기 등의 활동이 주를 이루고 티피(tipi, 인디언 천막)를 세우고 불을 피운다고 했다. 아파트 생활에 길들여져 밤이면 얇은 잠옷을 입고 답답하다고 이불을 걷어차고 자는 아이들이 혹한의 환경에서 자다가 저체온으로 얼어 죽는 상상을 하며, 캠프가 취소되기를 은근히 바랐다. 매일 날씨를 살피며 공지를 기다렸지만, 취소 공지 대신 방한에 신경 써서 보내 달라는 공지가 떴다. 장갑과 목도리, 모자, 핫팩, 보온병, 롱패딩과 겨울용 침낭까지 방한에 철저하게 대비를 해서 짐을 싸서 보냈는데, 캠프 중간 중간 보내주는 사진과 영상을 보니 아이들 대부분이 목도리, 모자는커녕 잠바도 입지 않고 꽁꽁 언 섬진강 위에서 신나게 놀고 있었다. 돌로 얼음을 깨고, 노를 이용해 얼음을 깨면서 카약을 타고, 꽁꽁 언 빙판 위에서 돌과 나무작대기를 이용해 아이스하키를 하고 있었다. 사진 속 아이들의 생기 넘치는 표정을 본 순간, '아, 그래, 죽어도 어쩔 수 없다.'는 생각이 스쳤다.

넷플릭스에 올라와 있는 <트루 스피릿>이라는 영화는 난독증이 있는 제스라는 16살 호주 소녀가 작은 요트를 타고 혼자 210일간 항해를 하며 세계 일주를 하는 이야기이다. 2010년에 있었던 실화를 바탕으로 만들어진 이 영화의 실제 주인공은 일곱 번이나 배가 전복되고, 몇 번이나 죽을 고비를 넘기면서도 포기하지 않고 항해를 함으로써 세계 최연소로 세계 일주를 한 항해사가 되었다.

영화 속에서는 마지막쯤에 가장 큰 위기를 겪는데, 집으로 돌아오기 일주일 정도를 남겨 두고, 엄청 큰 폭풍을 만나면서 항해를 포기해야 하는 상황을 마주하게 된다. 제스는 서핑을 할 때 파도를 타던 것을 생각하며 폭풍의 옆에서 피하려고 하는 것보다 폭풍우 안으로 들어가 폭우를 타고 넘는 것이 더 낫겠다고 판단한다. 코치는 불가능하다며 걱정하지만, 가족들은 걱정 속에서도 그 배의 선장인 딸의 판단을 믿고 응원해 준다. 결국 제스는 폭우 속으로 들어가고, 엄청난 파도에 삼켜져 배가 깊이 가라앉는 위기를 맞는다.

삶과 죽음의 경계에서 어떻게 신뢰와 사랑이 불안과 의심을 이기고 승리할 수 있을까.

'트루 스피릿'은 '진정한 정신'으로 해석할 수 있겠지만 그냥 '진리'(眞理)라고 해도 좋겠다. 여기서의 진은 참 진(眞)이기도 하고 다할 진(盡)이기도 하고, 나아갈 진(進)이기도 하다. 리(理)라는 것은 '마음을 다해 나아가는 것'이라고 할 수 있겠다. 그렇게 진리를 향해 참된 마음을 잃지 않고 나를 던지는 것.

침몰하는 배 안에서 가족들과 마지막 통화를 하며 자신의 선택을 결코 후회하지 않는다고 한 제스. 자신의 신념을 믿고 그것에 몸을 던지는 순간, 진정한 정신이 살아 빛나게 된다. 그녀가 결국 살아 돌아오지 못하고 죽었다고 해도 그 빛은 빛을 잃지 않았을 것이다.

우리 집에도 제스 같은 트루 스피릿을 가진 딸이 하나 있다.

우리 딸 담희가 세 살 때 우리는 2층 단독주택을 세를 얻어 살고 있었다. 어느 날, 2층에 올라갔다가 창문 밖을 보았는데, 담희와 눈이 딱 마주쳤다. 나를 본 담희는 방긋 웃으며 나를 향해 손을 흔들었다. 깜짝 놀라서 보니 담희는 마당에 있는 건물 2층 높이의 소나무 위에 올라가 가지 끝에 서서 대롱대롱 흔들리고 있었다. 아찔한 마음도 들었지만 왜인지 그 순간 마음이 탁 내려놓아지면서, 내가 할 수 있는 것은 부디 아이가 성인이 될 때까지 안전하게 살아있기만을 바라며 하나님께 기도하는 것밖에는 없겠구나 하는 생각이 들었다. 그날부터 아이는 하루에 두세 시간씩 나무 위에서 시간을 보냈다.

나는 얼떨결에 두 아이의 엄마가 되었다. '얼떨결에'라는 말 그대로 아무 준비도 없이 큰아이가 생겼고, 육아를 해 보니 아이를 더 낳아서는 안 되겠다는 확신이 들어 계획에 두지 않았는데 둘째가 생겨 버렸다.

임신과 출산은 가장 깊은 절망의 때에 찾아왔다. 2011년 3월 11일, 동일본대지진과 후쿠시마 원전 사고가 터졌을 때 큰 아이를 임신했고, 2014년 4월 16일, 세월호 사고가 났을 때는 둘째 임신 중이었다.

비단 우리 아이들만이 아니라, 어찌 보면 모든 새 생명은 예수님처럼 가장 깊은 어둠, 가장 깊은 절망의 때에 세상에 찾아오는지도 모르겠다. 인류의 역사를 아무리 되돌려 봐도 어둠과 슬픔과 절망이 아니었던 때를 찾는 것이 거의 불가능할 정도로 모든 순간이 상처와 핍박과 고통이었음을 알 수 있다.

그렇게 계속되는 환란의 시대에도 끊임없이 아이들은 빛을 품고 우리 곁으로 와서 우리의 희망이 되어 우리를 다시 꿈꾸게 하고, 어떻게 살아야 하는지, 무엇을 믿어야 하는지, 어디에 나를 던져야 하는지 찾게 한다.

예기치 않은 순간에 찾아온 나의 두 아이들 또한 이제 지구의 생이 10년도 채 남지 않았다는 신호를 보내는 절체절명, '절대 절망'의 시대에 이곳을 선택해 찾아왔다. 이렇게 우리 곁으로 온 아이들은 때로 너무나 직관적으로 삶에 대해 통찰하고 깨달은 이야기를 들려준다. 이것은 공부하거나 책을 통해 배운 것이 아니라 자신의 삶 속에서 체험을 통해 깨달은 이야기라 더욱 울림이 깊다. 아이들이 스승처럼 우리를 이끌어주는 이야기를 할 때, 나는 잘 듣고 그것을 잊어버리기 전에 기록 해두려 했다.

담희 아홉 살 때, 밤에 자려고 같이 누웠다가 문득 마음이 허전하고 불안해져 담희에게 물었다.

나 : 담희야, 엄마는 잘 살고 있는 걸까?

담희 : 그럼, 잘 살고 있지….

나 : 왜 그렇게 생각해?

담희 : 엄마는 나를 사랑하잖아~.

나 : 아~, 너를 사랑하는 게 잘 사는 거구나!

담희 : 응~. 그리고 엄마는 친구가 많잖아~.

나 : 음… 그런가?

담희 : 응~. 엄마는 일본에도 친구가 있고, 서울에도 친구가 있고 부산에도
친구가 있고….

나 : 음, 그렇지….

담희 : 그리고 엄마 마음속엔 사랑이 많잖아

그날 밤, 담희가 들려준 "아이들을 사랑으로 키우고, 친구와 마음을 나누며 지내고, 마음속에 사랑을 담고 살면 잘 사는 것이다"는 이야기를 잠언처럼 되뇌며 잠들었다. 마음이 약해질 때, 불안할 때, 걱정될 때 이 말이 환한 빛으로 내 마음속에서 반짝인다. 잘하고 있다고, 잘살고 있다고…. 나를 위로하고 다독인다.

남편이 농사짓기 시작한 지 3년쯤 되었을 때, 여러 가지로 지치고 힘든 순간이 있었다. 특히 돈이 없어 마음이 자꾸 쪼그라들던 때 여덟 살이던 담희가 무언가 아빠의 불안한 마음을 느꼈는지 문득 이런 말을 꺼냈다.

담희 : 아빠, 아빠는 우리 집이 부자라고 생각하지?

아빠 : 부자는 아닌 것 같은데?

담희 : 우리 집에 사람도 좋지, 사람도 말투도 좋지, 집도 좋지, 돈도 많지….

아빠 : 돈이 뭐가 많아? 우리 돈 없는데?

담희 : 아니 아이들 말이야, 용돈 8만 원 정도 모은 거 있잖아, 나에게 돈 엄청 많아. … 가방도 좋은 거 엄청 많지. 사람들 착하지 … 사람은 가족을 말하는 거야, 사람들 일하는 거도 좋지, 옥수수도 많고 밭도 많아서 사람들이, 손이 좋지.

아빠 : 손이 좋다는 게 무슨 말이야?

담희 : … 그러니까 재주가 좋다고…. 집도 좋지, 불빛도 잘 켜지지, 냉장고도 꽉 채워져서 부자지, 접시 좋은 거 엄청 많지, 컵도 좋은 거 많지, 먹을 수 있는 열매가 달린 나무 엄청 많지, 음식도 맛있는 거 잘 해주지, 밭에 별 거 다 있지, 책도 읽은 거 엄청 많지, 여러 장식들도 좋은 거 많지, 웃긴 이야기도 잘하지, 사람 재주가 많아야 부자인데 밭일도 잘하지, 집에 사람도 많이 오니까 좋은 거 같지…. 그래서 부자인 거 같애.

아빠: 그래서 부자란 말이야?

담희 : 응.

아빠 : 무엇이 우리를 가장 부자로 만들어주는 거 같아?

담희 : 밭. 아니, 사람인 거 같아. 사람이 있어야 일도 하고 밭이나 이런 거는 사람이 안 만들면 아무것도 아니잖아. 물건이고 냄비고 기계도 다 사람이 만들잖아. 그래서 사람이 제일 중요해. 사람이 없으면 아무것도 못해. 하나님도 사람이야. 하나님도 사람으로 태어나서 우리를 만든 것뿐이지, 사실 사람이잖아. 사람 때문에 하나님이지. 하나님은 사람이야. 사람 빼고는 할 수가 없어. 하나님이 밭이야. 사람이 밭을 하잖아. 다 사람이야. 아빠는 이 말이 무슨 말인지 이해 못 했어?

아빠 : 응. 조금 이해할 것 같기도 하고 잘 모르겠기도 하고…. 그러니까 담희 말은 밭에서 일을 잘하는 사람이 부자란 말이야?

담희 : 그러니까 아빠가 부자란 말이야. 아빠 밭일 엄청 잘하잖아. 그걸

모르겠어?

'아, 담희는 내가 부자란 것을 알려주느라 이렇게 길고 긴 이야기를 늘어놓은
것이다. 순간 돈이 없다고 쩔쩔매던 내가 울컥해 버렸다.'

이 날, 담희의 말을 받아 적으며 우리 부부는 정말 놀랐다. 아이가 정의해 준
부자의 개념과 의미가 너무나 분명하고 당당해서 조금이나마 자립하는 삶을
살고자 애써 온 아빠의 마음이, 농산물에 가격을 매길 때마다 조금씩 무너져
내렸던 그 마음이, 뿌듯함으로 차오르게 되었다.

　　더욱 놀란 것은, 하나님에 대한 담희의 생각이 어디서 왔는지, 하나님도
사람이고 사람 때문에 하나님이라는 말이 천둥처럼 들렸다. 진정한 정신을 가
진 미래에서 온 아이들은 이미 우리보다 훨씬 의식적으로 진화해 있는 존재가
아닐까. 이 아이들이 펼쳐 갈 당당하고, 멋지고, 생기 넘치는 '다시개벽'의 세상
이 참으로 기대가 되는 순간이었다.

　　얼마 뒤, 여덟 살 생일을 맞은 담희에게 아빠가 편지를 써주었다.

담희야,

너는 또 다리를 다쳤어. 올해만 두 번째 반 깁스붕대를 했지.

복돌이의 목줄이 풀리자, 복돌이는 네가 감당할 수 없는 속도로 뛰어나갔겠지.

그럼에도 너는 포기하지 않고 복돌이를 향해 뛰어갔겠지. 어련하겠어.

혹시 차에 치일지도 모르니까…. 복돌이가 혹시 다칠 수도 있으니까….

네 달음박질이 복돌이를 따라가지 못한다 할지라도

도무지 따라잡지 못한다 할지라도

너는 포기하지 않고 달렸고, 끝까지 달렸고,

풀숲을 두려워하지 않고 뛰어들었고,

네 머리에 온갖 풀씨들이 가득 묻힐지도 모른다는 두려움도 없이,

네 발목이 접질리는 아픔에도 아랑곳없이,

그냥 복돌이를 잡기 위해 온 힘으로 달리고 또 달리고

뛰어들고 또 뛰어들어,

지금 네 발에 깁스가 불편하더라도

조금도 후회 없는 표정으로

다시 그 상황이 되더라도 또 그러겠다는 마음으로

그렇게 내 앞에 앉아 있는 너의 생일을 축하한다.

지금처럼 씩씩하렴.

지금처럼 당당하렴.

지금처럼 후회 없이 살렴. 네 모든 힘을 다해 이 순간을 살렴.

주저 없이 사랑하고, 주저 없이 울어 버리고, 주저 없이 털어 버리고,

모든 것이 어떠하든, 모든 것이 어찌되든

다시 달릴 줄 아는 담희를 나는 너무 사랑한단다.

산소해심캠프에서 아이들이 돌아왔다. 쏟아져 내릴 것같이 밝게 빛나던 별빛을 마음에 가득 담고, 티피 안 불빛의 따스함을 온몸에 간직한 채, 함께한 친구들과 선생님들의 이야기를 추억 상자 속에 한아름 넣고, 더없이 생기 넘치고, 행복한 모습으로 '무사히, 살아서!' 돌아왔다. 돌아온 아이들을 꼭 안으니 불안했던 마음이 사르르 녹는다. 그리고 이제야 다시 보인다.

진리의 빛은 언제나 삶과 죽음의 경계에서 빛나고 있구나!

생생하게, 하루하루, 모든 순간, 온 몸과 마음을 다 던져 살아가는 아이들!

살아 있는 한, 한 번도 실패한 적 없이! 생생히! 그 빛을 뿜어내는 아이들 덕에 두려움에 뿌옇게 흐려졌던 내 마음이 더없이 환하게 밝아진다.

캠프에 같이 참가했던 화순에 사는 열다섯 살 다울이가 박노해 시인의 '아이들은 놀라워라' 시에 곡을 붙여 노래를 불러주었다; "아이야, 착하고 강하여라. / 사랑이 많고 지혜로워라. / 아름답고 생생하여라. / 맘껏 뛰놀고 기뻐하고 감사하며 / 네 삶을 망치는 것들과 싸워가라. / 언제까지나 네 마음 깊은 곳

에 / 하늘빛과 힘이 끊이지 않기를. / 네가 여기 와 주어 감사하다. 사랑한다."

정호

◈ 별칭은 호야입니다 ◈ 경남 양산의 천성산 자락 아래에
있는 '생명평화 덕계마을'에서 함께 공부하고, 함께 밥 먹고,
함께 일하며 어울려 살아가고 있습니다 ◈ 열세 살 아들과
열 살 딸, 그리고 존경하고 사랑하는 남편과 함께 모심과
살림의 삶을 꿈꾸며 살고 있고, 손으로 짓는 일과 그림
그리는 것을 좋아합니다 ◈ 마을에 있는 밝은덕중학교에서
아이들 가르치는 일을 하고 있고, 부산온배움터에서 이사로,
곡성 이화서원에서 연구원으로 활동하고 있습니다

2024년 총선까지 정치전환을 어떻게 할 것인가? 시민권력을 어떻게 생성할 것인가?

이무열

도발적인 질문입니다. 선택하고 생각하는 게 아니라 바로 지금 실천을 원하는 질문이기도 합니다. 지금 문명전환을 바라는 정치세력과 시민들의 역량과 자원을 생각하면 더더욱 가능성이 낮고 방안을 찾기가 까다로운 질문이기도 합니다. 하지만 정치전환 활동은 기성 정치체제처럼 자원이 만들어내는 활력보다는 기성 정치체제에서 탈주하는 활력이 만드는 자원을 믿고, 불가능한 일은 생각하지 않고 가능한 일을 함께 실천하는 일입니다. 이번 호의 제목이 된 이 질문은 지난 1월 '배곳 바람과물' 가평연수원에서 1박 2일 동안 진행한 '지리산정치학교 겨울 깊은 연찬회의' 연찬 주제였습니다. 문명전환을 목표로 24년까지 활동하기로 한 지리산정치학교도, 24년 22대 국회의원 총선거부터 26년 9회 전국동시지방선거, 27년 대통령선거로 이어지는 국내 정치 여정에도, 23년은 정치전환의 중요한 한 해가 되기 때문에 조금은 성급한 마음을 담아 정한 주제이기도 합니다.

'혼란이 깊어질 때 여명은 가까이 와 있습니다.' 겨울 깊은 연찬회에 모시는 글의 서두입니다. 겨울 혹한과 가뭄으로 나타난 기후위기와 고물가, 에너지 불안의 사회 위기를 해결할 정책 없이 상호비방이 전부인 여의도 의사당을 보다 보면 어느 때보다 암울한 기분이 들지만, 어둠이 빛을 불러오는 것처럼 역설적인 기대감을 갖자는 제 자신부터의 의지를 담은 글이기도 합니다. 겨울 깊은 연찬회를 준비한 이 의지는 두 겹의 배경을 갖고 있습니다. 첫 번째는 1월이라는 시간의 의미입니다. 선형적(線形的) 시간에서 잠시 벗어나서 새해가 시작되는 1월은 지난 1년을 규범하고 작동시켰던 생활(또는 정치를)을 횡단하면서 축적된 변화에 따라 개인부터 사회까지 생활(또는 정치를)을 재구성하는 '사건(발명)의 장'이기도 합니다. (새해 소망과 새해 정책은 사건의 다른 이름입니다.) 그래서 1월은 어느 때보다 새로운 사건(발명)이 일어나기 쉽고, 이렇게 발명된 하나의 사건은 연속적으로 사건을 만들어내며 한해의 흐름을 만들기도 합니다. 사건(발명)은 정치전환의 가능성을 새롭게 창조하는 전제조건입니다. 두 번째는 23년은 정치전환의 비등점이 될 정치적 사건이 절대적으로 필요한 해라는 것입니다. 문명전환을 위한 정치전환의 중요한 한 해가 된다는 말입니다. 24년 국회의원 선거에서 금배지를 바라는 기성정치는 기득권을 버리지 못하고 여의도 의사당 안 특권과 이권의 금고 속에만 있습니다. 만일 지금과 같이 권력 독점만을 향해 정쟁(政爭)만을 일삼는 정치체제를 바꿔내지 못한다면 시민들의 정치피로감은 이루 말할 수 없이 높아질 것이고, 양당구조에서 새로운 정치를 꿈꾸는 세력들은 열패감에서 벗어나기 어려워 파국적 상황에 맞서 문명전환을 위한 정치전환을 기대하기는 더 어려워지기 때문입니다.

여름, 겨울 두 번 열리는 지리산정치학교의 깊은 연찬회는 지리산정치학교 목적과 연찬에 대한 경험을 가진 지리산정치학교에 참가한 분들을 대상으로 합니다. 더구나 이번에는 연찬의 중요성을 감안해 사전에 참가자들에게 '정치전환에 대한 23년 자기 활동 계획'을 보내달라고 했습니다. 전환정치나 정치개혁을 위한 페미니즘당, 직접민주주의당, 지역정당 등의 창당 흐름이나 민주당과 녹색당, 시대전환 등 정당 내 움직임, 아직은 정치와 한 발짝 떨어져 있지만 정치전환에 대한 욕구는 어느 때보다 높은 시민정치의 현황 등 다양한 의견을 들을 수 있기를 기대했습니다.

지리산정치학교에서도 그렇지만 깊은 연찬회에서도 서로를 신뢰하고 지

지하는 분위기를 조성하는 게 중요합니다. 그렇지 않으면 연찬에서 자기 의견을 꺼내기 어렵고 내 의견보다는 누군가 특정할 수 없는 객관적인 이야기가 연찬 내내 겉돌게 됩니다. 참가자들이 서로 못 만났던 동안의 근황과 23년 정치전환 활동 계획을 소개하는 시간에 이번 겨울 깊은 연찬회 흐름이 될 이야기가 부지불식간에 나왔습니다.

첫 번째는 지리산정치학교 준비를 함께하고 계시는 주요섭(밝은마을_생명사상연구소)님의 '초월적 돌파'입니다. 당시의 이야기 일부를 소개합니다.

"올 한 해는 전환의 대전환, 우리 식의 녹색·생태·생명 특히 생명의 관점에서의
전환 운동의 원년이 되었으면 하는 바람을 가지고, 그러한 저의 믿음과 소망이
그 원년을 실제화 시킬 것이라고 믿고 있습니다. 그리고 그걸 가능하게 하는 말을
연초에 하나 얻었는데요. 제가 만든 말은 아니고, 어디서 보다가 이거다 싶어서
계속 그걸 좀 깊게 생각하고 있는데 '초월적 돌파'라는 말이에요. 그걸 정치에
적용해서 저는 이렇게 해석을 해 봤는데, 지금 진보 보수의 구도가 있잖아요.
좌우의 구도가 있잖아요. 혹은 또 민주당과 국민의 힘의 구도가 있는데, 이거를

돌파를 해야 되는데 그 돌파의 힘은 뭐냐 하면 '초월의 힘'에 있다는 거죠. 기존에 있는 질서 혹은 기존에 있는 구도, 이거를 깨고 가는 거 외에는 답이 없다고 저는 해석을 하고 있어요. 그래서 그것을 해체하고 무력화시키는 거, 이런 걸 어떻게 할 건지 저는 '초월적 돌파'라는 것으로부터 뭔가 힘을 얻어서 한번 해 보자 이런 마음으로 새해를 맞이하고 한 해를 준비하려고 합니다."

이 말을 들으면서 전 얼마 전 '탈성장과 대안연구소'에서 번역한 '탈성장과 전략'이라는 문건이 떠올랐습니다. 탈성장에 대한 체계적 변혁을 위한 전략적 사고와 실천에 대한 합리적이고 경험적인 방안들을 모색하자는 내용인데요. 탈성장이라는, 자본주의를 초월하는 목표를 현실화시키기 '왜'라는 질문에 '어떻게'에 해당하는 구체적인 실행 전략들과 참여 방법을 제안하는 것으로 되어 있습니다. 특히 눈에 띄었던 것은 에릭 올린 라이트(Wright)의 자본주의 운동 내에서 변혁을 위해 선택할 수 있는 다양한 방법들인—세 가지 변혁의 모드, '틈새, 단절 및 공생'—을 식별해야 한다는 인용된 내용입니다. 지난 4기 정치학교에서도 이와 유사하게 정치 전환의 전략적 방안을 모색하기 위해 '무엇을 회복하고, 무엇을 포기하고, 무엇을 타협하고, 무엇을 실천해야 하는지?'를 연찬 주제로 해서 전략적 실행을 위해서는 당위성 강조를 넘어서 회복과 같은 상황에 맞는 원칙과 가치, 때때로 포기와 타협이 필요하다는 것을 탐구한 적이 있습니다. 그간의 정치 변혁 운동을 되짚어볼 때, 정치전환은 현실정치를 뛰어넘는 상상력으로 대전환의 정치담론을 만들어내고 음습한 현실 정치 속으로 깊숙이 들어가 또 다른 권력을 생성해야 가능한 일입니다. 초월만으로도 돌파만으로도 이룰 수 없는, 둘이 함께 작동돼야 하는 일이 정치전환입니다.

두 번째는 남곡 선생님, 도법 스님과 함께 지리산정치학교를 돌봐주시는 여류 이병철 선생님의 우리 모두가 '물결'이 되자는 제안입니다.

"제가 올해 초에 몇몇 도반들에게 편지 비슷한 형태로 썼던 게, 전환의 푸른

물결이 되어, 모여서 내를 이루고, 그것이 거대한 흐름으로 세상을 새롭게

바꾸어갈 수 있도록, 우리 자신이 먼저 전환하고, 그것을 통해서 세상을

전환하는 그런 새로운 계기를 다짐하고 약속하는 그런 자리라는 발의를 가지고

왔습니다."

물결처럼 작은 흐름이 도도하게 흘러 바다로 나가는 길입니다. 물결이 꾸는 꿈이자 각자 저마다의 물결이 출렁거리며 만나는 일이기도 합니다. 물결이 마르지 않는다면 흐름을 이루고 절로 바다를 이룰 겁니다. 지금도 어디선가 바다를 향한 수많은 물결이 흐르고 있습니다. 지리산정치학교도 그 물결의 하나이며 그 흐름을 만나 바다를 향해 함께 가고 싶은 바람이 있습니다.

신뢰하는 분위기를 조성해도 문명전환의 정치적 상상을 촉발시키는 이야기 길을 열어주는 발화의 역할도 필요합니다. 이번에는 겨울 깊은 연찬회 자리를 마련해 주시고 오랫동안 정치개혁을 위한 연구와 활동을 하고 계시는 강대인 배곳 바람과 물 이사장님께 '23년 정치개혁 진단과 전망'이라는 주제로 특강을 부탁드렸습니다.

강대인원장님은 연초 《중앙일보》에 연세대 박명림 교수가 쓴 2023년 <대한민국의 선택 – '기적의 보고서' 쓸 건가, '멸종의 보고서' 쓸 건가>란 칼럼을 소개하면서 현실정치의 제일 심각한 문제를 거론하셨습니다. 그래서 내년(2024)에 양당 지배 정치를 어떻게 벗어날 것인가, 그 일에 우리가 지혜를 모아야 한다는 의견을 주셨습니다.

"우리는 왜 진영 독식과 최고 수준의 정치 갈등과 최악의 인간지표들의

결합이라는 악순환의 고리를 끊지 못하고 있는가? 도대체 100석(62석+38석)에

달하는 다른 정당들의 찬성으로 인해 탄핵을 이루었음에도 대선 이후 즉각

승자독식으로 돌아가는 졸렬과 만용은 어디에서 나오며, 0.73%라는 간발의 차

승리에도 불구하고 일체의 연합·연립과 협력통치 없이 승자독식을 하는 협량과
일방주의는 또 무엇인가?
(23년 1월 12일 중앙일보 박명림의 퍼스펙티브 중 일부)

구체적인 정치적 과제로는 '전국, 지역정당까지 포함한 녹색전환을 지향하는
청년 여성 주도의 정치세력화'로, 즉 청년, 여성이 주도하는 '녹색의 새 물결'이
새로운 정치 세력이 되어 여의도까지 바람을 일으켜야 한다는 의회 주도의 정
치전환을 이야기하셨습니다.

지리산정치학교의 경우도 그렇지만 이번 '배곳 바람과 물 겨울 깊은 연찬회'
에 참가한 16명은 이미 민주당, 정의당, 녹색당, 시대전환, 지역정당 등 정당정
치와 도시농업, 생협, 시정감시 등 시민정치 영역에서 정치전환을 열망하고 현
실정치를 경험하면서 활동을 하는 분들입니다. 각각이 가진 활동 영역의 차이
가 만나 새로운 정치전환 사건의 생성을 충분히 기대할 수 있는 구성입니다.

이틀 동안의 겨울 깊은 연찬회에 나온 이야기와 참가자들이 생성한 '23년
정치전환의 사건들'을 간략하게 정리해서 4기까지 지리산정치학교 참가자와
후원자분들께 전해드렸습니다. 여기서도 그 내용 일부를 소개합니다. 왜냐면
이번 겨울 깊은 연찬회에서 생성된 사건이 지리산정치학교를 넘어 정치전환을
희망하는 다양한 분들과의 연대와 협동으로 이어지기를 바라기 때문입니다.

"대단히 좋은 생각을 가진 사람들이, 그런 물줄기가 여기저기 많은 것 같은데
실제로 정답 하나를 만들려고 하면 잘 안 돼요. 다시 말해서 '구심력'이
안 생기는데, 아까 구심력을 저는 '압도적인 담론과 강령'이라는 것으로
표현했지만 또 하나가 뭐냐 하면, 여러 가지의 구조를 꿸 수 있는 '바늘'이
필요해요. 그 바늘이 어떤 역할인가 하면, 대체로 구심력이 깨지는 이유가
헤게모니(Hegemony) 때문에 깨져요. 그 안에서 알게 모르게 헤게모니를
가지고 다투게 돼. 그 바늘의 역할을 할 수 있는 사람은 적어도 현실 권력에 대한,

다시 말해서 정치권력이라든지 어떤 명성으로부터 자유로운 사람들이었으면 좋겠습니다. 그런데 실제 정치에 참가하는 젊은 사람들이나 이런 분들은 '권력 의지를 넘어서라'고 하면 이건 말이 안 됩니다. 권력이 없는 사람이 어떻게 정치를 합니까? 다만 그 권력 의지를 가진 사람들, 선공에 나서는 사람들, 앞장서서 선거에 나가고 실천하는 사람들을 하나로 꿸 수 있는 역할을 하는 것이 굉장히 중요합니다."

"새로운 정치가 만약에 생긴다고 하면 '정의롭다'라고 하는 느낌보다는 '가슴이 떨린다'라는 느낌이 있으면 좋겠어요. 너무 담대하고, 너무 이상하고, 너무 기이한데, 이상하게 그 세상을 꿈꾸면 막 가슴이 떨리고 미칠 것 같고, 이런 것들이면 좋겠습니다. 그런데 그런 새로운 상상은 무엇으로부터 출발할까 생각 해 보면, '사람에 대한 상상', '어떤 세상에 대한 상상', '상상'인데 그 상상을 펼쳐내기에는 지금은 너무나 안 놀아요. 너무나 안 놀아서 노는 것들이 있으면 좋겠습니다. 있는 힘을 다해서 안 논다는 생각이 들고, 그래서 정치를 하는 사람들은 기본적으로 노는 것들에 대한 실험을 해 보면 좋겠다는 생각이 들고요. 아까 '30년 망한 것들' 이런 말씀하셨지만 그때 초록정당 <도롱뇽을 대통령 후보!>에 같이 있었어요. 그때도 왜 그런 일들에 같이 있었는지 모르겠지만 저는 선배님들이 주셨던 경험들이 사람한테 계속 이어지고 있다고 생각을 해요. 그리고 그게 '굳이 세력화를 해야 되는가'라는 생각을 하고, 저는 한 곳에 하나의 권력으로 모아지는 것들을 의도적으로 거부해야만 새로운 정치의 출현이 가능하지 않을까라는 생각을 합니다. 그게 흩어졌다 모였다 하는 형태가 지금은 사실 그 상(狀)이 안 그려져서 지리산정치학교에서 그 상을 찾아가고 있는데, 저는 새로운 정치는 어딘가에 모이는 정치는 아닐 것 같다는 생각이 막연하게는 있어요."

"대개 정치는 한 번 딱 출마하고 떨어지면 끝이고, 다가오는 총선도 혹시 의석을 확보하지 못하고 끝나 버리면 우리 사회·현재의 정치 문화에서 그 정당은 거의 힘을 잃어버리거나, 사라져 버리거나 이럴 수 있는데, 저는 조금 길게 보면 다음 총선 때-일단 저희가 어떤 일을 하고, 그러면 저는 그다음 지방선거 때는 그 이상의 큰 성과를 분명히 얻을 수 있다는 저 나름의 경험에서 우러나오는 확신이 있고요. 그런데 이제 그렇게 하기 위해서는 총선 때 어떤 상당히 더 의미 있는 일을 하면 좋겠다는 생각이 들어요. 그래서 예전에는 당을 만들어서 출마해 봤다가 떨어지면, '산 정상에 올라가지 못하고 끝나면 아무것도 남지 않는 게 아닌가' 하는 생각도 들었는데, 얼마 전에도 선생님들이 '정상에 못 올라갔어도 어디 선까지 올라가면, 일단 거기까지는 올라간 거 아니냐'라는 말씀을 해주셔서, 그때는 '정치는 저러지 않는데, 한번 못 올라가면 끝인데… 다시 저 밑에서 시작해야 되는데'라는 생각을 했어요. 그런데 다르게 생각해 보면, 베이스캠프 정도를 만들면 좋겠다. 만약에 최소 목표라도, 저기 에베레스트나 이런 곳에 올라갈 때는 베이스캠프가 있잖아요. 이미 거기까지는 어느 단계까지 올라간 다음에, 나머지를 하면 되잖아요. 그래서 충분히 어떤 단계까지 올라왔을 때, 아까 선생님께서 말씀하신 대로 '좌절이나 중단 없는 정당이나 정치'를 목표로 삼는다면 충분히 의미 있는 어떤 결과를 있더라도 좋겠다는 생각이 들었습니다."

"그게 정당의 형식이 될지 안 될지는 모르겠지만 지리산정치학교의 정신을 혹은 방식을 더 많은 사람들과 나눌 수 있는 어떤 고민을 했으면 좋겠어요. 그게 순례의 형식이 됐든, 아니면 지역에 요청이 있을 때 저희들이 찾아가든, 아니면 저희들이 필요한 지역이다 싶고 안타까운 지역이 있으면 힘을 보태주는 형식으로도 가서 한번 그런 재미난 정치적인 만들기를 해 보는 건 어떨까 싶고요. 같이 계획하고, 시간에 맞춰서 해나가다 보면 저희들 안에도 '우리 정도의 능력과 지지가 있다면 이건 당연히 정당으로 가도 무방하겠다'는 자기 신뢰가 생기지 않을까 하는 생각이 듭니다."

"새로운 권력이라는 부분에 대해서는 본질적인 측면에서는 동의하지만, 결국에는 그냥 저는 '시즌이 바뀐다'고 생각하거든요. 그전 시즌은 뉴딜 정책하고 탄소중립이 가장 큰 화두였던 시즌이고, 지금은 이제 뭔가 새로운 정당이 나올 때라고 하는데요. 민주당을 토대로 말씀드리면, 새정치민주연합도 그렇고, 통합민주당 했다가 또 민주통합당 했다가, 민주당 했다가…. 그런데 이 안 바뀐 시즌이 한 10년이 됐거든요. 이젠 바뀔 때가 됐다고 생각하는데, 혹시 이렇게 하다가 저희가 또 다 같이 만날 수도 있는 거고…. 어쨌든 '새로운 권력'이라는 부분에서 이제는 정말 '뉴(New) 시즌'이기 때문에, 이런 시즌에 대해서 어떻게 잘 돌파해 나갈 것인가 그 고민을 앞서서 같이 나눴으면 좋겠습니다."

"사실은 우리가 새로운 정치나 전환의 정치를 이야기할 때 이 개념은 뭘 써야 될지 모르겠는데, 뭔가 '새로운 정치'라고 하면 설렘이 있어야 된다고 그랬고. '설렘'이라는 것은 뭐라고 포착은 안 되지만 '유령 같은 어떤 움직임. 그 힘이 이 안에 있구나' 그게 느껴지고, 그게 예감되었을 때, 사람들이 움직일 것 같아요. 그걸 제가 요즘 공부하는 정동 이론(Affect Theory)에서는 '정동 정치'라고 이야기합니다. 그러니까 의제나 강령이 중요한 게 아니고, 그 '유령성의 정치'의 '유령성'을 포착하고 그것을 문자화시키거나 혹은 언어화시키거나, 그다음에 하나의 프로그램-순례와 같은 정치적 순례와 같은 퍼포먼스로 만들어야 되는 것 아닐까라는 생각이 많이 들어요."

보신 것 이상으로 겨울 깊은 연찬회에서 이야기된 정치전환은 깊고 다양했습니다. 이 깊고 다양한 이야기가 다시 네 가지의 정치전환 활동으로 모여졌습니다. 다만 지리산정치학교는 『다시개벽』 22년 겨울호(제9호)에 지리산정치학교를 소개할 때 쓴 글처럼, 정치전환이 일어날 수 있게 다양한 욕망을 연결하고 활동을 지원하는 역할을 하는 판을 만들 뿐입니다. 이 이야기는 다음에 소개될 네 가지 정치전환 활동이 지리산정치학교 역할이라고 생각하실까 봐 다시 드리는 이야기입니다.

1. 정치전환을 위한 순례 : 캠페인, 교육, 토론회 등
2. 문명전환을 위한 정당 창당 : 지역 및 중앙정당
3. 정당개혁 : 여야 정당의 정치개혁 운동
4. 정치전환을 위한 플랫폼 : 관련 정보 및 정치전환 활동 연대 등

하나 같이 쉬운 활동은 아니지만 활력이 자원을 만든다는 생각으로, 위기 속에서 희망의 물결을 만들기 위해 해야만 하는 일은 분명합니다.

이미 정치체제 전환을 희망하는 많은 분들이 정당 창당을 준비하고 있고 시민정치네트워크, 기후동맹 등의 모임을 시작했습니다. 4기까지 지리산정치학교에 참가하셨던 분들도 정치전환 활동을 시작했습니다. 전북에서는 '전북전환정치네트워크'(가칭)가 만들어져서 2024년에서 2026년으로 이어지는 정치 일정 속에서 정치전환을 일으키는 꿈을 꾸고 있습니다. 22년부터 계속해서 지역정당 창당의 흐름을 만드는 분들도 있습니다. 또 6월에는 전북에서 신명나게 새로운 정치를 상상하고 즐기고 이야기하는 전환정치 축제를 기획하고 있습니다. 정치전환 활동을 후원할 시니어 그룹도 준비 중입니다.

돌아보면 우리는 10여 년 전 세월호라는 사회적 참사의 아픔을 겪고도 위험한 정치인들에게 계속해서 정치를 위임하며 정치를 바꾸지 못했습니다. 관중석에 앉아서 손가락질 하거나, 한편으로 집값이나 자녀들의 성공을 기대하는 욕망을 투영하는 정치를 끝내지 못하고 있습니다. 앞으로도 시민들이 관중석에서 내려와 정치적으로 사고하고 행동하지 않는다면 기후재난과 사회적 참사의 상처는 계속될 수밖에 없습니다. 시민들 스스로 정치를 되찾아오지 않는 이상 지금보다 못한 삶이 우리를 기다릴 뿐입니다. 서둘러 지금의 정치권력에게 책임과 대안을 물을 수밖에 없습니다. 그들이 책임과 대안을 내놓을 수

없다면 다른 정치가 필요합니다. 이 글을 읽는 여러분들도 2023년 정치전환의 바다를 향한 물결에 함께하시기를 부탁드립니다.

덧붙여 문명전환하는 지리산정치학교는 4월 28일(금) ~ 30일(일)에 5기를 준비 중입니다. 이 자리에서도 정치전환의 사건을 함께 만들 분들을 기다리겠습니다. 안토리오 그람시(Antonio Gramsci)의 이야기를 빌려 쓰면 '지금이 바로 죽임의 정치에 합의와 동의를 멈추고 새로운 정치창조를 시작할 때입니다.

이무열

◈ 전환스튜디오 와월당 대표. 달에 누워 구름을 보는 삶을 꿈꾼다 ◈ 세상의 모든 일은 사회적 관계 속에서 생겨나며, 브랜드가 지닌 힘으로 세상이 호혜의 관계로 연결되기를 바라면서 일하고 있다 ◈ 사단법인 밝은마을_생명사상연구소와 함께 개인의 욕망 , 트렌드, 사회적 경제, 생태철학, 생명운동 등을 연구하며 브랜드를 만들어 가고 있다 ◈ 요사이는 근대산업문명이 일으킨 기후재난 시대에 '지역이 답이다'라는 생각으로 지역회복을 위한 연구와 실천을 하고 있다

디지털 디톡스, 3일간의 도전

황선영(주호)

【해 봅시다, 도파민 디톡스】

12월 말, 한 해의 사무를 정리하고 내년의 계획을 세우던 연말. 나는 다이어리와 구글 캘린더의 3일을 공백으로 잡아 두었다. 이른바, <12월 31~1월 2일, 디톡스 프로젝트>의 시작이었다.

마침 주말과 신년의 공휴일이 합쳐진 연휴에 개인적으로 만든 하루의 휴가를 더하여, 나는 3일을 온전한 나만의 시간으로, 나만의 실험을 시행하는 시간으로 삼고자 마음먹었다. 새해 대청소와 집안 정리를 겸하여, 이른바 '디지털 디톡스'를 실험해 보는 것이다. 구체적으로 말하자면 컴퓨터, 스마트폰, 텔레비전, 태블릿 등 일체의 전자 기기를 멀리 하는 것이 목표였다. 디지털 기기 사용뿐 아니라 전반적으로 내가 삶에서 중독적으로 탐하던 것들, 둔해진 몸과 머리를 움직이기 위해 가하던 온갖 자극도 멀리할 필요가 있었다. 맛이 센 음식을 잔뜩 먹는다든가, 커피를 하루에 몇 잔씩 마신다든가 하는 그런 일들.

이 프로젝트는 SNS에서 본 '도파민 디톡스'에서 영감을 얻었다. "현대인들의 뇌는 말초적인 자극에서 얻는 쾌락, 도파민 호르몬의 분비에 중독되어 있으므로 틈틈이 도파민 자극을 줄여 나가는 훈련을 해야 한다. 그래야 진짜 휴식을 취할 수 있다"는 내용의 책이며 유튜브 소개, 그리고 체험기 등이 언젠가

부터 부쩍 눈에 띄었다.

사실 처음 '도파민 디톡스'라는 말을 트위터에서 접했을 때는 경악했다. 도파민 자극을 효과적으로 방지하기 위해서는 소셜 미디어며 넷플릭스 같은 온갖 매체와 그것을 실어 나르는 전자 기기와의 접촉은 물론, 책 읽기, 그림, 음악 감상 같은 자극마저 멀리해야 한다는 내용이었기 때문이었다. 우리가 <월든>의 세계에 사는 것도 아니고, 글과 음악마저 없는 삶이라니 어떻게 그게 가능하단 말인가. 무서운 일이로다.

그러나 이 실험의 필요성은 내게 점점 절실해지고 있었다. 카카오톡이나 와이파이가 멈추면 한국 사회 전반적인 시스템이 멈추는 현대라지만, 아무리 내가 메신저로 자료를 주고받고 SNS로 할 일을 파악하고 또 알리는 일을 하는 사람이라지만, 내가 손가락 관절이 아프다 못해 굳어질 정도로 스마트폰을 들고 다니는 데에는 일 이상의 무엇이 있다는 게 분명했다. 그렇지 않고서야 길을 걸으며, 밥을 먹으며, 사람들과 이야기를 하며, 잠들기 직전까지 끊임없이 눈으로 이 어플 저 어플의 타임라인을 훑으며 '새 소식'을 갱신하고 있을까.

검사를 통한 진단을 받은 적은 없지만, 나는 성인이 된 후에 내 행동을 교정하기 위해 ADHD인들을 위한 훈련법을 많이 참고해 왔었다. 스스로 이게 증상인지 성격인지 알기 어려울 정도로 산만하고 지루한 것을 견디지 못하면서도 실수도 잦았기 때문인데, 지금의 내 모습—텔레비전을 켜 둔 채 태블릿으로 모바일 게임을 클릭하면서 핸드폰으로는 유튜브를 틀고, 데스크탑에서 몇 개나 윈도우 탭을 열어 놓고 있는 요즘의 모습이 딱 ADHD의 전형이 아닌가 싶기도 했던 것이다. 잠시도 무료한 것을 견디지 못하고 디지털 기기가 주는 시청각적 자극을 즐기는 지금의 모습이 결코 이 '유사 ADHD' 증상에 도움이 되지 않으리라는 것도 자명했다. 나에게는 절제가 필요했다. 절제하는 연습이.

【실험 1일차 - 목표는 청소와 정리】

12월 30일 자정이 다가올 무렵, 나는 한 해의 일기를 마무리하고 카톡 프로필의 상태 메시지를 바꿔 썼다. "12월 31일~1월 2일 카톡 안 봅니다." 물론 이렇게 알린다고 해서 카톡을 사용하는 사람들 모두가 보는 것은 아니겠지만, 나로서는 최소한의 알리바이를 마련하는 셈이었다. 업무와 관련된 사람들에게는 2일까지 휴가라고 미리 알려두었고, 사실상 급한 연락이 올 일은 없는 셈이었다. 가족과 관련한 연락이라면 남편을 통해서도 얼마든지 받을 수 있고…. 이렇게 마지막 준비까지 마치고, 나는 스마트폰을 책상 한 쪽 거치대 위에 올려두고 데스크탑의 전원을 내렸다. 스마트폰을 데리고 가지 않는 잠자리라니…. 이게 몇 년 만이지?

다음날 아침. 남편의 스마트폰이 아니었다면 알람 소리도 없고 일어나서 시간도 알 수 없을 뻔했다. 항상 텔레비전과 데스크탑이 시간을 알려주고 있었으므로 우리 집 안방에는 시계가 하나도 없었던 것이다. 스마트폰이 없어 일상에 지장이 생기는 첫 관문인 셈이다. 실험 기간 동안의 또 다른 목표인 대청소를 수행하기 위해 나는 천천히 움직였다. 안방, 부엌, 옷방, 책방, 현관 순으로 구석구석 청소를 겸한 정리정돈 시작. 사실 몇 년 전부터 꾸준히 집안 살림 줄이기를 실천하고 있었으므로 버릴 물건이 그렇게 많지는 않았다. 물건을 사고 보관하면서 '내가 컨트롤 할 수 없는 물건이 없도록' 하는 것을 목표로 삼고 있었다. 서랍을 열었을 때 '이게 뭐하는 물건이지?' 또는 '이게 여기 있었네' 하는 일은 없도록 하자는 것이다. 언젠가 필요할지도 모르지만 대체품을 구할 수 있는 물건은 미련 없이 주변에 나눠주거나 리사이클링 숍으로 보내고, 쌓아두기보다는 줄여나가는 훈련을 하는 것이다. 단 그렇게 몇 년을 해도 줄어들지 않는 게 있다면 책더미와 노트 뭉치인데, 이왕 쌓아두는 거라면 쓰기라도 편하게 정돈을 해야 했다. 그렇게 서랍과 수납 상자를 여닫고, 얼룩을 없애고, 먼지를 털고, 집안에서 빼낼 것과 간직할 것, 주변에 나눌 것과 폐기할 것을 챙

기며 한나절이 지났다. 음악도 유튜브 영상도 텔레비전 소리도 없는 고요함 속에서. 이렇게 청소하는 동안에는 늘 음악 아니면 오디오 북을 듣곤 했는데 지금으로서는 아무것도 할 수 있는 게 없으니 오로지 재미라고는 틈틈이 정리하던 책더미에서 재미있던 대목을 펼쳐 보는 것뿐이었다. 오랜만에 책의 내용이 방해 없이 머릿속으로 들어왔다.

그 사이에 나도 모르게 우스운 행동을 몇 번이나 반복했다. 꺼진 데스크탑의 키보드를 이유도 없이 두들기거나 자연스럽게 책상 위에 놓인 핸드폰을 집어 드는 나 자신을 발견했기 때문이었다. 다행히 잠금 패턴을 풀기 전에 알아채고 내려놓기는 했지만. 무엇을 보고자 하는 목적도 없이 단지 이 동작이 몸에 배일 정도였다니 놀라웠다.

디톡스 기간 동안 딱 하나 완전히 배제하지 못한 디지털 기기는 텔레비전이었다. 퇴근하고 돌아온 남편에게 텔레비전도 틀지 말라고 할 수는 없었던데다, 나 역시 내가 가장 좋아하는 가수가 연말 시상식에서 축하 공연을 하는 것을 보지 않을 수 없었기 때문이었다. 첫날, 목표한 옷방과 부엌의 청소를 마치고, 내 '본진' 포레스텔라를 기다리며 연말 가요 프로그램의 현란한 아이돌 무대를 구경하고. 피자를 먹으며 제야의 종을 기다리는 연말의 저녁. 평소와 같냐고? 아니, 평소였다면 텔레비전을 보면서도 쉴 새 없이 SNS로 좋아하는 가수에 대한 수다를 떨고, 다른 사람들의 반응도 지켜보고 있었을 것이다. '덕톡'이 없는 감상이라니 이 얼마나 허전한 일인지.

【2일차 - 견디느냐, 버티느냐】

디톡스 데이 2일차이자 새해 아침. 느지막이 일어나 양가 어르신께 신년 인사를 드리고—물론 남편의 스마트폰으로—떡국으로 아침을 먹었다. 오늘은 거실과 욕실과 옷방을 정리할 차례. 오늘도 천천히 해 나갔지만 역시 물건이 많지 않다 보니 반나절 만에 오늘 몫의 청소는 끝나 버렸다. 차분하게 정리된 집에서 샤워까지 끝내고 책상에 앉아 보니, 평소처럼 텔레비전, 핸드폰, 태블릿, 데스크탑이 정신없이 각자의 위치에서 돌아가고 있지 않은 집안은 참으로 평온하고 고요했다. 나는 할 일을 찾아야 했다.

책을 읽다가 잠깐 눈을 붙이고 뜨니 저녁 먹을 시간. 책상 위에 스마트폰을 슬쩍 쳐다보니 쉴 새 없이 뜨는 알림에도 불구하고 배터리는 20퍼센트도 채 닳지 않은 것 같았다. 평소라면 4시간이 멀다 하고 충전기를 찾아야 했는데, 5분 이상 집을 떠날 때는 보조 배터리에 케이블을 바리바리 챙겨 나갔었는데⋯. 핸드폰 배터리 수명이라는 게 이렇게 길었던가.

사실 이틀째 오후에는 지루하다 못해 포기하고 싶을 지경이었다. 이게 시간을 느긋하게 보내는 것인지, 그저 흘려보내는 것인지 구분이 안 되었던 것이다. '인스턴트'하게 했던 많은 일들이 그리워졌다. 친구들이 그리웠다. 카톡으로 만나는 실친보다도 SNS로 만나는 덕친들, 항상 같은 관심사에 대해 떠들 수 있고 바로 바로 반응해 주는 그 친구들과 빚어냈던 흥분과 열기가 그리웠다. 이런 걸 한다고 당장 집중력이 드라마틱하게 올라가는 것 같지도 않았다. 이건 마치 20대에 몇 차례 단식을 해 봤을 때의 느낌 같았다. 만들고 먹고 치우는 데 시간을 쓰지 않으니 시간은 남는데 그 시간을 어디에 써야 할지 알 수가 없다는 느낌.

재미, 나에겐 재미가 필요했다. 긴긴 겨울밤 농부들이 왜 그렇게 노름을 했는지 이해가 될 정도였다. 뭔가 재미있는 게 없을까. 심심하던 차에 발견한 '행복 저금통'은 선물이었다. 이게 뭐냐면, 2022년 한 해 동안 즐겁고 행복했던 순간들을 쪽지에 적어 저금해 두고, 연말에 펴 보는 프로젝트였다. 재미있는 '거리'가 생겼다는 기대로 가슴이 두근거렸지만, 일단 늦은 밤의 즐거움으로 미루고 단지를 잠시 한쪽에 밀어놓았다. 사실 놀 거리가 아주 없는 것은 아니었다. 집안 곳곳에 널린 게 내가 하다가 버려둔 취미 생활 아니던가. 노트, 펜, 컬러링북, 뜨개실, 자수 틀⋯. 나는 일단 글쓰기를 골랐다. 필압 교정 깍지를 끼

행복 저금통의 내용물들

고 손가락에 힘을 푼 채 천천히 써 내려갔다. 모레면 돌아갈 일상에 대한 기대와 각오를. 내 산만함을 극복하기 위해 스스로 치러내야 할 훈련과 통제의 방법들을.

사실 밖에서 오는 재미를 포기했을 때, 뜻밖의 재미를 발견했다는 이야기도 꼭 해야겠다. 디톡스 프로젝트 이틀째 저녁에는 설거지도 재미있었다. 강아지를 목욕시키는 것도. 할 일이 있다는 자체가 반가웠던 것이다. 일상이 재미가 될 수 있다니! 그리고 하지 않던 일을 하는 나도 발견할 수 있었다. 텔레비전에서 흘러나오는 아이돌 음악에 맞추어 춤을 추고 있는 내 모습과 같은.

【3일차 - 세상의 중요한 일들】

2023년 1월 2일, 디지털 디톡스 3일 프로젝트 성공.

오로지 이 한 줄을 위해 나는 3일을 인내해 왔다. 이틀에서 사흘째가 되던 날 오후에는 그만 포기하고 포기한 대로 실험기를 작성하고 싶기까지 했다. 디지털 기기와 헤어지는 생활은 생각 이상으로 재미있었고 생각 이상으로 지루했다. 신기한 발견은, 그 시간이 뚜렷이 인식이 되었다는 것이다. 몇 초 단위로 건너뛰는 디지털 환경에 묻혀 있을 때 하지 않던 일을 뇌가 하는 것 같았다. 시간을 덩어리로 인식하기 시작한 것이었다.

실험이 끝난 자정. 나는 거치대에 놓인 채 3일 동안 40퍼센트의 배터리 용량밖에 쓰지 않은 스마트폰을 집어 들었다. 대부분이 설 인사인 200개 가까운 카톡, 어플의 알림, 광고 문자. 내가 반응하지 않은 사흘간의 흔적을 지워 나갔다. 개중에 꼭 반응을 해 줘야 하는 메시지는 2-3개 정도였던 것 같다.

사흘간의 시험을 끝내며 나는 이번 실험에서 느낀 점을 정리해 (드디어) 온라인 게시판에 갈무리해 두었다. 디지털 디톡스를 통해 얻은 가장 큰 차이는, '뇌가 시간을 덩어리로 인식하기 시작하는' 감각이었다. 초 단위로 쪼개어 다양한 자극에 반응해 온 일상에서 분리된, 섬 같은 고요한 시간이었다. 그 시간을 나는 어떻게 보냈는가? 다시 이 실험을 준비한다면, 나는 좀더 시간에 관한 대비를 많이 해 둘 필요가 있을 것 같다. 일상에서 디지털을 제외했을 때, 대청소와 정리와 책 읽기라는 대책을 마련해 두었음에도 불구하고 생각보다 남아도는 시간을 유용하게 활용할 수가 없었던 것이다. 차라리 이 시간을 완전한 휴식이라고 선언했으면 좋았겠지만, 그조차 없었을 때는 애매하게 남아도는 시간을 낭비했다고 느낄 수도 있을 것 같았다. 게다가 이번 신년에 하필 강추위가 밀려들어 산책 같은 야외 활동이 크게 줄어든 것도 한몫했다.

우리는 정말 생각보다 더 많은 부분을 온라인과 디지털 기기에 의존하고 있었다. 할 일이 없다기보다 할 수 있는 일이 없다는 말이 맞을지도 모른다. 생활의 많은 일들을 촉진하는 도구로 온라인을 의지하고 있었던 것이다. 일기나 가계부도 상당 부분 온라인 툴을 이용하고 있었으니, 해야 하는데 하지 못하는 일도 일어났다. 키보드에 익숙해진 손은 노트에서 표현의 한계를 느끼곤 했다. 이는 스마트폰을 둔 채 외출을 했다가 카드도 모바일 쿠폰도 없어서 어디에도 들어갈 수 없다는 걸 현실에 마주한 사흘째 저녁의 해프닝에서 가장 크게 깨달을 수 있었다. 세상과 단절된 느낌도 불편에 한몫했다. SNS 없이는 남한 상공에 북한 무인기가 떴는지 아닌지도 알 수 없는 세상이 아니던가.

물론 불편하고 어려운 점만 있었던 것은 아니다. 드라마틱한 변화는 아니더라도 어느 정도 집중력이 올라가는 걸 알 수 있었으며, 일상의 작은 재미를 발견할 수도 있었다. 평소라면 스마트폰을 잡고 있느라 귀찮아했을 일상적인 행동과 자잘한 집안일이 더 이상 귀찮지 않았다는 것도 큰 깨달음이었다. 일상에서 핸드폰이 필요한 때와 필요하지 않은 때를 구분할 수 있었고, 필요하지 않은 때에도 핸드폰을 신경 쓰느라 큰 주의력을 빼앗기고 있었다는 사실도 뚜렷하게 인지할 수 있었다. 인스턴트하게 시간을

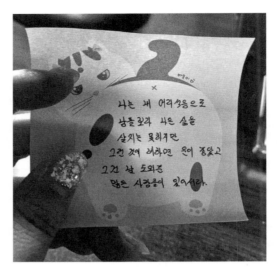

2022년의 가장 큰 행복은 내 안에서 발견했다.

쓸 수 있다는 디지털 디바이스의 장점은 양날의 검이라서, 짧은 시간에 문제를 해결하게 도와주기도 하지만 그만큼 주의력을 분산시키기도 하는 것이었다. 책을 읽을 때, 즉 내가 필요할 때 집중력을 쓸 수 있다는 감각은 새롭고도 충실했다.

사흘의 실험이 끝난 다음날 아침, 나는 평소처럼 자극적인 유튜브 콘텐츠를 찾거나 음악을 크게 틀 생각은 나지 않았다. 단식 후 유동식을 먹는 기간이 필요한 것처럼, 조심스럽게 고요한 시간을 연장시키고 싶었다. 나는 차분한 음성으로 긴 글을 읽어주는 전자책부터 시작을 했다.

결국, 곧 그 전의 일상으로 돌아갈 테고 내가 산만하고 집중력이 부족한 사람임은 크게 변하지 않겠지만 스스로의 힘과 자제력으로 일상을 붙들어 매본 경험은 나를 믿고 다지게 된 유익한 시간이 되었다. 사람에게는 이런 시간이 필요하다. 나 스스로를 다져 놓는 시간. 천천히 주변을 비롯해 자신의 안팎

을 정리하고 고요를 즐겨 보는 시간. 찢어지고 갈라진 시간을 모아 이어 붙여 보는 시간이. 멈춰 서서 둘러보고 마음을 다지는 시간이. 때때로 흐트러지더라도, 윗부분만 조금 걷어내면 내가 다져온 부분을 쉽게 발견할 수 있기 때문이다. 찬찬히 잘 다져온 자신의 시간을 만나면 '아, 과거의 내가 잘 해 왔구나'라는 사실을 발견하고 안도하고, 그 믿음을 통해 다음 단계로 나아갈 수 있다.

참, 행복 저금통은 그날 밤에 열어 보았다. 자격증을 땄을 때의 기쁨, 친구들과 만난 즐거움, 좋은 공연을 보고 아름다운 노래를 들었을 때의 행복…. 그 사이에 작년에 어느 날에 얻었던 깨달음도 다시 발견할 수 있었다. 2022년에 기록해 둔 가장 큰 행복을.

황선영(주호)
◈ 세기말 천리안 pc통신에서 동호회 활동을 하다가
우연히 얻게 된 주호(走狐)라는 별명이 필명이 되었다
◈ 문화예술기획자이자 공동체적 삶의 복원을 꿈꾸는
마을자치활동가이다 ◈ 성북동에서 토끼 같은 강아지와
곰 같은 서방님과 함께 살고 있다 ◈ 커피와 봄꽃,
강아지와 고양이, 공상하고 글 쓰고 연극 하는 것을
좋아한다

에스페란토, 6무 농업,
아프리카, 아나키즘을 잇다,
짓다, 꽃피다

아나키스트 농사꾼 카라를 만나

일시   2023년 2월 4일
장소   곡성 이화서원

[필자 주] 저는 지나간 시간의 기억은 그냥 남겨두고 앞으로 걸어가는 삶을 살아왔습니다. 누굴 잘 찾아가지도 않습니다. 그러던 어느 날 오랜 친구가 찾아왔습니다. 아나키즘 운동가 '카라' 님이었습니다. 10년도 더 넘게 만나지 못한 사이여서 지난 시간의 이야기를 밤을 새워 가며 하게 되었습니다.

무엇보다 처음, 논을 사고 쌀농사를 지었다고 쌀 한 자루를 선물 받았습니다. 지난 밤 내내 어떻게 농사짓고 있는지 이야기를 들었기 때문에 가슴 깊은 곳에서 여러 감정이 올라왔습니다. 이 쌀을 그냥 받을 수 없겠구나, 생각했습니다. 내가 들었던 그 이야기를 다시 전해야 할 어떤 의무를 느꼈습니다. 다시 봄이 오면 농사일에 매일 것 같아서 가능한 겨울이 가기 전에 카라 님을 모시고 이야기를 나누는 자리를 이화서원에서 만들었습니다. 네 분이 오셔서 같이 이야기를 들었습니다. 줌으로 연결하거나 동영상 작업을 했어도 좋았겠다는 생각이 들었는데 가능한 자기 이야기가 공개되는 걸 원하지 않는 분이셔서 그렇게 하지 못했습니다. 조심스럽게 모셔야 했습니다. 고맙게도 『다시개벽』

카라_ 아나키스트, 농사꾼

에서 녹취를 부탁하고 원고를 제안했습니다. 이 내용은 녹취를 기본으로 하고 흩어져 있는 이야기를 의미 있는 흐름을 가지도록 새롭게 연결했습니다.

빛살(김재형) 안녕하세요. 카라 님 모시고 그동안 살아오셨던 삶에 대한 이야기 듣습니다. 카라 님은 아프리카에 깊은 관심을 갖고 여러 활동을 해 오셨어요. 카라님은 『에스페란토, 아나키즘 그리고 평화』(선인)라는 책을 쓰셨는데, 한국에서 국가와 민족을 배경으로 하지 않는 공통어 평화운동인 에스페란토 언어에 대한 이해가 가장 깊은 분 중에 한 분입니다.

익숙하지 않은 분도 있을 텐데 아나키스트 중에는 국가와 민족을 넘어서는 소통을 위해 '에스페란토'라는 공통어를 사용하는 운동을 오랫동안 이어왔습니다. 카라 님은 에스페란토를 사용하는 평화 운동과 국제 운동, 특히 아프리카를 지원하는 운동을 꾸준히 해 오셨습니다.

지금 카라 님은 충남 보령시 주산 깊은 산속에서 '6무 농업'이라는 자연농업 방식으로 농사를 짓고 있습니다. 아나키즘 철학을 농사에 연결한 『6무 농사꾼의 유쾌한 반란 - 인간에게 해로운 여섯 가지를 사용하지 않는 자연 순환 유기농업』(씽크스마트) 책을 쓰시기도 하셨습니다. 카라 님과 함께 아프리카, 에스페란토, 6무 농업 이런 주제의 대화를 해보겠습니다. 저와 카라 님을 연결하는 지점은 아나키즘입니다. 아나키스트로서 서로의 삶에 대한 이야기까지 하면 이 이야기는 마치게 될 겁니다.

【아프리카로 가려고, 농사를 짓다】

카라   소개 고맙습니다. 이 이야기는 농사에서부터 시작해야 할 겁니다. 청년 시기에 저는 농사를 지으려고 생각한 적이 없습니다. 에스페란토를 사용하는 여행을 하면서 만나는 사람 중에 생태농업 하시는 분들이 많았습니다. 1930년대~50년대 유럽에서 아나키즘 운동을 했던 사람들이 땅도 돈도 없으니까 호주 정부에서 50년 상환, 100년 상환으로 저렴하게 땅을 빌려줘서 농업 이주를 합니다. 오랫동안 아나키즘 의식을 가지고 살았던 그들은 도시 문명, 자본주의 생산 방식을 넘어서 농사지으며 고립적으로 사는 분들이 많습니다. 거의 연락 안 하고, 인터넷 안 하고, 자기 왕국을 건설해요. 근본주의 아나키즘입니다. 자본과 싸우기 위해, 현대의 아나키스트들은 조롱하고 거부하는 방식을 쓰는데 과거의 아나키스트들은 거의 고립해서 자기 세계 속에서 살아요.

저의 에스페란토 여행은 아프리카에도 이어지는데 아프리카에 세 번을 갔습니다. 아프리카는 마음이 아린 곳입니다. 한번 갔다 오면 아팠어요. 그 중에서 농사가 확연하게 보였습니다. 아프리카는 본래 자급자족이 되는 대륙이었는데 이렇게 망가질 수가 있는가 할 정도로 참혹했습니다. 아프리카인들이 가장 고민하는 게 농사예요. 옛날에는 농사가 잘 됐는데 지금은 농사지을 수 없는 땅입니다. 농사 기술을 가르쳐 달라는 요구가 많아요. 우리나라 코이카(KOICA, 한국국제협력단), 새마을운동본부에서 많이 가서 지도했는데 대부분 실패합니다. 한국에 돌아와서 아프리카 지원하는 단체들을 만나봤어요.

그런데, 그들이 하는 일이 뭔지 모르겠어요. 이렇게 찾아보면 볼수록 마음이 더 아팠습니다.

제가 자연농업이나 6무 농업을 하게 된 계기입니다. 아프리카에서 할 수 있는 농업, 아무것도 없는 조건에서, 지원받지 않고 땅을 살릴 수 있는 농사를 내가 먼저 익혀서 지도하고 싶었습니다. 아프리카인들도 예전에는 스스로 자기 조건에서 자기 방식으로 농사를 지었는데 지금은 그걸 잊어 버렸어요. 어느 지역에서나 오래 이어진 전통농업 방법이 있습니다. 자연농업인데 한국에서 가르치는 자연농업을 아프리카에 가져 갈 수는 없었습니다. 자연농업 기술이 아니라 자연에 대한 어떤 근본 감각을 터득하고 철학적 관점을 세워야 했습니다. 아프리카에는 그런 사람이 필요하고 이 생각을 하면서 살다 보니 책도 쓰게 되었습니다.

여전히 미완성이어서 '6무 농사꾼의 유쾌한 반란'을 이어서 '6무(無) 6기(機) 6락(樂) 농사법' 책을 쓰고 있는 중입니다. 농사 기술은 땅을 살리는 방법입니다. 이게 어렵죠. 쉽게 풀고 단순화하고 싶습니다. '아프리카에서 농사를 짓는다면' 이라는 눈으로 자연농업을 바라보는 저에게 한국에서 자연농하시는 분들의 이야기가 와 닿지 않았습니다. 보기에 따라서는 농자재, 농업용 미생물을 파는 장사를 하는 것으로 보이기도 합니다.

제가 몇 년간 살았던 홍성은 유기농 특구가 조성된 지역입니다. 그런데 늘 이렇게 유기농을 해서 되는지 의문이 들었습니다. 우리가 우리 스스로를 비판할 수 있어야 하는데 아무도 할 수 없습니다. 얘기하면 '왕따'가 돼요.

아프리카 농사도 같은 이야기입니다. 아프리카도 카카오, 커피 같은 단일 작물 플랜트 농업은 발달해 있습니다. 단일 작물 농사는 유기물이 없는 황폐한 땅이 됩니다. 아프리카에 비옥한 땅이 얼마나 많은지 모릅니다. 보통 강이 바다로 흘러가면서 강 하구에 삼각지가 만들어지는데 아프리카의 케냐, 탄자니아, 잠비아, 말라위 지역은 빅토리아 호수로 모여들면서 거대한 내륙 습지가 만들어집니다. 식물과 생태의 보고입니다. 그곳을 에덴의 동산이라고 부릅니다. 그곳이 없어지고 있어요. 그 좋은 습지가 자본의 물결에 의해서 거의 동식물이 살 수 없는 상황입니다.

이제 아프리카인들은 자급하는 농사를 못 짓습니다. 지을 생각도 안 해요. 저는 생의 마지막 꿈이 아프리카에 가서 제가 알고 있는 농사 기술을 나누고 싶습니다. 아무것도 없어도 할 수 있는 농사에서 다시 시작해야 합니다.

빛살 유기농업과 자연농업에 대한 카라 님의 비판은 뼈아프지만 동시에 지금 수준을 유지하는 것도 쉽지 않은 조건에 있는 농업, 농촌, 농민의 현실을 생각하면 저는 쉽게 옳다 그르다는 말을 할 수가 없습니다. 그런 점에서 카라 님이 농민들 사이에서도 자리 잡기가 쉽지 않았겠다는 생각이 듭니다.

화학 농업의 대안을 찾아갔던 거의 모든 농법에 대해서 비판하는 입장을 취한 사람이 설 수 있는 자리가 거의 없습니다. 아마 이런 일이 보령 주산의 깊은 산 속으로 들어가게 한 이유이기도 할 겁니다.

카라 님의 페이스북 프로필 사진에 보면 밀을 베고 있는 뒷모습이 있는데 카라 님을 보여주는 상징성이 있습니다. 최근에 땅을 사서 이사한 보령 주산에서 농사지은 밀밭이죠. 6무 농사에 대한 조금 깊은 이야기를 들어야겠습니다. 6무 농사에서 최근에는 '6무 6기 6락'라는 개념어를 쓰시던데 조금 더 기술적인 부분이 강화되었다는 생각이 듭니다.

【6무 농업, 경운하지 않아도 되는 농사】

카라 자연농업 철학자인 후쿠오카 마사노부 선생님은 무경운, 무비료, 무농약, 무제초의 4무 농업을 가르치셨습니다. 핵심은 무경운입니다. 그런데, 척박하고 딱딱한 땅에서 경운 안 하면 농사 안 됩니다. 땅은 유기물이 많아서 푹신푹신하고 부드러워야 하는데 자연농업 이론만 가지고 덤비면 다 망합니다. 저도 농사를 14년 했습니다. 도시농업부터 조금씩 시작하다 생태학교를 하면서 3천 평을 했는데 이론만 가지고 하다가 망했습니다. 이론과 실제는 다릅니다. 생태농업을 직접 하는 사람들, 농사짓고 있는 사람들을 만나면서 저의 무지가 보였습니다. 다시 공부하면서 찾아 나갔습니다. 이론과 실제가 융합되는 것은 어렵습니다. 자연농업에 어떻게 도달할 수 있겠어요. 경운을 안 하는 게 아니라 경운하지 않아도 되는 땅이 되어야 합니다. 땅은 이렇게 만들어 가면 되는데, 어려운 건 그게 아닙니다.

농사의 목표입니다. 나 혼자 농사지어 살 건지, 부부가 하면 어느 정도할지, 가족이 있을 경우는 어떨지…. 각 경우마다 다 다릅니다. 농사의 자기 규모를 맞추고 시스템화 하는 데 시간이 많이 걸립니다. 저는 지금 논농사 두 마지기 하고, 밭이 나머지인데 작년부터 1,700평을 혼자 하고 있습니다. 어떤 작물을 어느 규모로 어떻게 심을지 제 방식을 찾은 겁니다.

6무 농업은 4무 농업에서 비닐을 쓰지 않고 밑거름을 안 쓰는 것이 더해집니다. 포장되어 판매되는 퇴비가 여러 가지 모순을 안고 있습니다. 예전에는 적당히 써도 됐는데 지금은 세심하게 따져야 되는 거죠. 저는 친환경 농약도 안 씁니다. 자연 성분에서 추출한 친환경 농약이 많은데 자연 성분이라도 농약은 다 독극물입니다. 농업기술원에서 그런 걸 쓰면 된다고 가르칩니다. 그걸 뿌리면 땅에 있는 벌레들이 다 죽어요. 특히 황 같은 것은 살균제거든요. 땅에는 수많은 미생물들도 같이 살아야 합니다. 많은 사람들이 잘못 알고 있는 게, 천연 농약을 뿌리면 익충은 살고 해충은 죽는다고 생각해요. 유기농업에서 그렇게 해 왔던 것은 유기농업도 어느 정도는 생산성과 수익성이 있도록 하자는 관점에서 생겨난 기술입니다. 농업기술센터의 유기농 강의를 가 보면 대부분 강사들이 유기농업과 다수확이라는 관점에서 얘기합니다. 저도 농업센터의 강의를 갈 때가 있는데 참가하시는 분들이 저를 이해를 못합니다. 생산성이 거의 없는 완전 다른 관점의 이야기이기 때문입니다. 이해할 수 없는 제 이야기의 결론은 '땅이 살아나면 어떤 농사도 가능하다'입니다. 농부가 불안하기 때문에 계속 뭔가를 땅에 투입하고 좋은 걸 하려고 하고 시간과 돈을 씁니다. 땅이 회복되어야 불안을 넘어서게 됩니다.

농민은 항상 불안해요. 어떤 해충이 번질까, 어떤 균들이 퍼질까, 늘 노심초사하죠. 땅이 바이러스에 감염되면 농사를 지을 수 없습니다. 하우스 농사를 짓는 경우 제일 많이 당하고, 과일농사하시는 분들도 바이러스에 한 번 당하면 다 잘라 버려야 합니다. 이럴 때는 왜 내 땅에 그 병이 왔을까를 심각하게 고민해야지, 농약으로 물리치는 게 능사가 아닙니다. 유기농 4~5년 차가 되면 누구나 이런 일을 겪습니다. 귀농해서 농사짓던 분들이 4~5년 되면 밭농사 짓다가 과일나무로 바꾸는데, 너무 힘들어서 점점 밭농사를 줄입니다. 뭘 해도 안 됩니다. 농사가 어렵고도 쉬운데 이걸 풀려면 지혜가 필요합니다.

경운 안 하는 땅을 만드는 기술은 햇볕에 흙을 보이지 않는 겁니다. 볏짚, 낙엽, 부엽토를 땅에 깔아줍니다. 시간이 지나면서 이렇게 깔아준 것들은 흙이 됩니다. 땅을 덮지 않으면 비가 올 때 표층의 흙이 휩쓸려가 버립니다. 땅의 좋은 유기물이 강으로 흘러가면 강에는 녹조가 생깁니다. 이중 삼중의 해가 생깁니다. 6무 농업은 이런 주제를 공부하고 다룹니다.

처음 농사 시작은 서울에 살면서 도시텃밭을 했습니다. 도시텃밭에 적합한 형태가 틀을 만들어서 풀을 쌓아 땅을 만들어 가는 방법입니다. 그렇게 해도 7~8년 걸렸습니다. 땅이 만들어지는 원리를 알고 난 뒤에 자신감을 가지고 홍성에 와서 본격적으로 땅을 4년 동안 만들었는데 쫓겨났어요. 땅을 만들고 나니까 땅 주인이 욕심을 냈습니다. 그래서 내 땅이 있어야겠다 해서 보령에 땅을 샀습니다. 여러 땅을 봤는데 제가 살 수 있는 규모의 논과 밭, 산이 어우러진 자리를 구했습니다. 지금 농사짓는 땅은 정말 머릿속에 그리던 땅이었습니다. 6무 농업은 시간과 삶을 통해 땅을 만들어 가는 지혜입니다.

빛살 6무 농업이라는 삶의 도구를 만들어 가는 과정이 아름다운 다큐멘터리 영화 같습니다. 이제 손에 아프리카를 살릴 수 있는 도구를 가지셨네요. 아프리카 이야기로 넘어 가 봅시다. 저는 제 정체성을 '동아시아운동가'로 정하고, 특히 중국에 대한 관심을 가지고 중국의 생태운동과 꾸준히 연결하고 중국 사회를 공부하고 있습니다. 제 힘과 의지로는 아프리카까지 상상하기가 쉽지 않습니다. 카라 님은 늘 아프리카에서 일어나는 여러 일들에 마음을 쓰시고 사람을 만나고 지지하셨습니다. 쉬운 일이 아니죠. 어떤 인연이 카라 님을 아프리카에 그렇게 이어 주었나요.

【아프리카, 절실함을 타고 항해하다】

카라　제가 『쏠리다레쪼』(Solidareco)라는 인터넷 잡지를 10년 동안 만들었습니다. 지금은 안 하는데, 할 때는 꾸준히 매달 했습니다. 에스페란토어 사용자인 세계의 '에스페란티스토'들에게 한국의 소식을 알리고 싶었습니다. 에스페란토는 세계어여서 자국의 민족어로 번역할 수 있습니다. 한국의 노동운동이나 사회운동을 에스페란토로 써서 올리면 누구나 볼 수 있습니다. 또 하나의 이유는 에스페란토 공부하는 친구들의 실력을 키우려는 의미도 있었습니다. 에스페란토로 쓰니까 한국에서 읽는 사람은 몇 사람 안 되어서 굉장히 과격하게 글을 쓰고 우리가 쓰고 싶은 얘기를 다 썼습니다. 그런데 이게 세계에서는 통한 겁니다. 세계적인 공산주의자, 아나키스트들이 연락을 해오고 글을 썼던 필자들이 국제적으로 유명한 사람이 됐습니다.

그때 저는 2003년 이라크전쟁 반대운동, 길거리 평화행진을 매주 하고 있었는데 세계의 에스페란티스토들이 봤을 때는 굉장히 신선한 운동이었던 것 같습니다. 그 당시 제 목표는 한국의 전쟁 반대 운동을 세계에 알리는 것이고 또 하나는 평화운동 하는 친구들에게 에스페란토를 가르치는 일이었습니다. 이 과정을 거치며 평화운동 하는 친구들이 에스페란토 공부를 하게 됩니다. 거의 모든 평화 단체에서 한 번씩은 에스페란토 기초과정이 열립니다. '파즈'

는 제 친구인데 그가 농담으로 자기가 한 오천 명 정도 강습을 했답니다. 그런데 꾸준히 하는 사람이 자기밖에 없다는 거예요. 어느 날은 '형은 나를 건졌지만 나는 사람을 못 건졌다'며 굉장히 자괴감에 빠지더라고요.

『쏠리다레쬬』를 만들면서 세계 여러 곳에서 초대를 받거나 에스페란토 여행이 시작됩니다. 에스페란토는 사용 인구는 굉장히 적습니다. 그런데 전 세계 어디를 가도 에스페란티스토는 한 명이라도. 연락이 됩니다. 어느 나라에 가면 그와 통화해서 내가 이런 사람들을 만나고 싶은데 주선해 줄 수 있을지 부탁을 하면, 정말 그 일을 내 일처럼 해줍니다. 아프리카에서 에스페란티스토를 통해 원주민 사는 마을에 갈 수 있었습니다.

아프리카가 지금 약 53개 국가 정도 될 거예요. 크게 북부, 남부, 내륙, 중서부로 구분할 수 있는데 북부는 거의 유럽이에요. 모로코 같은 나라는 자연 환경과 생각이 그냥 유럽입니다. 남부도 남아공은 유럽이에요. 남부의 나미비아, 보츠와나 같은 곳은 세계에서 가장 중요한 자연 환경입니다. 방궤울루 습지, 세계에서 가장 큰 오카방고 삼각주(Okavango Delta), 빅토리아 폭포가 있고, 여러 소수 민족이 살았습니다. 그런데 아프리카의 중앙 내륙에서 콩고, 르완다 이런 나라의 민족 분규와 내전이 일어나면서 그 지역 사람들이 밀려서 남쪽으로 내려오고, 남쪽에서는 백인들이 치고 올라오면서 원래 그 지역에 살던 부족들과 부딪치게 됩니다. 원래 그곳에 살던 사람들은 유목민이고 새로 들어오는 사람들은 정주민입니다. 그들 사이에서 싸움이 일어납니다. 백인들은 그냥 사람을 사냥합니다. 정부에서도 부시맨 사냥을 허락했었습니다. 거의 멸종이 되고 남아 있는 사람들은 아메리카 인디언처럼 보호 구역에서 삽니다.

아프리카 동부 에티오피아는 심각한 기근과 가뭄에 시달리고 있습니다. 내륙에 있는 콩고, 르완다, 탄자니아는 민족 분규와 자원 전쟁에 시달립니다. 르완다와 콩고 국경 지대에 다녀왔습니다. 르완다 민족 분규가 일어나서 콩고 쪽으로 넘어오면서 르완다 사람들이 많이 죽었어요.

콩고는 자원이 많아요. 핸드폰에 들어가는 코발트는 엄청난 매장량을 가

카라와 인터뷰어 빛살(사진 왼쪽)

지고 있습니다. 콩고에서는 자원 전쟁이어서 정부군도 시민을 죽이고, 반군도 죽입니다. 광산 인근 여성들은 강간을 당하고 그렇게 태어난 전쟁고아들이 많습니다. 에스페란토 친구들이 그들을 돕는 일을 하고 있습니다. 호주에 있는 친구는 굉장히 열정적으로 해요. 홈페이지 만들어 주고 2년에 한 번씩 가고, 만날 나보고 오라고 하는데, 저는 한 번 가봤어요. 저는 너무 아파서 그런 일을 못 하겠더라구요.

아프리카에 있을 때 가나에 있는 알프레드라는 친구가 아프리카를 도와달라는 부탁을 했습니다. "나는 자원봉사단체처럼 지원 같은 건 안 한다. 하려면 너희들이 만든 물건을 팔아줄 수는 있다." 이렇게 말하고 아프리카와 공정무역을 준비합니다. 가나, 토고 중심으로 아프리카 서부 지역을 대상으로 했습니다. 민주노총 산하 단체들이 3년에 한 번씩, 5년에 한 번씩 컴퓨터를 바꾸는데 남는 걸 수거해 와서 컨테이너 하나만큼을 아프리카로 보냈습니다. 저는 설마 그걸 팔아가지고 물건을 보내리라고는 생각을 못했어요. 근데 컨테이너 하나를 보내니까, 일자리가 20개가 만들어지더라고요. 컴퓨터에 맞춰서 새로운 운영 체계를 만들고, 조립하고 팔고 하면서 시스템이 만들어 졌어요. 저는 그렇게 하는지 몰랐어요. 그냥 업자들한테 넘기는 줄 알았는데 그렇게 수익을 내서 컨테이너 하나에 아프리카 물건을 보내왔습니다.

그런데 그걸 팔 데가 없는 거예요. 제가 우리나라에 젬베를 다 보급했어요. 그리고 그 돈으로 이번에는 헌옷, 신발 이런 걸 보내고 이렇게 하다보니까 무역이 된 거예요. 무역회사도 등록하고, 점점 능력보다 일의 규모가 커졌습니다. 저는 거기서 멈추고 다른 업자를 소개해 줬어요. 신발, 헌옷 하는 데, 자동차 부품 하는 데 소개해 주고 저는 손을 땝니다. 왜 그렇게 했냐면 하다 보니까 아프리카에 있는 에스페란티스토들이 다 나한테 메일을 보내 도와달라고 부탁을 하는데 저는 능력이 안 됐어요. 오히려 저에게는 국가 간 무역보다는 외부에 의존하지 않는 아프리카의 농사 자립이라는 과제가 중요하게 다가왔습니다.

빛살   이제 아프리카와 농사라는 주제를 연결시켜야겠습니다. 페이스북 프로필 사진에 담긴 밀을 베고 있는 사진과 에스페란토라는 단어가 카라 님을 상징적으로 보여줍니다. 무엇보다 아프리카를 위한 실용적인 농업이라는 관점에서 새로운 농업 이론을 정립했다는 생각이 듭니다. 6무 6기 농업에서는 농업의 철학적인 관점과 기술적인 부분이 통합되어 있는 것으로 보입니다.

【아프리카로 가는 길, 농사 기술을 장착하다】

카라   저는 본질적으로 농민입니다. 모든 것이 농사에 초점이 맞춰져 있고 농사일을 하고 남는 시간에 다른 일을 합니다. 이모작을 해 보고 싶어서 논에다 밀을 심었는데 굉장히 바빠요. 밀 심고 벼 심으면 시간이 겹쳐서 엄청 바쁩니다. 보리 심고 벼 심으면 딱 좋아요. 그래서 밀밭은 따로 칠백 평 땅을 빌렸습니다. 토종 씨앗인 조선참밀이 좋아서 칠백 평에 조선참밀을 다 뿌렸어요. 그리고 벼는 토종 씨앗 사십 가지를 수집했는데, 내 땅에 맞는 종자를 찾는 일이 몇 년 걸릴 겁니다. 오리를 이용한 제초 농사를 준비하고 있습니다. 한 이백 평 정도 오리 벼 동시 농사를 제대로 해 보려 합니다. 오리농법 벼농사가 굉장히 힘듭니다. 축산 개념이 있어서 아침저녁으로 관리해야 합니다. 작은 땅이면 괜찮지만 천 평, 이천 평, 만 평이면 못해요. 오리 숫자도 엄청 많아요. 보통 이백 평 한 마지기에 열다섯 마리 정도 애들이 놀아야 하거든요. 그럼 이천 평이면 이백 마리 되고 크게 하는 사람들은 만평 정도 한단 말이에요. 그럼 전업적인 축산이에요. 오리도 나중에 처리하려면 팔리지도 않아요. 이상적인 것과 현실은 늘 차이가 있어요.

제가 이걸 잘 이해하고 있어야 아프리카에서 그동안 여러 지원을 해왔던 단체들이 해 왔던 잘못을 되풀이하지 않을 수 있습니다. 제 삶과 생각에서 농사와 아프리카는 서로 연결된 하나입니다.

한국에서 아프리카로 농사 등을 가르치러 가시는 분들이 있는데 이 분들이 가보면 생각하지도 못한 일들을 겪게 됩니다. 적정 기술 가르치는 김성원 선생님이 우간다에서 화덕 만드는 기술 가르치러 갔는데, 그곳에 깡통이 없더라는 거예요. 깡통은 너무 흔하니까 당연히 있을 거라고 생각한 거죠. 다시 도시에 나가서 깡통을 구해서 들어갑니다. 우리에게 너무 당연한 일이 아프리카에서는 당연하지 않습니다. 여기서부터 한국 사람들이 아프리카의 현실에 접근을 못 합니다. 원주민 마을에 가면 부엌이 없어요. 부엌이라는 자체가 없어요. 냄비 하나 가지고 요리를 다 해요. 한국의 코이카가 가서 어떤 기술을 가르쳤는데 아무도 그것을 이해를 못합니다. 유럽에서 트랙터를 몇 백 대를 갖고 들어갔는데 땅을 갈고는 나오지 못합니다. 우기와 건기를 몰랐던 거예요. 건기 때 들어가는데 우기가 되면 못 나와요. 아프리카에 대한 공부를 안 하고 트랙터 가지고 가서 밀어버리면 되겠지 했지만, 아무 소용이 없어요. 몇 억 원짜리 기계가 빠져나오지 못하고 1년 동안 있다가 고물이 됩니다. 왜 아프리카 사람들이 괭이 하나 갖고 그 넓은 밭을 가는지 이해를 못해요. 석유도 없어요. 석유 없이 할 수 있는 농사 기술이어야 합니다. 한국의 호미, 지게 이런 게 실제 유용합니다. 우기와 건기가 나뉘어 있어서 물을 저장할 수 있는 기술이 필요합니다. 아프리카 농사는 우리보다 몇 배가 어렵습니다. 물을 저장하는 시설을 만들려고 해 봐도 시멘트 한 포대를 갖고 오는데도 운반하는 경비가 엄청나게 비쌉니다. 건축 자재비가 두 배나 비싸요. 비행기로 갈 수 있는 자재가 아니잖아요. 육로를 통해서 바다에서 컨테이너 내려서 가야 하는데 국경을 통과할 때마다 통관세가 붙습니다.

르완다 고마 지역에 호수가 있는데 오염된 물이어서 먹을 수 없습니다. 맑은 물을 끌어와야 하는데 시민들의 힘으로 그런 시설을 만들 수 없어요. 정부가 할 일이지만 아프리카 정부는 하지 않습니다. 물이 있어도 먹을 물이 없어서 돈 있는 사람은 물을 사 먹고, 가난한 사람들은 고통을 겪습니다.

원래 제가 땅을 내 소유로 가지려고 생각해 본 적이 없습니다. 그런데 직접 땅을 만들어 보고 아프리카에 가야겠다는 생각으로 이번에 땅을 샀는데 여러 분들이 도와주셨어요. 그리고 그 경험을 기반으로 6무 6기 6락 농업 책을 다시 쓸 겁니다.

시골 생활에서 해야 할 일이 많습니다. 벼농사, 밭농사, 또 하나가 과일 농사입니다. 과일 나무는 중요해요. 무조건 사과, 배나무 심는데, 해 보면 잘 안 됩니다. 옛날에 많이 심은 앵두 같은 것을 잘 안 심어요. 농약 안 쳐도 잘 자라는 과일이 있습니다. 블루베리, 산딸기 들은 농약 안 해도 됩니다. 삽목, 접목 같은 기술도 여러 책이 있는데 기본을 알면 간단한 기술입니다.

그다음에 양계입니다. 양계도 전문적으로 들어가면 굉장히 어렵습니다. 자연순환농업에서 양계하는 분들이 많고, 계란 가격도 비쌉니다. 문제는 돈이 되니까 항상 적정 수준을 넘겨서 하게 된다는 겁니다. 소농은 복합농업을 해야 해요. 양계는 시작하고 난 뒤에 적정 규모를 유지하는 일이 어렵습니다.

다음에는 양봉입니다. 양봉을 14년째 하고 있습니다. 양봉에 대해서는 전문가들보다 더 많이 알고 있다고 생각해요. 양봉도 몇 통 정도가 적절한지 판단해야 합니다. 겨울에 설탕을 안 주고 키울 수 있는 사람은 아무도 없어요. 오랫동안 실험해서 설탕 없이 월동시키면서 안 죽였어요. 이것도 단순합니다. 내가 가져가야 할 몫과 벌을 위해 남겨야 할 몫의 비율을 맞춘 겁니다. 너무 많이 벌에게서 뺏어오기 때문에 벌이 월동을 못하는 겁니다. 양봉은 투자비용이 많이 들어갑니다. 그래서 욕심을 안 낼 수가 없습니다. 투자를 최소화하고 벌을 보호하고 자기 생활을 유지하는 조절이 필요한 게 양봉입니다.

마지막 여섯 번째가 적정기술입니다. 농사에 필요한 적정기술들이 굉장히 많습니다. 이런 농업의 다양한 내용들이 다 분리되어서 책으로 나왔고 하나하나 전문 분야여서 책들이 굉장히 두껍습니다. 그런데 전부 쓰레기입니다. 삶으로 연결되어 있지 않습니다. 홍성에 젊은 친구들이 귀농하러 많이 오는데 안타까웠습니다. 농사의 자신감이나 삶의 자신감을 주기 위해 고민을 많이 했습니다. 이 친구들이 정말 여유롭게 살고 싶어서 내려왔는데 농촌 생활이 도시보다 더 빡빡하게 느껴지는 충격을 받고, 돌아가는 친구들이 많습니다. 그럼 어떻게 살 것이냐에 대한 고민을 하게 됩니다. 6무 6기 농업은 농업 기술이라기보다는 삶의 기술입니다. 농촌에서 살아가는 삶의 기술을 부분 부분 이야기하면 깊게 들어가야 하는 전문 분야인데, 이런 통합적 관점으로 전체를 한눈에 볼 수 있는 책을 만들고 싶습니다. 이 눈과 도구를 가지고 아프리카에 가서 농사짓다 삶을 마칠 수 있으면 저는 제가 해야 할 일을 다 한 겁니다.

빛살 아프리카, 에스페란토, 6무 농업이라는, 서로 연결될 것 같지 않은 주제를 이제 다 연결한 것 같습니다. 이제 마지막 이야기를 해 봅시다. 아나키즘이라는 주제입니다. 카라 님과 저를 연결하는 주제이기도 합니다. 제가 살아왔던 삶의 과정도 아나키스트의 삶이었습니다. 내 삶을 국가, 자본, 타인에 의지하고 않고 스스로의 힘으로 일어서고 서로 연대하고 돕는다는 삶의 자세입니다. 카라 님은 아나키스트의 삶에서 에스페란토라는 언어를 이용해서 국가를 넘어서서 세계인들과 연대했고, 농업을 통해 돈과 자본에서 가능한 자유롭길 원하고 삶의 욕망을 조절해 오셨습니다. 그리고 아프리카의 가난한 사람들과 손잡아 오셨습니다. 아나키즘의 전형적인 자세를 대부분 다 가지고 있습니다. 긴 이야기의 결론이기도 할 겁니다.

【아나키스트는 상상한다, 그러므로 다르다】

카라 살아가면서 아나키즘이 나한테 맞는 삶의 방식이라는 결론을 얻었습니다. 아나키스트들은 다양한 삶을 살아가는데 많은 분들이 농사를 짓고 싶어합니다. 자본주의에 맞설 수 있는 길이라고 생각하기 때문입니다.

자본주의는 싫고 사회주의자로서도 싫고 해서 대안적인 실천으로 아나키즘을 선택하는 친구들이 있는데, 끝까지 남는 사람들은 주로 농사하는 친구입니다. 사회 운동 하는 친구들은 지치고 고립되고 그리고 돌아서고 다른 길을 갑니다. 왜냐면 조직이 가만히 안 놔둡니다. 조직에 소속됐으면 조직에 맞게 해야 되는데 아나키스트들은 항상 거기서 외톨이입니다. 그들은 외톨이고 다른 생각을 갖고 있고, 그걸 보호할 수 있는 장치가 한국 조직 내에 있을까요? 무한한 상상력을 발휘하면서 다른 대안을 만들어 내는 것에 대해서 나이드신 분들이, 경험자들이 더 지지해 주고 응원해주고 북돋아 줘야 되는데 한국사회가 그렇지 않잖아요. '내가 해 봤는데 안 돼.' 이런 식으로 억누르고 그 길을 사전에 차단해 버립니다. 새로운 운동이 계속 나와야 되는데 하나의 주류만 있고 잔가지들이 없습니다. 무수한 잔가지들이 운동을 발전시키고 새로운 사람들을 끌어들여야 하는데 이게 안 됩니다.

유럽에서는 재미있어요. 별별 상상력을 다 가져옵니다. 광대 짓도 합니다. 유럽의 광대들을 보면 아나키스트들이 많아요. 본 집회 하기 전에 광대들이 먼저 국가도 조롱하고, 본 집회도 조롱합니다. 집회 마치고 불 지르는 애들도 다 아나키스트들이에요. 쓰레기통마다 다 불 지르고, 유럽은 집회하면 꼭 불을 지르는데 언론에서 불 질렀다는 얘기 안 해요. 우리나라는 바리케이드를 경찰에서 치잖아요. 근데 유럽은 거꾸로 시위대들이 쳐요. 경찰들이 시위대를 침탈해서 잡아가거든요. 시위 방식도 많이 틀리지만 오랫동안 해 왔던 방식이기 때문에 나름대로의 경험이 쌓여 있어요. 우리는 다양한 시위를 경험하지 못했습니다. 더 다양한 아나키스트들의 상상력이 나와야 하는데 그걸 기성세대가 받아들이지 못합니다. 우리 책임이라고 생각해요. 운동권에서 아나키스트들이 많이 나와야 하는데 운동권에서 아나키스트들이 거의 안 나와요. 다른 데서 나와요.

일본의 아나키스트 중에 『가난뱅이의 역습』이라는 책을 쓴 마쓰모토 하지메는 선거에 나와서 집회를 합니다. 선거 운동이니까 경찰들이 손 못 대는 공간에서 온갖 공연과 정부 비판 활동을 합니다. 하지메의 글 중에 제일 웃겼던 건 시위를 하는데 고등어를 굽습니다. 경찰들 앞에서 고등어 굽는 냄새가 시위입니다. 그게 유럽 식의 조롱입니다. 니들이 아무리 우리를 억압해도 나는 조롱한다. 고등어만도 못한 놈들이다. 그런 상상력들이 각 나라마다 다양하게 나와야 하는데 우리 사회는 잘 안 돼요.

제가 아나키즘을 만나게 된 건 에스페란티스토이고 고려대 철학과 교수였던 양희석 교수님을 통해서입니다. 돌아가셨는데, 그분이 아나키스트였어요. 그분을 만났을 때 저는 노동운동을 하고 있었습니다. 제 말을 들으시면서 너무 강하다고 하셨어요. 자기는 집에 좌파부터 우파까지 다 와서 같이 살고 숨겨주고 했었다고 하시면서, 조금씩 자기 옛날 얘기를 하시는 걸 들었습니다. 선생님은 내게 왜 그런 얘길 하셨을까 생각해 보게 됩니다. 에스페란토협회에서는 선구자에 대한 문집을 내는데 제가 그분에 대한 회고록을 쓰려고 합니다. 저 밖에 쓸 사람이 없습니다. 우리나라 에스페란토 운동에 많은 영향을 끼치셨어요.

아나키즘은 다양하고, 그게 아나키즘의 힘입니다. 나도 그런 다양함 중의 하나입니다.

【마치면서】

카라 님 모시는 게 쉽지 않았습니다. 최근에 정말 힘든 고통을 겪기도 했습니다. 아드님이 산재 사고로 돌아가셔서 지금 소송 중이기도 합니다. 깊은 슬픔에 잠겨 있기도 하고, 산 속에서 지내면서 사람도 많이 만나지 않으려고 하십니다. 조심스럽게 제안했고, 지나친 홍보를 하지도 않았습니다. 이 내용도 녹음하고 정리할 생각도 안 했습니다. 여러 인연이 이어져서 이런 글이 남았습니다. 이화서원에서는 최근 '홍렬(鴻烈), 나와 세계의 연결'이라는 제목으로 서울 갤러리 b에서 전시회를 열었습니다. 이화서원 연구원들이 중심이 되어 13명의 작가가 모였습니다. 전시회의 제목인 '홍렬'(鴻烈)이라는 개념이 '각자 각자 꽃피어 나서 다함께 빛난다'입니다. 어쩌면 아나키즘에 대한 동아시아 감각의 번역어일 수도 있습니다. 카라 님의 삶에서 아름답게 피어난 꽃과 향기를 느낍니다.

김재형
◆ 이 대화를 기록한 빛살 김재형은 곡성에 있는 '인문생활공동체 이화서원'의 대표입니다 ◆ 이화서원 연구원들은 다시개벽 잡지에 돌아가면서 자기 연구 주제를 연재하고 있습니다

천도교수련3:
주문을 외는 방법들

라
명
재

【수운 최제우 선생은 주문을 어떻게 읽으셨을까】

주문을 처음 지으시고 주문 수련법을 전하신 수운 선생은 주문을 어떻게 읽으셨을까? 수행법은 시대가 바뀌고 삶이 변함에 따라 다양하게 변용될 수 있지만, 원형을 찾고 그를 보존하는 것은 처음 가르침이 시작될 때의 초심을 잃지 않고, 상황에 따라 변용하되 본질을 훼손하지 않도록 하는 데 중요할 것이다.

> 포덕 3년(1862년) 10월14일 밤, 대신사(大神師, 水雲 崔濟愚)께서 목청을 돋우어
> 주문을 외우는데 그 소리가 신선의 소리 같아 향기로운 운치가 높이 울려
> 한울나라의 음악을 연주하는 듯하였으며, 구미산의 초목이 진동하고 용담의
> 물고기가 귀를 기울여 소리를 듣는 듯하였다. (천도교백년약사, 93)

이 기사에 따르면 수운 선생은 '소리 내어(목청을 돋우어) 주문을 외'웠고, 마치 음악소리('한울나라의 음악') 같다고 한 것으로 보아 운율에 맞춰 음독하신 것으로 보인다.

또한 후대의 교회 기록에도 오음의 음률에 맞춰 외운다는 기록이 있어서 그러한 전통이 이어져왔음을 알 수 있다.

13자 주문을 각각 (궁상각치우의) 오음[1]의 조화된 음률을 붙여, 한도를 정하지 않고 주문을 외우다…. (神言, 입법편(立法篇))

오음의 음률에 맞춰 주문을 송독하는 것은, 녹음기가 없던 시절 구전에 의존하는 무형 문화의 특성상, 지금 전하지 않아 정확히 어떤 모습인지 알 수 없다. 다만 아마도 스승님들이 주문 읽던 모습이 흔적이나마 남아 있는 것이 천도교 모든 의식 초반에 함께 송독하는 '주문 삼회 병송'이 아닌가 생각한다. 이를 음표로 기록한 덕분에 역으로 그 자취를 엿볼 수 있게 되었지만, 그 본질을 생각하면 서양 음계로는 정확히 표기하기 어려운 시조창이 원형에 가깝지 않을까 생각된다.

서양의 7음계 장조. 단조로 된 곡은 4성체가 어울릴 수 있으나, 5음계의 선율은 4성체 반주가 그다지 어울리지 않는다. 특히 주문은 전통 가곡 및 시조에서 쓰는 악조로 구성된, 전통 어법을 바탕으로 한 곡이다. (김정희, 천덕송의 어제와 오늘, 그리고 내일. 75-76. 신인간 158년 8월호)

경전을 운율에 맞춰 부를 수 있는 가사체(歌詞體, 용담유사 8편)로 저술하신 수운 선생이 주문도 시조의 운율에 맞춰 지으셨을 수 있다. 그렇게 본다면 강령주문은 초장, 주문은 중장, 불망지사는 종장에 해당한다.[2] 음악은 전통사회에서 육예중 하나로 필수 교양이었다.

그러므로 3×7자 주문을 구송하는 것도 시조 읊듯이 유장하게 읊으셨을

---

[1] 궁상각치우는 중국식 율명. 세종 때 제정된 정간보의 율명은 황종(黃鍾) 태주(太蔟) 중려(仲呂) 임종(林鍾) 남려(南呂), 줄여서 '황태중임남'으로 칭한다.

[2] 수운 선생은 경신년(1860) 4월 5일 한울님을 만나는 체험을 한 뒤로 한울님으로부터 주문을 받았다고 하고, 지었다고도 했는데, 논학문에서는 "一以作呪文 一以作降靈之法 一以作不忘之詞 次第道法 猶爲二十一字" 즉 "한편으로 주문을 짓고 한편으로 강령의 법을 짓고 한편은 잊지 않는 글을 지으니, 절차와 도법이 오직 이십일 자로 될 따름이니라."라고 했다.

수 있다. 그렇게 시조의 운율처럼 천천히 읽을수록 한 글자씩 뜻을 음미할 수
도 있고, 소리의 울림을 더 깊이 느낄 수도 있을 것이다.

【주문 송주법의 정리】

대체로 천도교의 수련은 주문수련을 특징으로 한다. 주문을 읽는 것은 두 가
지 의미가 있다. 하나는 주문 자체에 담겨 있는 의미를 생각하며 한울님의 뜻
이 이 세상에 덕으로 드러나도록(포덕천하) 기원하는 것이다. 그러므로 주문
을 외는 사람이나 듣는 모든 생명(미물과 물건에 이르기까지)이 한울 본연의
모습을 되찾게 하는 법문(法文)을 읽는 것이니, 의식에서 읽는 주문이 이에 해
당할 것이다. 개인적 수련에서도 한울님의 덕을 찬미하며 기원할 때는 운율에
맞춰 천천히 읽는 것이 이에 해당할 것이다.

　　다른 하나는 수련할 때 잡념과 욕념을 떨치고 한울님 마음으로 회복하고
자 집중하는 방법으로 외는 것이다. 이때는 조금 빠른 속도로 외면서 정신이
통일이 되도록 한다.

　　주문수련은 다른 수련방법(참선, 요가 등)에 비해 비교적 쉽고 빠른 시간
안에 정신통일과 접령(接靈)[3]을 할 수 있다는 장점이 있다.

　　반면에 단점이 될 수도 있는 면이 있는데, 첫째 주문에 익숙하지 않은 현대
인들이 거부감을 가지기 쉽다. 개인적인 경험에 비추어보면 동학에 관심을 가
지고 교회에 왔다가 주문 수련하는 모습을 보고 도망치듯 달아난 사람도 대
학시절에 본 적이 있다. 이런 사례는 비일비재하다. 이는 물론 주문으로 상징
되는 전통문화와 종교를 미신시하던 식민교육의 영향이 일반인들의 잠재의식
에 남아 있고, 거기에 서양문화에 대한 막연한 동경 때문에 형성된 선입관이

---

[3]　접령은 강령(降靈), 즉 한울님의 靈이 나(인간)에게 '내려옴=접함'의 과정이다.

작용한 때문이라고 생각된다.

그러므로 주문수련에 들어가기 전에 주문과 수련 과정에 대한 충분한 사전 설명이 있어야겠고, 기존에 가지고 있던 선입관과 육신관념을 버리고 백지상태로 들어가는 공부를 주문공부 전에 선행 하면 좋을 것으로 생각된다. 또한 같은 이유로 주문공부는 교리 전반에 대한 기본이해를 위한 교육과정을 마친 사람을 대상으로 하는 것이 좋겠다.

간혹 관심과 호기심을 갖고 교회에 와서 입교식을 한 뒤에 별다른 교육 과정 없이 수도원을 바로 가는 경우를 종종 보아 왔다. 이 경우 교구에서 수련을 안내할 전교인 등이 함께 가서 수련하거나 수도원에서 별도의 배려를 하지 않으면 적응하는 데 매우 어려움을 겪고 오는 수도 있다.

둘째 주문수련의 또 다른 단점은 개인의 습관 된 마음이 버려지고 무선무악(無善無惡)한 한울마음으로 바뀌기 전에 자기 욕심으로 접령하면, 습관 된 자신이 한울님이 되었다고 생각하여 자기의 욕심대로 해석하고 나아갈 수가 있다는 것이다.

> 어떤 사람이 말하기를 '한울이 내게 있으니 어느 곳을 우러러보며 어느 곳을
> 믿으랴, 다만 내가 나를 우러러보고 내가 나를 믿고 내가 나를 깨닫는다.' 하여,
> 닦는 이로 하여금 마음 머리 두 곳에 의심스러움이 겹치게 하여 성품을 보고
> 마음을 깨달으려 하는 사람의 앞길을 아득케 하느니라. (무체법경, 성심신삼단)

한울님은 선악을 가리지 않으시므로(논학문) 검은 것을 구하면 검은 것을 흰 것을 구하면 흰 것을 주시기 때문이다.

> 마음이 흰 것을 구하고자 하면 흰 것으로 보이고, 붉은 것을 구하면 붉은 것으로
> 보이고, 푸른 것을 구하면 푸른 것으로 보이고, 노란 것을 구하면 노란 것으로
> 보이고, 검은 것을 구하면 검은 것으로 보이느니라. 이로써 미루어 생각하면 도를

구하는 사람이 또한 삼가지 않을 수 없으니, 구하는 사람이 구하기를 바르게 하면 보이는 것도 또한 바르고, 구하기를 그릇되게 하면 보이는 것도 그릇되게 보이느니라. (무체법경, 신통고)

구한말과 일제강점기에 동학의 주문을 스승님의 바른 이치와 함께 배우지 못하고 풍문으로 접한 사람들 중에 수많은 동학 계열 신흥종교를 세워 분파해 나간 것이 이 때문이고, 바른 공부를 위해선 본인의 정성에 더해 바른 스승이 있어야 하는 이유이다(道成德立은 在誠在人이라, 수덕문).

　　모든 정보가 개방되고 의식이 깨인 요즘도 자신이 신이 되었다며 다른 사람들을 착취하거나 노예처럼 부리는 신흥 종단들이 간혹 문제를 일으키는 경우가 있다. 외부에서 보면 누가 저런 것에 혹할까 싶지만, 사람들은 자기가 보고 싶은 것만 보고 믿고 싶은 것만 믿는 경향이 있다. 그것이 편향되고 왜곡된 정보임을 깨닫기 위해선 선입견을 버리고 모든 시각에서 바라보는, 한울의 시각으로 보는 바른 수행이 필요하다. 이를 천도교에선 정시정문이라 한다.

바르게 보고 바르게 듣는 것은 성·심·신 삼단이 합하여 보이고, 나누어 보임이니 세 가지에 하나가 없으면 도가 아니요 이치가 아니니라. (무체법경, 신통고)

나의 육관으로 판단하는 것이 아니라 성심신삼단, 즉 한울님의 시각에서 보고 판단해야(正示正聞) 바른 진실을 파악할 수 있다. 이렇게 모든 사안을 성품과 마음과 몸의 시각으로 나누어 보고 합하여 보는 정시정문이 천도교 특유의 심법이다.

　　예를 들면, 한 사람이 암에 걸렸다. 몸을 주로 보는 사람은 암을 제거하는 수술과 항암치료 등 질병을 적극적으로 치료해야 한다고 말한다. 물론 때를 놓치지 말고 적절한 치료를 하는 것은 중요하다. 그러나 심주가 굳지 못하고 이치를 깨닫지 못한 사람은 이럴 때 몸의 욕심을 좇느라 검증되지 않은 치료에 매달리고, 시간과 비용을 허비하는 경우가 많다. 환자의 마음을 같이 살펴야 하는 이유다.

　마음을 주로 보는 사람은 치료를 하되, 환자의 종합적인 상황을 살핀다. 힘든 수술과 긴 치료를 견딜 수 있는 체력과 경제력이 되는지, 나이 들고 치료를 안 해도 병의 진행이 더뎌서 기대수명의 차이가 별로 없는지 살펴본다. 또한 암이 생긴 원인이 무엇인지, 교정해야 할 생활습관이 있는지를 살핀다. 암을 수술로 제거해도 원인이 된 생활습관이나 마음가짐이 바뀌지 않으면 금방 재발할 테니까. 한 발 더 나아가 암도 자신이 살아온 인과의 흔적이다. 이를 부인하고 제거하려고만 할 게 아니라, 고통스러워도 정직하게 직시하고 받아들여야 그를 반성하고 삶의 방식을 바꿀 수 있다.

　성품을 주로 보는 사람은 어떨까? 암세포도, 암을 일으키는 발암물질이나 바이러스도 모두 하나의 성령이고 하나의 한울 성품이다. 본래 있는 게 아니고 수명은 다 달라도 곧 소멸되어 무형으로 돌아간다. 내 몸도 본래 있는 게 아니라 잠깐 유형화된 한울 성령일 뿐이다. 내가 본래 있는 게 아니니 병도, 암도 본래 있는 게 아니다. 그래서 견성하면 그 모든 인과가 사라지고, 병도 물약자효(勿藥自效, 약을 쓰지 않고 스스로 고쳐짐)되는 거다. 마치 수운 선생이 빗속을 걸어도 옷이 젖지 않았다는 것과 같다. 비도, 옷도, 내 몸도 다 같은 한울 성품이니 어디 물들고, 젖고 할 것이 없는, 물아일체, 나와 주변이 경계가 터진 경지인 것이다.

　지극한 정성으로 기도하면 한울님은 감응하신다. 다만 그러한 감응이 자신을 위하는 것이 아닌 공적인, 한울을 위하는 방향으로 덕이 베풀어지도록 바르게 기도해야겠고, 자신이 한울님의 감응을 받을 수 있으면 다른 사람들도 그러한 감응을 얼마든지 받을 수 있는 한울사람임을 그래서 경인하고 나아가 경물로 나아가야 이런 문제가 생기지 않을 것이다.

　또한 동학 이외에도 주문수련을 하는 사람들 간에는 주문 수련 중에 잘못 영이 씌워 죽거나 병신이 되었다는 이야기가 많이 전하는 것도 이 때문이다. 요컨대 이치를 제대로 알지 못하고 자신이 감당할 수 없는 큰 기나 영을 접하면 그것을 감당할 수가 없게 되는 탓이다.

그러므로 천도교에서 통상 수련할 때 현송부터 시작해서 기운 공부 위주의 수련을 하는 것은 기존교인들에게는 무리가 없겠지만 수련을 처음 시작하는 사람들에겐 개인의 육신관념을 버리고 참회하는 수련의 이치를 충분히 안내하고, 한울님을 위하는 기본공부(초학주문을 외워도 좋겠다)가 먼저 되어야 할 것으로 생각된다.

일반적인 수련에서는 시작할 때 현송하며 정신을 통일하는 공부한 뒤, 묵송(默誦, 주문을 소리 내지 않고 마음으로만 욈)으로 들어가는 순서를 권한다.

현송은 주로 21자를 외고(강령주문만 외기도 한다), 묵송은 13자를 외운다. 현송할 때는 초심자는 수련 안내자나 단체 수련하며 일정한 속도로 합송하는 것도 좋다.

개인 수련에서는 또박또박 일정한 속도로 구송(口誦, 입으로 소리 뇌어 욈)한다. 수도원이나 교회에서 할 경우 어느 정도 소리를 높여 외는 것이 다른 사람 주문소리에 신경 쓰지 않고 집중하는 데 도움 된다.

주문 읽는 속도는 일정한 속도로 분명하게 읽되, 수련을 처음 하는 초심자의 경우 조금 빠른 속도로 외는 것이 잡념을 잊고 마음을 집중하는데 도움이 될 수 있다. 오로지 자신의 주문소리만 생각하고 들으며 다른 것을 다 잊게 되면, 자신의 존재마저 잊고, 주문(한울 진리)만 남는다. 나의 습관 된 감각을 넘어서고 나라는 자의식을 잊으면 감춰져 있던 깊은 무의식의 그 자리와 만난다. 거기가 곧 한울이다.

정신집중하고 강령을 모시고 난 뒤에는 좀 천천히 주문의 뜻이 내 몸에 녹아드는 느낌으로 온 몸으로 주문과 우주의 진동을 같이 울린다는 느낌으로 읽는다.

가정에서 수련할 경우(새벽이나 밤에) 세송(細誦, 잔잔한 소리로 외우는 것)으로 해야 할 수 있다. 자기 주문소리에만 집중할 수 있다면 세송으로도 충분할 수 있다.

주문 수련의 또 다른 장점은 따로 자리 잡고 수련하는 것이 아닌 일상 중에도, 즉 걷거나 운전 중, 일할 때에도 주문을 외며 마음을 눈앞의 유혹에 흔들리지 않도록 수행하는 것이 가능하다는 것이다.

걸을 때는 집중도 화두도 잘 잡힌다. 그러나 다양한 상황에 순간순간 대처해야 하는 운전 중에는 사고 위험이 있지 않을지 우려할 수도 있다. 그러나 다른 생각하며 운전하는 것은 길을 잘못 들거나 할 수 있지만, 주문 수행을 하며 운전하는 것은 그럴 위험은 적다. 다만, 깊은 이치를 생각하거나 깊은 공부를 하기는 어려울 수 있다. 하지만, 오히려 마음이 어떤 것을 골몰히 생각하는 것보다, 주문 외며 편안히 하던 일을 하다보면, 불현듯, 생각지도 못한 고민의 해답이나 가르침이 떠오를 때도 있다.

또한 직장에서 일할 때는 계산하거나 다른 생각하는 일은 정신 집중이 어려울 수 있다. 그러나 주문은 다른 잡념이 없어지고, 지금 현재에 집중할 수 있도록 해주므로, 현재 하는 일을 자연스럽게 잘 할 수 있다. 억지로 하지 않아도. 특히 몸으로 하는 일은 주문하면서 오히려 집중이 더 잘 될 수도 있다.

나아가 천도교 수련은 일과 수련이 분리되지 않게, 일상이 수행이 되는 것을 지향한다. 교회나 수도원에서만 기도하고, 일상에서는 엉망으로 사는 것은 스승님들께서도 경계하신 것이다. 일상 중에도 수행의 마음을 잊지 않기 위해선 처음에는 주문을 늘 놓치지 않으려 노력해야 한다. 하지만, 나중에는 주문이 늘 몸속에서 돌아가므로, (힘과 기운이 필요할 때는) 자연히 21자(강령주문+본주문, 강령주문만 하기도 한다)가 외워지고, 조용히 쉬거나 할 때는 13자(본주문)가 자연히 외어진다.

교사(敎史)에 동학군이 일본군을 피해 숨어 있다가 강령주문을 외면서 강령이 되는 바람에 들켜 잡혔다는 이야기도 전하고해서 한동안 강령 공부를 금기시했던 시절도 있었다. 지금은 자유롭게 수련을 하지만, 일반적으로 조용한 상황에서는 강령주문을 읽지 않는다.

처음 강령이 되어 자신을 온전히 한울님께 맡기는 경우에는 몸이 조절이 안 될 수 있다. 자신의 지난 모습을 참회하며 대성통곡하거나, 수련장을 구르거나, 갑자기 혼절하듯 쓰러지기도 하며 다양한 모습이 나타날 수 있다. 하지만 이 모두 그 사람의 지나온 삶과 근기에 따라 나타나는 모습이고, 아무리 위험해보여도 이 모두 한울님 간섭임을 알면 걱정할 필요도 없고, 시간이 지나면 자연히 안정된 모습으로 돌아온다. 이 또한 맡겨야 한다. 자신의 지위나 체면을 생각하여 이런 현상들을 억제하려하면 공부가 진척되지 않는다. 한울님 앞에선 그저 갓난아기일 뿐이다. 어느 정도 강령이 자유자재하고 그 이치를 알면, 강령의 모습도 얼마든지 조용히 그리고 상황에 맞게 달라질 수 있다.

다만 주문으로 내가 일상적, 세속적인 목적을 추구하려고 할 때는 주문이 잘 안돌아간다. 주문은 한울님을 위하는, 공적인 마음을 되새기는 글인데 개인적인 욕심을 추구하면 공부가 잘 안 되는 게 당연하다. 반면, 진리를 추구하고 개인적 욕심보다 공공을 위하는 경우에는 주문이 잘 외어지고, 일상에 욕심 없이 정성들일 수 있으므로 오히려 잘 돌아간다. 이것이 인위가 아닌 무위다. 억지로 하려할 때는 잘 안 되던 게, 주문을 외며 한울님께 맡기고 자신이 할 수 있는 정성만 들이면 생각지 않던 것도 자연히 이루어지기도 한다.

물론 급할 때 한울님을 찾고 주문이 외어지는 것은 자연스러운 것이나, 그런 상황의 모면만을 위한 것이 주문의 본질은 아니다. 오히려 주문을 외면, 그런 어려운 상황을 달게 받아들이고, 회피하는 것이 아니라 직시할 수 있고, 집중하여 정성함으로써 교훈도 얻고 자연히 벗어날 수도 있다.

수련의 본질은 내 전 존재가 깨달음을 향해서 가는 과정이라는 점이다. 그러므로 주문을 잘 외우면, 건강, 생활상의 어려움 해결 등은 무위이화로 되는 것이지, 그런 것을 바라며 미리 생각하고 목적 삼아 주문을 외는 것은 본말이 전도된 것이다.

정신집중이 되면 조금 천천히 5음의 운율을 따라 읽어 본다. 수련지도하시는 선생님들이 "주문을 타령하듯 하지 말라"는 말씀을 하시기도 했다. 이 말씀은 주문을 놀이 삼아, 재미삼아 하지 말라는 뜻이다.(습관적으로 읽는 것을 경계하신 의미) 주문은 나를 살리고 모든 생명을 살리는, 한울님께 드리는 기도다. 뜻을 생각하며 정성을 다해 읽되, 리드미컬하게 외는 것은 좋다.

라명재

◈ 증조부 때부터 동학-천도교를 신앙한 집에서 태어나 천도교에 자연스럽게 관심을 가지며 자랐다 ◈ 근대화와 독재라는 두 괴물이 전래의 전통적 가치와 사회구조를 파괴하고 단절하던 시기에 학생시절을 입시에 시달리며 평범하게 지냈다 ◈ 그러나 변화하는 사회를 체험한 기억은 보다 나은 세상에의 갈망을 항상 간직하게 하였고, 산업화에 의한 환경파괴와 인성 상실, 독재와 민주화의 시소 속에서 정작 사람의 삶은 피폐해져 감을 안타까워하는 학부형이자 가장이 되었다 ◈ 생명과 삶을 다시 살리는 길은 거창한 정치적 공약이나 구호가 아닌 일상의 삶속에 있다는 생각을 실천하고 확인하고 싶어 한다 ◈ 그러한 일상의 삶을 중시하는, 전통의 가치와 생명에 대한 가르침이 가득한 동학의 경전이 널리 읽히고 그로써 사람 살 만한 세상이 되기를 바라는 마음에서 공부하고 있다 ◈ 지난해부터 새롭게 교단 내의 수행자들과 함께 "천도교수도공부모임"을 진행하고 있다

단편의삼

종교를 넘어선
교류와 연대의 기억

이
선
이

한용운과 천도교계 인사들의
교류가 의미하는 것

【'신앙생활은 자기의 확대요 연장이다'】

만해 한용운은 근대불교를 대표하는 인물이다. 그는 『조선불교유신론』
(1913)이나 『불교대전』(1914)과 같은 우리 근대불교사의 중요한 저작들을 남
겼고 무엇보다 승적을 가진 불교인이었다. 하지만 그의 삶의 행로를 따라가다
보면 그가 불교계 안에서만 활동하지는 않았음을 알 수 있다. 표면적으로 드
러나는 여러 분야의 사회활동뿐만 아니라 정신적인 면에서도 그는 종교나 이
념을 넘어서서 다양한 인물들과 인간적 유대관계를 맺고 시대의 변화를 모색
해 나갔다. 그에게는 오늘날 우리 종교계나 이념적 진영이 보이는 대립과 배
타를 넘어서는 정신의 유연함이 있었다. 불교를 넘어 타 종교인들과 교류했을
뿐만 아니라 사회주의 이념을 좇는 이들과도 연대의 끈을 놓치지 않았다. 특
히 한용운은 천도교 인사들과 돈독한 교류를 이어갔는데, 당시 천도교계를 대
표하는 권동진, 오세창뿐만 아니라 방정환, 조헌영(조지훈 시인 부친) 등과도
남다른 인연을 맺었다. 여기서는 이러한 교류가 가능했던 한용운의 불교 인식
의 일단을 살펴보고, 천도교계 인사들과의 교류의 실상을 들여다보고자 한다.
　승려 한용운이 이처럼 개방적 삶의 태도를 가질 수 있었던 동인은 어디에
서 나왔을까. 이 물음은 한용운이 자신이 속한 불교를 어떻게 인식했는가와

연관된다. 승려였던 한용운은 선(禪)이 무엇인지를 소개하는 「선외선(禪外禪)」(『불교』, 1937년 7월호)이라는 글에서, 불교에서 말하는 일반적인 선(禪)의 의미와 함께 자신이 생각하는 선의 종지를 제시하였다. 이 글의 내용을 정리하면 대략 이러하다.

　어느 날 그는 낙원동에 있는 여관으로 시골친구를 찾아갔다가 돌아오는 길에 상추장수를 만난다. 상추장수는 상추를 사러 나온 중년여자가 상추가 너무 잘다고 푸념을 하자 "잘게 보면 잘고 크게 보면 크지요."라며 여자의 불평에 무심하게 한마디를 던진다. 이 말을 들은 한용운은 상추장수의 무심한 말에서도 선적 묘미를 발견할 수 있다고 생각하며, 선이란 무엇인가에 대한 자신의 견해를 펼친다. 우선 불교 문헌에서 선을 정의한 개념들을 열거한 뒤에 그는 이를 상도(常道)의 선(禪)이라고 평한다. 그러면서 그는 선이라는 것이 이렇게 문자적으로 규정될 수는 없는 세계라고 주장한다. 불교에 대해서 개방적인 인식과 태도를 가진 그는 선불교적 전통이나 관습 안에서 포착된 것만을 선이라고 규정할 수는 없었기 때문이다. 오히려 이런 전통적인 깨침은 상식적인 선일 뿐이라고 하면서, 선의 진면목은 여러 형태로 드러날 수 있다고 주장한다. 특히 이 글에서 한용운은 저마다의 생생하게 살아 있는 깨침의 기연(機緣)들에 주목한다. 그가 보기에 고행을 자처하면서 깨침의 길을 가고자 했던 석가가 밝게 빛나는 샛별을 보고 세상의 이치를 깨쳤다는 사실은 논리적으로 설명되기 어려운 깨침의 현장성을 고스란히 담고 있었다. 또한 중국 당나라 때 선사 영운(靈雲)이 삼십년을 깨닫기 위해 헤매다 어느 날 절에 핀 복숭아꽃을 보고 한 소식을 얻었다는 일화 또한 이와 다르지 않았다. 이러한 기연을 그는 향엄(香嚴) 선사의 일화에서도 발견했다. 향엄은 어린 시절부터 남다르게 총명해서 불경의 이모저모를 두루 아는 높은 학문적 수준을 자랑한 인물이었다. 하지만 그런 그도 오랜 시간 깨치지 못하고 시간만 흘려보내다 마침내는 읽던 책까지 모두 불태워 버리기에 이르렀다. 그렇게 절실하게 궁극의 진리를 갈망하던 그도 절집의 마당을 정리하느라 무심코 마당 밖으로 던진

돌멩이가 대나무에 부딪혀 내는 소리를 듣고 깨쳤다고 한다. 한용운은 이런 기연들을 열거하며 어떤 규정과 관습에 묶이지 않는 유연하고 자유로운 정신이 바로 선의 정신이라고 보았다. 한용운은 석가, 영운, 향엄의 깨침이 모두 선가의 문헌에 소개된 그런 문자선이 아니며 논리적인 사유과정으로 설명될 수 있는 것도 아니라고 보고, 오직 언어 밖에서 일어난 돌연한 사건성에 주목하면서 선은 어디에나 존재할 수 있다고 보았다. 그렇다면 이러한 사건성이 가능한 근거는 어디에서 찾을 수 있을까?

> 일체중생이 동일 불성인즉 누구든지 선적 인물이 될 수가 있는 것이요,
> 유정무정이 개유불성(皆有佛性)인즉 영운이 도화를 보고 견성할 뿐 아니라
> 도화가 영운을 보고 견성하였을 것이요, 향엄이 격죽성을 듣고 오도할 뿐 아니라
> 대(竹)가 향엄의 와력을 맞고 오도하였을 것이다. 그러면 상추장수가 능히
> 선화를 할 뿐 아니라 상추가 능히 무생곡(無生曲)을 부른 것은 누가 들었는고.
> (한용운, 「선외선(禪外禪)」)

일체중생에게는 보편적으로 내재하는 불성(佛性)이 있다고 보는 것이 불교의 기본 입장이다. 한용운은 이러한 불성은 각기 인연에 따라 다른 방식으로 드러날 수 있다고 보았다. 물론 여기서 불성이란 고유한 속성을 지닌 실체가 아니라 깨달을 수 있는 가능성으로서의 본바탕을 의미한다. 사람이 곧 하늘을 가진 영성적 존재임을 강조하는 동학의 이념은, 일체중생이 모두 깨달을 수 있는 가능성으로서의 불성을 지닌 존재라고 보는 불교의 인식과 크게 다르지 않다. 동학을 종교적으로 체계화한 천도교의 '하늘님' 개념은 동아시아 전통 사유에서 보편자에 대한 인식을 담아낸 하늘(天) 개념을 근대적인 주체 개념 형성의 원료로 삼아 탄생했다. 시천주(侍天主), 사인여천(事人如天), 인내천(人乃天)으로 심화되어 간 천도교에서의 하늘 개념은 인간을 영성, 전일성, 무궁성을 지닌 존재로 보고 이러한 하늘마음을 자각하는 일을 소중하게 생각해

왔다. 이는 누구나 깨달아 부처가 될 수 있는 가능성을 지녔다는 불성 개념과 개념적 공유 지점이 적지 않다. 다만 천도교의 하늘 개념이 인간 안에 내재하는 신성 내지는 영성에 주목하고 있다면, 불교의 불성 개념은 깨달음에 도달할 수 있는 가능성으로서, 일종의 활동하는 무(無)로 인식된다는 점에서 차이를 보인다. 엄밀하게 보면 불성 자체는 존재하고 또 작용을 통해 존재성을 드러내지만 그 자체의 성격은 규정 불가능하고 실체화할 수 없는, 다분히 형식적인 본체론의 성격을 띤다. 물론 불성을 어떻게 볼 것인가에 대한 다양한 해석이 있다. 하지만 석가의 깨달음의 요체인 연기의 관점으로 볼 때, 연기의 이치를 깨닫는 가능성으로 불성 개념을 상정하면 불성을 깨닫는 과정으로서 사성제나 팔정도를 강조하는 불교의 세계인식 방법은 다소 차가운 세계인식이라 할 수 있다. 이에 비해 해월 최시형의 삼경사상(三敬思想)에서 알 수 있듯이, 세상의 모든 존재가 하늘마음을 지녔으므로 모심과 섬김의 태도로 서로를 공경할 것을 강조하는 천도교의 입장은 불교에 비해 다소 따뜻한 세계인식이라 할 수 있다. 하지만 이러한 강도의 차이가 존재함에도 불구하고 두 종교의 근본적인 세계인식에는 동질적인 면이 적지 않았다. 특히 두 종교는 인간·주체·이성만을 강조해 온 서구적 근대사상과 다르게 만물의 근원적인 덕성을 믿고, 만물을 유기체적으로 인식하는 탈근대적이고 반서구적인 사유방식을 공유하고 있었다. 종교를 넘어선 교류와 연대의 길을 모색하는 데 있어서 이와 같은 근본적인 동질성들은 매우 큰 동력이 되었을 것이다.

또한 불교 인식에 교조적인 경직성을 벗어나고자 했던 한용운은 신앙생활을 하는 데서도 개방적인 태도를 강조했다. 한용운이 신앙에 대해 논하면서 "신앙생활은 자기의 확대요 연장이다."(「신앙에 대하여」, 『불교』, 제96호, 1932)라고 주장한 것은, 진정한 신앙인의 태도란 세계를 향해 자신을 개방하는 열린 태도임을 강조한 것으로 볼 수 있다. 이 사유의 개방성은 제도화되고 형식화된 종교 그 자체보다는, 종교적 사유 안에 담겨 있는 근원적인 문제의식을 놓치지 않을 때 가능한 것이었다.

【한용운과 천도교계 인사의 교류】

연전에 고미술품을 감정하는 텔레비전 프로에서 『만해수연첩(萬海壽宴帖)』을 소개해 세인의 관심을 끈 적이 있다. '만해선생화갑기념서첩', '만해선생송수첩' 등으로 불리는 이 서첩은 회갑을 맞은 한용운을 축하하기 위해 모인 이들이 쓴 축하의 글을 모은 서첩이다. 한용운의 회갑연은 1939년 8월에 동대문 근처에 있는 청량사에서 열렸다. 1939년 여름은 중일전쟁이 확전되면서 세계대전 발발이 현실로 다가오던 시기였다. 전운이 감돌던 암울한 때에 이 자리에 모인 이들은 한용운의 인적 교류관계를 여실히 보여주고 있어 주목된다.

총 열여섯 명의 글이 수록된 이 서첩에는 당시 천도교를 대표하는 인사이자 참가자 중 가장 연배가 높은 권동진과 오세창의 글이 맨 앞을 차지하고 있다. 권동진은 '卍' 자 한 글자로 한용운의 삶과 사상적 지향점을 온축해 냈고, 오세창은 '만해 선생의 회갑이 기묘년 칠월 십오일인데 사흘 전에 청량사에 모여 술을 마셨고 이것으로 축의를 표한다'며 오래 살 형상이라는 의미를 담은 '壽者相'(수자상)을 소전(小篆)체로 써서 전하고 있다. 당시 권동진과 오세창은 천도교를 이끈 대표적인 인물이라는 점에서 불교계 대표 인사였던 한용운과의 교류는 이채로운 면이 없지 않다. 물론 당대의 종교계나 문화계 인사들 사이의 교류가 오늘날과 같이 진영이나 이념에 따라 나누어진 채 서로에 대해 거리를 두지 않았고, 특히 불교와 자생적인 민족종교 간에는 활발한 교류가 있었던 것도 사실이다. 하지만 불교계를 대표하는 한용운의 회갑연에 불교계 원로가 아니라 천도교계 원로들이 맨 앞자리에 글을 남겼다는 점은 한용운과 이들 사이의 교류가 각별했음을 말해준다.

한용운과 천도교계 인사들과의 직접적인 교류는 그가 오세창의 집에 방문하여 느낀 소감을 글로 남긴 1916년에서부터 확인된다. 오세창은 아버지 오경석이 불교인이라 부친의 영향으로 불교에 깊은 관심을 가지고 있었고, 한용운이 믿고 따랐던 석전 박한영과는 침식을 같이 할 정도로 가까운 사이였다. 박한영은 오세창에게 한용운이 패기만만한 열정을 담아 집필한 『조선불교유신론』의 표제를 써달라고 부탁하기도 했는데, 이렇게 보면 이 책이 출간된 1913년부터 오세창과 교류가 있었을 것으로 추정해 볼 수도 있다. 하지만 두 사람의 만남은 1916년 11월에 한용운이 오세창의 집을 방문하여 고서화를 친견하고 그 감상을 쓴 「고서화의 삼일(古書畵의 三日)」이라는 글에서 구체적으로 확인된다. 이 글은 그해 12월에 『매일신보』 지면을 통해 5회에 걸쳐 연재되었는데, 우리의 옛 그림과 서예작품을 감상한 일은 한용운이 민족문화에 대해 각별한 인식을 갖게 된 일종의 문화적 개안의 계기가 되었음을 이 글을 통해 짐작해 볼 수 있다. 오세창은 최남선, 안종원, 박한영 등과 함께 산벽시사(珊碧詩社)라는 한시 동인으로 활동하며 민족문화를 계승하는 데 지대한 관심을 보인 인물이다. 하지만 그는 보수적인 한학자가 아니라 개화지식인으로서의 면모를 동시에 갖고 있었다. 근대화에 대한 열망과 민족문화의 계승이라는 두 지향점을 동시에 추구한 개화계몽지식인의 계보에 그는 서 있었다. 이러한 사상적 경향을 가진 오세창은 천도교인이지만 불교잡지들에 제호(題號)를 써주며 불교계 인사들과 인연을 이어갔다. 1936년에는 한용운이 추진한 신채호 묘비 건립에도 동참하였고, 1941년에는 승려 백용성의 비문을 한용운과 함께 쓰기도 했다. 또한 그는 한용운이 만년을 보낸 성북동 '심우장'의 편액을 쓴 인물이기도 하다. 3·1운동으로 인한 수감생활을 마친 후로는 주로 은일한 삶을 살았던 것으로 평가받지만 오세창과 한용운 사이의 우의는 이처럼 면면하게 이어졌다.

한용운과 민족종교 인사들의 교류는 1918년에 한용운이 펴낸 잡지 『유심』의 필진에서도 확인된다. 이 잡지에는 불교계 인사들이 주로 글을 썼지만 천도교 인사인 최린이나 대종교 인사인 유근도 필진에 이름을 올리고 있다. 일본 유학 시절 교류를 시작한 최린이 한용운이 3·1운동에 참여하는 데 가교역할을 했음은 널리 알려진 바이다. 3·1운동 이후에 한용운과 최린과의 교류는 많지 않았던 것으로 보이지만, 어쨌든 한용운은 『유심』 시절부터 교계를 넘어서는 다양한 인사들과 교류관계를 유지했음을 확인할 수 있다. 또한 이 잡지를 통해 한용운은 천도교 청년운동을 대표하는 방정환과도 교류하게 된다. 방정환은 『유심』의 현상문예 공모에 소설과 시와 논설이 당선되어 잡지의 필자로 이름을 올렸다. 그는 민족운동에 뜻을 두어 1917년에 '경성청년구락부'를 창립하고 활동을 전개하면서 유심사에 자주 드나들었다. 특히 그가 활동하던 이 단체에서 1919년 1월에 창간한 잡지 『신청년』에 한용운이 권두사를 써주기도 했다는 점에서 두 사람 사이가 각별했음을 확인할 수 있다. 천도교 제3대 교주인 손병희의 사위이기도 했던 그는, 천도교의 청년문화운동을 주도하며 신문화운동을 이끈 핵심 인물이었다. 이른 나이에 요절함에 따라 한용운과의 인연이 오래 이어지지는 못했지만 한용운을 정신적으로 따르며 교류한 인물로 볼 수 있다.

한용운과 오세창이 민족문화의 보존과 계승이라는 차원에서 뜻을 함께했던 인사였다면, 권동진은 주로 사회 활동을 통해 교류를 해나간 인사였다. 오세창과 권동진은 일본 유학 시절 손병희를 만나 천도교에 입교하여 최고위직에 오른 인사들이다. 3·1운동을 주도적으로 이끈 천도교계 인사가 손병희, 권동진, 오세창, 최린이었다는 점을 상기해 보면 이들이 천도교에서 차지하는 위상은 짐작하고도 남음이 있다. 권동진은 손병희의 장례위원장을 맡을 만큼 교계의 핵심 인물이었고, 손병희 사후에는 오세창과 함께 무교주제 하에서 중앙종리원 종리사라는 조직의 핵심인사로 활약하였다. 두 사람은 손병희 사후에 천도교 내 분열이 일어나자 천도교 구파로 분류되면서 분열을 봉합하고자 노력했는데, 최린이 중심이 된 신파가 주장하는 자치주의를 반대하는 반자치주의 노선을 지지하며 비타협 민족주의를 견지해 나갔다. 일제강점 하에서 천도교 구파에 속한 이들은 6·10만세운동, 신간회, 광주민중대회로 이어지는 항일저항운동의 흐름을 이끌었고, 이 역사의 현장에 한용운도 함께 했다. 권동진이 이끌던 천도교 구파가 주도한 신간회 창립에서 한용운의 활약은 두 사람의 교류가 상당한 신뢰를 바탕으로 유지되고 있었음을 말해준다. 실제로 권동진은 신간회 회장을 맡기도 했는데, 짧은 기간이지만 신간회 경성지회장을 맡았던 한용운과는 정신적 유대감이 형성되어 있었다고 보아야 할 것이다. 특히 신간회에서 광주학생운동을 지지하며 거족적 민중대회를 전개하기로 하자 여기에도 한용운은 권동진과 적극 참여하였다.

또한 한용운이 교류한 천도교계 인사 가운데는 시인 조지훈의 아버지인 조헌영도 있다. 그는 일본 유학 시절 신간회에 참여하면서 천도교 인사들과 가까워졌고 귀국 후 천도교에 입교하게 된다. 신간회 활동에 적극적으로 참여하면서 한용운과 교류를 시작한 조헌영은 아들 조지훈을 데리고 심우장에서 치러진 독립운동가 일송 김동삼의 장례식에 참여했고, 해방 이후 한용운 연구에 불씨를 지핀 조지훈이 이 일화를 한용운에 대한 강렬한 인상을 담은 글로 남긴 바 있다. 조지훈은 혁명가와 선승과 시인의 일체화가 한용운의 진면목이라고 상찬하며 일제의 감시망 속에서도 해외 독립운동가의 장례를 관장하던 한용운의 면모를 그려냈다. 조헌영은 우리의 민족문화에 대한 깊은 관심을 갖고 『한의학원론』(1934)을 발간하면서 한의학 연구에 초석을 놓았고, 1934년에는 조선어학회에서 만든 조선어표준말사정위원회에서 활동하는 등 민족문화의 보존과 계승에 남다른 노력을 아끼지 않은 인사였다. 6·25동란 중에 납북된 후 조헌영에 대한 기록은 분단으로 인해 많은 부분 온전하게 전해지지 않고 있다. 따라서 한용운과 조헌영의 교류는 아들 조지훈의 글을 통해 우회적으로 확인될 뿐이지만, 두 사람의 인간적 유대가 매우 돈독했음은 조지훈의 글을 통해서도 확인된다.

이와 같은 교류관계로 볼 때, 한용운의 생애에서 불교를 제외하고 가장 큰 의미를 갖는 종교는 천도교였음을 알 수 있다. 최린, 방정환, 오세창, 권동진, 조헌영 등의 천도교계 인사들, 특히 이 가운데 권동진과 오세창은 나이 차이가 큰 연상의 선배들이었음에 불구하고 암울한 일제 말의 한여름에 노구를 이끌고 회갑연에 참석할 정도로 깊은 유대감을 나눈 인사들이었다. 종교를 넘어선 이러한 교류가 있었기에, 이들은 비타협민족주의 노선을 견지하며 민족의 독립에 대한 염원을 간직할 수 있었을 것이다. 이 차이를 넘어서는 우의와 연대야말로 공동체 유지에 필수불가결하다는 사실을 한용운과 천도교계 인사들의 교류에서 다시금 확인할 수 있다.

【차이와 연대, 그 사이의 존재론】

한용운의 생애를 들여다보면 민족주의자와 사회주의자라는 이념적 대립을 넘어서는 연대의식을 곳곳에서 발견할 수 있다. 또한 그는 종교를 넘나드는 개방성을 가진 유연한 지성의 소유자임을 확인할 수 있다. 이러한 면모는 그가 시집 『님의 침묵』의 서문인 「군말」에 새겨둔 "님만 님이 아니라 기룬 것은 다 님이다"는 명제를 이해하는 단초가 되기도 한다. 이 명제에서 중요한 것은 사랑의 대상인 '님'이 아니라 '기룸'이라는, 대상을 향한 나의 실천적 태도이다. 기룸이란 대상인 '님'과 나와의 완전한 합일을 의미하는 것이 아니라, 화자인 '나'와 '님' 사이에 놓인 그 틈과 균열을 채우려는 지향적 운동성의 시적 표현이기 때문이다. 한용운은 「내가 믿는 불교」라는 글에서 불교는 신(神)이나 상제(上帝)를 믿는 종교가 아니라 철저히 자아를 믿는 '자신적'(自信的) 종교라고 주장하며 타종교와의 차이를 분명히 하였다. 이처럼 불교와 여타 종교의 차이를 분명히 인식하고 있었음에도 불구하고 그는 연대의 길을 결코 포기하지 않았다. '님만 님이 아니다'라는 철저한 부정성과 '기룬 것은 다 님이다'라는 절대적 긍정성의 '사이'(in-between)에 한용운의 삶과 문학은 존재의 거처를 마련하고자 했기 때문이다. 이 사이의 존재론이 한용운의 삶과 문학 모두에 작동하고 있었기에 민족공동체의 위기를 타계할 연대의 길을 열어나갈 수 있었던 것은 아닐까.

이선이

◈ 이 글은 「한용운과 천도교계 인사의 교류와 정신적 친연성」(『한국시학연구』, 제72호, 2022)이라는 논문에서 밝힌 내용을, 일반 독자에게 소개하는 글을 써 달라는 요청을 받고 작성하였다 ◈ 이 글의 내용은 논문에서 언급한 바를 토대로 하면서 약간의 생각을 덧붙였다 ◈ 또한 글의 가독성을 높이기 위해 각주는 모두 삭제하였다 ◈ 한용운의 삶과 사유를 중심에 놓고 문학과 불교를 공부하면서 생각의 평수를 넓히고자 애쓰는 중이다

새로 찾은 1938년 이전 윤석중 작품 44편 (3.끝)

홍승진

【1. 길잡이 말】

1938년은 일제강점기 한국 역사가 가장 깊은 어둠 속으로 걸어 들어갈 무렵이었다. 1937년에 중일전쟁이 일어나고, 이듬해인 1938년에 국가총동원법이 시행되어 일제의 영향력이 미치는 장소 내의 모든 사람과 사물이 오직 전쟁을 위한 자원으로 취급되었다. 어린이도 예외일 수는 없었다. 중일전쟁 이후 어린이의 삶은 일본 제국주의 파시즘에서 핵심적으로 통제하고 동원하고자 한 대상 가운데 하나였다. 조선총독부는 1937년에 '황국신민서사'를 만들어 어린이들에게 암송을 강요하였으며, 1938년에 제3차 조선교육령을 공포하면서부터는 일본어 사용 강제와 조선어 사용 금지를 확대하는 등, 아동교육 현장에서 내선일체 사상을 주입하고 민족말살정책을 실행하는 데 열을 올렸다. 한 공동체의 문화를 짓밟는 과정에서 어린이가 중요한 문제인 까닭은 무엇일까? 문화가 생명체와 같다면, 어린이는 문화의 유전자와 같기 때문 아닐까. 어린이 조작은 유전자 조작과 같지 않은가.

이러한 때에 윤석중은 자신이 그전까지 써 온 작품을 골라 엮어 『윤석중동요선』(1939)을 펴냈다. 일제 강점기 내내 그는 한국 문화를 한국어로 담아내어 어린이 노래를 썼다. 그가 열세 살 때 「봄」이라는 동시를 지었던 일부터가 일본어 동요 「하루[春]」에 "대항"하기 위해서였다고 한다. 한국에도 봄이 있는데 학교에서 일본어 봄노래를 극성스럽게 가르치니 견디기 힘들었다는 것이다.[i] 이처럼 윤석중이 쓴 어린이 노래는 유전자 조작에 맞서 유전자에 담긴 본연의 정보가 자연스럽게 드러나는 모습과 같다.

　일제강점기는 한국을 비롯한 몇몇 공동체의 살림살이가 깊은 어둠에 빠진 시기였다면, 오늘날은 인간과 동식물을 비롯한 지구 위 모든 사물의 관계 맺음이 깊은 어둠에 빠진 때가 아닐까 한다. 이 어둠의 근본 원인은 어른 인간에게 있다고 할 수 있다. 원인을 해결하지 않고서는 문제를 풀 수 없으니, 인간이 이 어둠의 원인인 만큼 인간이 이 어둠에서 벗어나는 일에 힘써야 한다. 그런데 어른은 잘 바뀌지 않는다. '사람은 고쳐 쓰는 게 아니다'라는 말도 그 때문에 생긴 듯하다. 그렇다면 어둠에서 벗어날 가능성은 어른보다도 어린이에게 더 많이 있을 것이다. 만약 어른도 고쳐 쓸 수 있다면, 그 가능성은 어른이 과거에 품고 있다가 잃어버린 어린이 마음을 얼마만큼 되살리는지에 달려 있지 않을까. 윤석중의 어린이 노래를 오늘날에 다시 읽어야 하는 까닭이 여기 있다고 생각한다. 어린이 마음은 조작되지 않은 유전자 정보와 같지 않은가.

　새로 찾은 1938년 이전 윤석중 작품 44편 가운데 시 11편은 『다시개벽』 제8호에 실었고, 동화 15편은 그다음 제9호에 실었다. 남은 작품들인 유머 1편, 짧은 글 12편, 라디오 대본 5편을 통틀어 이번 호에 싣는다. 과거의 글을 있는 그대로 접하는 맛도 소중하다고 판단하여 원문을 현대어로 고치지 않고 제시한 다음, 원문을 읽기 어려워하는 독자들을 위해서 내용을 알기 쉽게 풀이하고자 한다. 유머 작품의 원문을 먼저 보여준 다음 그에 관한 해설을 붙이고, 짧은 글의 원문을 먼저 보여준 다음 그에 관한 해설을 붙이는 식으로 말이다. 각 해설 뒤에는 오늘날 여기에서 윤석중의 작품을 새로 찾아 읽어야 하는 까닭과 가치를 이야기할 것이다. 80년이 훨씬 더 지난 과거의 작품들이어서 너무

---

i　윤석중, 『어린이와 한평생』, 범양사출판부, 1985, 40~41쪽.

낡고 케케묵었으리라는 오해를 쉽게 받을 수 있기 때문이다.

【2. 유머 1편】

尹石重, 「新春 유-모어 上書 ― 무럿든젓꼭지 쪽빼고 엄마한테 ᄶ앗ᄶᅥ
(上書)」, 『朝鮮日報』, 1934. 1. 1.

> 엄마,
> 접때내, 엄마 우산좀 가주구 놀앗더니,
> 온 나종엔 별 일이 다 만타구,
> 그러다 우산살이 부러지면 어쩌느냐구,
> 날 막 때렷지?
> 그리구 □²어다 감췻지?
> 나두 세발 달린 재전거 하나 사다줘. 그러면 그까진 우산, 가주구 놀라구 그래두 안 가주구 놀아. 머, 가지구 놀게 잇나. 그래 우산좀 가주구 놀앗더니, 날 막 때리구……….
>
> 그리구 엄마,
> 내 죄끼 아주아주 커-다라케 맨들어주. 압바 죄끼 만-큼 말야. 시방 입은 죄끼는, 너무 작아서, 호주머니에 손두잘 안들어가 바둑 돌두한개밧게 안들어가구 바둑돌, 조갑지, 맥주병뚜껑, 딱지, 만니만니 너가주구 댕기며 놀게내 죄끼 아주아주 커-다라케맨들어주. 응?

---

2   어떠한 글자인지 읽을 수 없지만, 문맥상 '뺏어다 감췻지?'라는 말의 '뺏'일 듯하다 ― 인용자 주.

그리구 엄마,

　나 신발 하나 사줘, 시방 신은 신은 뒤가 찌저저서, 아, 어저껜 수동이하구 노 마하구[3] 나하구 다름박질을하는데 내가 꼬래비갓서. 아까할땐 신발을 벗구 뛸랴구햇지. 그랫더니, 압집 수동하라 버지[4]가 들창으루 내다보시면서,

　『에—. 신신구 해라. 너맨발루 뛰다가 발바당에 사금파리가 백히면 어쩔레?』

　그래 도루 신구 뛰엿더니또 꼬래비를 햇서.

　엄마 나 새루 하나 사줘 왜, 위는 헌겁으루 맨들구, 밋헨 고무를 대구 한거 잇지 안어? 노마 신은거 말야, 나두그런 신 하나 사줘, 응?

　그런데, 엄마, 참

　세수는 날마당 해야하우? 날마당? 아침에 이러나서 눈꿉 말쨍이 떼구 하니깐 난 날마당 안해두 갠찬치? 아이 난 세수하기가 제일 실어!

[해설]

이 글의 제목인 「물었던 젖꼭지 쭉 빼고 엄마한테 짱쩌」에서 "짱쩌"는 '웃어른에게 올리는 글'을 뜻하는 '상서(上書)'를 어린아이의 혀 짧은 소리로 발음하듯 써놓은 말이다. 글 속에서 말하는 이는 혀가 짧을 뿐만 아니라 젖꼭지를 아직 떼지 않았다고도 하였으니 나이가 꽤 어릴 것이라고 짐작할 만하다. 글의 화자가 입에 물었던 젖꼭지를 앞으로 쭉 빼고 엄마에게 상서한다는 제목은 엄마에게 할 말이 있어 입이 나온 모습을 떠올리게도 한다. 또한 한국어에서 '입이 나오다'라는 표현은 관용구로서 '불만이 생기다'를 뜻한다. 실제로 글의

3　"노 마하구"는 '노마하구'를 잘못 띄어 쓴 것이며 '노마'는 사람 이름 — 인용자 주.
4　"수동하라 버지"는 '수동하라버지'를 잘못 띄어 쓴 것 — 인용자 주.

내용을 보면 아이가 엄마에게 품은 불만을 이야기한다.

그러나 여기에서 말하는 불만을 문자 그대로 단순하게 받아들여서는 안 된다. 글의 제목 맨 앞에서 이 글의 성격이 '신춘 유머'임을 미리 밝혀두었기 때문이다. 1월 1일자 신문에 실리는 글이었으므로 '신춘'이라는 말이 붙었다. 그렇다면 아이의 불만을 심각하기보다는 유머러스한 것으로 다룬 까닭은 무엇일까? 실제로 불만스러워할 만한 것이 아닌데도 아기가 어리숙하게 불만을 품는 경우는 웃음을 자아낼 수 있다. 이 경우에 유머는 관습적으로 사리를 분별하고 판단하는 고정관념에 아직 물들지 않은 어린이의 천진난만을 드러낸다. 또는 실제로 엄마가 아이에게 잘못을 저질러서 아이가 불만을 품은 경우, 엄마의 잘못을 지나치게 나무라면 엄마와 아이 사이를 투쟁과 불화의 관계에 빠뜨릴 위험이 있다. 따라서 그 불만을 유머러스하게 표현함으로써 엄마와 아이 사이를 과도한 긴장 관계로 보이지 않게 하고 엄마가 자기 잘못을 스스로 알아차리게 할 필요가 있다. 요컨대 이와 같은 유머 기법은 아이의 어리숙함을 부정되어야만 할 것으로 여기지 않게 할 뿐만 아니라, 어머니의 잘못에 불필요하게 과도한 책망을 가하지 않는 효과가 있다. 네 편과 내 편이 함께 살고 더불어 즐거워할 수 없으며 둘 중 한쪽이 죽어야만 한다는 논리로 돌아가는 사회는 소화력이 떨어지는 협소한 사회이다. 엄마가 아이를 낳고 아이가 엄마를 살피면서 이어져가는 역사는 특히, 기성세대와 신세대가 목숨을 건 투쟁이 아니라 웃음과 여유를 통해서 서로의 잘잘못을 짚어주고 보듬어줌으로써 건강한 역사가 될 수 있다.

엄마에게 아기가 말하는 불만은 한 문단에 한 가지씩 모두 네 가지이다. 첫째는 세발자전거를 사달라는 것이고, 둘째는 조끼를 크게 만들어달라는 것이며, 셋째는 신발을 사달라는 것이고, 넷째는 세수를 날마다 하지 않아도 봐달라는 것이다. 먼저 세발자전거를 사달라고 하는 까닭은, 자신이 집에 있는 우산을 가지고 놀았더니 엄마가 우산 망가질 것이 걱정되어 그 우산으로 자신을 때렸기 때문이다. 자신이 우산을 가지고 논 것은 놀거리가 부족한 탓이므로,

세발자전거와 같은 놀거리가 있으면 우산을 가지고 놀라고 해도 안 그러겠다고 한다. 실제로도 우산의 용도는 어린이의 놀이에 있지 않지만, 세발자전거의 쓸모는 어린이가 타고 노는 데 있다. 또한 두발자전거가 아니라 세발자전거를 사달라고 하였으므로, 화자는 두발자전거를 아직 타지 못할 만큼 나이가 어림을 알 수 있다. 윤석중은 어린이 마음의 특성을 살피는 글에서 어린이가 장난감을 망가뜨리는 일을 무작정 꾸짖어서는 안 된다고 말한 바 있다. 어린이가 장난감을 부수는 까닭은 어린이 마음이 "확장과 발전과 향상"을 추구하는 마음이기 때문이며, 따라서 어린이가 장난감을 망가뜨린다고 덮어놓고 나무라는 것은 어린이가 무럭무럭 자라나면 옷값이 더 들겠다고 걱정하는 것과 같은 꼴이라고 하였다.[5]

어린이가 물건을 가지고 놀다가 망가뜨리는 일은 자기 바깥의 사물과 세계를 더 많이 이해하려 하고 끊임없이 새롭게 하려는 어린이 마음에서 비롯한다. 모든 사람도 사물과 세계를 더 많이 이해하며 끝없이 새롭게 하고자 애써야 한다. 그렇지 않으면 앎이 멈추고 삶이 굳어지기 때문이다. 따라서 확장과 발전과 향상을 추구하는 어린이 마음은 모든 사람이 소중하게 되살려내야 할 마음이라고 할 수 있다. 이는 소파 방정환이 어린이에게 넉넉한 장난감이 필요하다고 말한 까닭과 맞닿는다. 소파는 어린이의 근본 특징이 몸과 마음의 활동성에 있으며, 그 활동성을 키워주는 가장 좋은 방법은 좋은 장난감을 주는 것이라고 하였다.[6] 어린이에 관한 방정환의 사유는 동학-천도교에 바탕을 두며, 동학-천도교는 '만물은 하늘님을 모시고 있는데[侍天主] 이때의 하늘님은 초월적 실체가 아니라 만물이 스스로 변화하는[無爲而化] 활동성 자체로서의 지극한 기운[至氣]'이라는 사유에 바탕을 둔다. 어린이는 인간이 살아가는 과정 가운데에서 지극한 기운이 가장 밀도 있게 잠재해 있는 씨앗의 상태

5 윤석중, 「동심잡기」, 『신여성』 제7권 제11호, 1933. 11, 93쪽.

6 방정환, 「아동의 상상 생활과 인형 완구 ─ 몸과 마음을 자랄 대로 자라게 하라. 좋은 장난감은 어린 사람의 영양품」, 《중외일보》, 1927. 1. 30.

라 할 수 있다. 어린이라는 씨앗 속에 담긴 기운(활동성)이 다치지 않고 싱싱한 싹과 잎(활동)을 틔우기 위해서는 어린이에게 좋은 장난감을 마련해주어야 할 것이다.

어린이는가 사물을 가지고 노는 일은 자기 몸과 마음으로 지극한 기운이라는 하늘님을 드러내는 과정과 같다. 그러므로 이 과정에서 물건이 부서진다고 나무라며 아이를 때리는 짓은 '하늘님=지극한 기운'을 억누르는 짓이 된다. 동학의 제2대 교주인 해월 최시형이 "아이를 때리는 짓은 곧 하늘을 때리는 짓[打兒卽打天]"이라고 말한 까닭이 바로 여기에 있을 것이다(『해월신사법설』 가운데 「대인접물」). 윤석중의 유머 작품 속에서 아이는 자신이 가지고 놀던 우산을 엄마가 빼앗아서 그 우산으로 자신을 때렸다고 말한다. 엄마는 아이가 우산을 장난감 대용으로 쓰는 까닭을 알지 못해서 아이를 함부로 때린 것이다. 아이는 엄마의 체벌이 자신에 관한 이해 부족에서 비롯되었음을 알리고, 체벌의 대안으로 장난감을 요청한다. 아이의 몸과 마음을 통해서 드러나는 지극한 기운은 때린다고 다스려지는 것이 아니라 때릴수록 왜곡되는 것이기 때문이다.

어린이라는 씨앗의 속(마음)과 겉(몸)에서 작동하는 활동성으로서의 하늘님을 다치지 않게 모시기 위해서는 어린이에게 좋은 장난감과 좋은 환경을 제공해야 한다. 장난감을 사달라는 첫 번째 문단의 뒤를 이어, 커다란 조끼를 만들어달라는 내용과 새 신발을 사달라고 하는 내용이 두 번째와 세 번째 문단에 각각 나온다. 첫 번째 문단부터 세 번째 문단까지를 "그리구"라는 접속사가 연결한다는 점도 세 개의 문단이 내용상 이어진다는 점과 맞물린다. 더 커다란 조끼를 원한다는 아이의 말은 『다시개벽』 제8호(2022년 가을호)에 소개한 윤석중의 동시 「압바 죄끼」에도 나온다. 그 시의 화자가 아빠 조끼를 입고 싶어 하는 까닭은 장난감을 더 많이 넣어 다니고 싶은 마음 때문이다.[7] 아

7 홍박승진, 「새로 찾은 1938년 이전 윤석중 작품 44편」, 『다시개벽』 제8호, 2022. 가을, 136쪽.

이가 넣어 다니고 싶어 하는 장난감은 "바둑돌, 조갑지('조개 껍데기'를 뜻하는 '조가비'의 방언), 맥주병 뚜껑, 딱지" 따위이다. 어른의 눈으로 보면 유용하지 않고 무용하기만 한 잡동사니이지만, 아이의 눈으로 보면 무용한 사물들이 오히려 더 신기한 것이며 상상력을 자극하는 것이다. 어린이는 어른들이 유용하다고 여기는 사물들을 가지고 놀더라도, 어린이의 놀이는 어른들이 생각하는 쓸모의 기준과 아무런 관련이 없다. 어린이는 모든 사물을 오로지 무용한 방식으로만 가지고 논다. 사물의 가치를 '쓸모'로만 재단하는 사고방식은 기후위기 등의 각종 생태계 교란을 일으킨 근대사회의 사고방식과 밀접한 연관이 있을 것이다. 모든 사물 각각의 고유한 신기로움이 오롯하게 드러나는 무용의 놀이를 동학에서는 '무위이화'(無爲而化)라고 한다. 사물을 도구가 아니라 신기한 놀거리로 바라보는 어린이 마음은 지구를 인위적으로 써먹으려고만 하는 삶의 방식과 달리 자연스럽게 생성하고 변화하는 지구 전체의 놀이와 어울린다. 만물을 도구가 아니라 장난감으로 받아들이되 자기 몸뚱이 크기를 벗어나지 않는 조끼만큼만 받아들이려 하는 모습, 즉 사물을 무용의 놀거리로 바라보되 자기 분수에 넘치도록 소유하려 들지 않는 모습도 소중하다.

세수를 날마다 하지 않도록 허락해달라는 마지막 문단의 요구는 앞에 나온 세 문단의 요구와 성격이 조금 다르다. 뒤에 소개할 짧은 글에서 윤석중은 "이런애는 난 실습니다. / 아침에 일어나 세수 안하는 애"라고 썼다.[8] 앞의 세 문단에서 요구한 바는 어린이가 정당하게 키워나가야 할 어린이 마음, 더 정확히 말해서는 어른도 되살려야 할 어린이 마음을 나타낸다. 그러나 마지막 문단에서 요구한 바는 어른도 주의 깊게 경계하지 않으면 빠지기 쉬운 어리석음이 어린이에게서도 나타난 것이라 할 수 있다. 세수를 날마다 하지 않으려는 어리석음은 자기 몸을 매일 살피지 않는 게으름에서 비롯하기 때문이고, 그러한 게으름은 어른도 늘 주의해야 할 것이기 때문이다. 두 번째 문단과

8 윤석중, 「우리차지」, 《조선일보》, 1934. 6. 19.

세 번째 문단이 "그리구 엄마"라는 표현으로 시작하는 반면에 마지막 문단만 "그런데 엄마"라는 표현으로 시작한다는 점도 앞의 세 문단과 마지막 한 문단 사이에 내용상 차이가 있다는 점과 맞물린다. '그런데'는 화제를 앞의 내용과 관련시키면서 다른 방향으로 이끌어 나갈 때, 또는 앞의 내용과 상반되는 내용을 이끌 때 쓰는 접속부사이기 때문이다.

도덕적으로 완전무결한 척하는 자의 목소리는 권위적으로만 들릴 위험이 있다. 그러나 위 작품의 마지막 문단에서 아이 화자는 부당한 요구를 말함으로써 자기 마음속에 끼어드는 그릇된 욕망까지도 숨김없이 드러낸다. 어른인 나도 날마다 세수하기 귀찮을 때가 있지만 그렇다고 그렇게 솔직히 말하지는 못하므로, 솔직하지 못한 어른보다는 솔직한 어린이가 낫다는 생각이 든다.

지금까지 살핀 유머 작품에서 처음 세 문단은 표면적으로 물건을 사달라는 어린이의 철없는 말 같지만, 그 이면으로는 어른이 간과하기 쉬운 어린이 마음을 느끼게 한다. 마지막 한 문단의 명백하게 어리석은 요구는, 어린이가 그전까지 아무리 어른의 무지를 드러냈을지라도 아직은 철없는 어린이일 뿐임을 느끼게 하며 어른 독자가 안심의 미소를 짓게 한다. 그러다가도 문득, 나의 본모습을 날마다 살피지 않으려 하는 게으름은 어린이뿐 아니라 어른에게도 있지 않은가 하는 반성을 일으킨다. 성인 독자는 처음 세 문단을 읽을 때 아이가 엄마의 경제 사정을 고려하지도 않고 생떼를 쓴다고 여기다가도 어른이 아이의 마음을 제대로 알지 못한 부분이 있음을 깨닫고 머쓱한 웃음을 지을 수 있다. 마지막 문단을 읽는 성인 독자는 어린이의 무리한 욕심에 웃음을 짓다가도 그 욕심이 자기 안에도 있지 않을까 되돌아볼 수 있다.

우주 만물의 놀이가 어린이의 놀이와 합치하듯, 어린이의 놀이는 어린이의 유머러스한 말과 합치한다. 우주의 놀이 속에서는 만물이 어떠한 고정적 목적도 없이 제각기 다르게 생성하고 변화하듯이, 어린이의 놀이 속에서는 사물이 인간의 헛된 쓸모를 떠나서 자신의 고유한 신기로움을 드러낸다. 이와 마찬가지로 어린이의 유머러스한 언어 속에서는 참된 인간다움이 아무런 고정된 도덕 규율을 염두에 두지 않고 오직 어린이의 자연스러운 마음을 통하여 비추어진다.

【3. 짧은 글 12편】

尹石重, 「우리차지 — 구름글씨 (一)」, 《東亞日報》, 1934. 1. 27.

애기가 신문지를 펴노코 거기다 몽당연필로 글씨를 씁니다. 자꾸자꾸 쓰기는 하지만두 아무두 알아볼수 업는 거짓부렁글자지요. 하지만 부지런히 쓰고 잇습니다.

얼마를 얼마를 쓰더니만 그 신문지를 집어들구서 엄마를 찻습니다.

엄마는 부엌에서 불을때고 게십니다.

『엄마, 이거한번 읽어보우』

애기는 신문지를 내밀며 엄마더러 말햇습니다.

『아이 참 잘썻구나』

그러시면서 엄마는 읽으시는척 햇습니다.

『아 이거 불이 또 꺼지네………. 아가 그 신문 나 다고.』

드럿드니, 뚤뚤 뭉처서 거기다가 석냥불을 드윽 그대십니다. 그러시더니 아궁이속에다 드릿드리십니다.

尹石重, 「우리차지 — 구름글씨 (二)」, 《東亞日報》, 1934. 1. 28.

『엄마, 인제 타우?』

애기는 뒷짐을 지고서서 아궁이속을 들여다보며 엄마한테 물엇습니다.

『응 잘탄다』

애기는 제가 쓴 글씨가 엇더케 되엿는지 그것이 궁금해서 장독대로 올라가 발도듬을 하고 굴뚝을 처다봅니다.

굴뚝에서는 하얀 연기가 몽게몽게 올나옵니다.

『응? 응? 내 글씨가 연기가 돼 올나가네』

애기는 껑중껑중 뛰면서 조와햇습니다.

애기는 방으로 드러가 뜻뜻한 아랫묵에서 딩굴엇습니다.

딩굴다가 유릿구멍으로 하늘을 내다보니까 새파란하늘에 외줄기 가느다란 구름이 뭉기뭉기 흘러옵니다.

『구름바라, 구름』

쪼꼼잇드니 또 한줄기 기여나와서 먼저 구름에 붓허버립니다.

尹石重, 「우리차지 ― 구름글씨 (三)」,《東亞日報》, 1934. 1. 30.

『아이 글자갓해』

애기는 일어나면서 말햇습니다.

참 기다란구름이 가로세로 걸처잇는게 알아볼수 업는 애기글자 갓습니다.

『저건 내글씨가 연기가돼서 하늘루 올라가 구름이 된거야』

애기는 혼자 생각햇습니다.

『엄마!』

애기는 큰일이나 난것처럼 엄마를 불럿습니다.

『왜 그러니?』

엄마는 불을때다 말고 뛰여나오섯습니다.

『응? 왜 그래?』

『엄마, 내글씨가 구름이 됏서. 저기좀바 저기………』

『머시 어째?』

『저기좀바 저기………』

『오―오 저게 글자란말이지. 점점 글자가 커지는구나』

『여— 다라난다. 여— 퍼진다. 여— 업서진다. 아하하』

『머시 그리 우스냐. 그런데 그 손톱— 아이 드러워! 꼭 청인 손톱갓구나. 이리온, 깍가주마』

엄마는 구름글씨도 다 이저버리고 반지고리에서 가위를 내다가 애기손톱을 비기시작하엿습니다. (끗)

尹石重, 「우리차지」, 《朝鮮日報》, 1934. 6. 10.

찬을 짜게먹으면 물을만히 먹게되지요.

물을 만히 먹으면 오줌을 만히 누지요.

수남이는 어제 저녁에 콩자반을 만히 먹고 물을만히 먹고 자다가 고만 오줌을 쌋지요. 그래 오늘아침에 이뿐네집으로 키쓰고 소굼바드러 갓다 왓답니다.

尹石重, 「우리차지」, 《朝鮮日報》, 1934. 6. 12.

두팔뺏고 두다리벌리고 섯는자는 큰대(大)짜.

두팔뺏고 두다리벌리고 막대기이고 섯는자는 하늘천(天)짜.

두팔뺏고 두다리벌리고 배꼽내노코섯는 자는 콩태(太)짜.

두팔뺏고 두다리벌리고 섯다가 돌멩이 어더맛는자는 개견(犬)짜.

尹石重, 「우리차지」, 《朝鮮日報》, 1934. 6. 13.

한시가 되니까 시겟방 시게들이 땡, 땡, 똥똥, 땅.

한꺼번에 치지 안코 저마다 따루 따루, 땡, 땡, 똥똥, 땅.

시겟방엔 하루에 한시가 멧번이야.

尹石重, 「우리차지」,《朝鮮日報》, 1934. 6. 14.

　　이뿐이는 거울을 들여다보고 가만히 생각햇지요.
　　『요 납작한 코는 엄마 닮엇고, 요 커단입은 아빠닮엇고, 요 깜안눈은 언니
닮엇고, 요 귀는— 엄마, 키는 누구 닮엇누?』
　　여러분도 거울 압헤서 한번 생각해보세요.

尹石重, 「우리차지」,《朝鮮日報》, 1934. 6. 15.

　　공이 장밋흐로 들어갓슬때는, 누나 자막대로 끄내고, 공이 마루밋흐로 들
어갓슬때는, 할머니 집팽이로 끄내고,
　　공이 아궁이로 들어갓슬때는, 엄마 부지깽이로 끄내고.

尹石重, 「우리차지」,《朝鮮日報》, 1934. 6. 16.

　　『수남아 너 멧살이냐?』
　　『일곱살』
　　『작년엔?』
　　『여섯살』
　　『여섯살에서 올에 한살 먹엇스면 다섯 살이지』
　　『피 그러케 자꾸줄어가면 머, 엄마 뱃 속에서 나올 때 한 백살 먹고 나오게』

尹石重, 「우리차지」,《朝鮮日報》, 1934. 6. 17.

　　『수남이가 가마를 그렷는데 가마채가 대들뽀만하지요.
　　『무슨 가마채가 이러케 굵으냐』 하닛가

『그래야 타두 부러지지안치』

尹石重, 「우리차지」, 《朝鮮日報》, 1934. 6. 19.
　　이런애는 난 실습니다.
　　아침에 일어나 세수 안하는 애.
　　입 벌리고 다니는 애.
　　길에서 아이스크림 사먹는 애.
　　흙작난하든 손으로 그냥 밥먹는 애.
　　이런아이는 난 실습니다.

尹石重, 「우리차지」, 《朝鮮日報》, 1934. 6. 20.

　　아빠가 내버린 담뱃갑, 누나갓다드리자.
　　—골무속하게
　　옵바가 쓰다버린 습자지, 할아버지갓다드리자.
　　—꼬아서 담뱃대 쑤시시게.
　　옵바가 내버린 몽당연필, 엄마갓다드리자.
　　—버선 본 그리시게.

尹石重, 「우리차지」, 《朝鮮日報》, 1934. 6. 21.

　　『꼭 꼭 숨어라, 머리 카락 뵌—다.』
　　수남이는 나뭇단 뒤에가 숨—고,
　　이뿐이는 장똑 뒤에가 숨—고,
　　애기는 엄마등에다 얼굴만 가리고 잇지요.

尹石重, 「우리차지」, 《朝鮮日報》, 1934. 6. 22.

　밥 먹을 때면 야—단이지요.
　아빠는, 국국물 훌—훌.
　언니는, 배추짠지 어기적어기적.
　누나는, 나박김치 아작아작,
　나는, 콩자반 냠냠.

[해설]
'짧은 글'이라 이름 붙인 작품은 어린이들의 읽을거리로 쓴 글들이다. 동화 같기도 하고 수필 같기도 한데, 동화라고 하기에는 길이가 훨씬 짧고 수필이라 하기에는 꾸며낸 이야기가 담겨 있어 특정한 갈래 이름을 붙이기 어려워 '짧은 글'이라 부르려 한다.[9] 윤석중은 「우리차지」라는 제목의 어린이용 읽을거리를 1934년 6월 10일에서 같은 달 22일 사이에 11편이나 집중적으로 발표하였다. 그전에는 "구름글씨"라는 부제가 붙은 하나의 이야기를 1934년 1월 27일부터 30일까지 세 번에 걸쳐 「우리차지」 꼭지에 실었다. 1월에 발표한 글은 동화라고 할 수 있지만, 6월에 발표한 글들은 동화라고 보기 어렵다. 그러나 모두 「우리차지」라는 꼭지에 실렸기에 '짧은 글'이라는 이름을 붙여둔다.

　"구름글씨"라는 부제를 붙인 이야기는 다음과 같다. 글을 잘 모르는 아기가 신문지에 글자 아닌 글자를 써서 엄마한테 자랑하듯 보여주었더니, 엄마가 잘 썼다고 칭찬하고 부엌 아궁이에 불쏘시개로 넣었다. 불에 탄 신문지가 굴뚝의 연기로 피어올라 하늘의 구름과 맞닿은 모습을 본 아기는 자기가 쓴 글씨가 구름이 되었다고 뛰면서 좋아한다. 어린이 마음은 땅에서의 일과 하늘에

[9]　홍박승진, 「새로 찾은 1938년 이전 윤석중 작품 44편 (2)」, 『다시개벽』 제9호, 2022. 겨울, 232쪽.

서의 일이 무관하지 않음을 느끼는 마음이며, 인간의 일과 자연 사물의 일이 연결되어 있음을 느끼는 마음이다.

윤석중이 1934년 6월에 연이어 발표한 짧은 글들은 서로 다른 존재자들이 어떠한 우열도 없이 저마다의 독특한 빛을 뿜으며 고루 어우러지는 세계를 보여준다. 6월 21일 작품에서 수남이는 나뭇단 뒤에 숨고 이쁜이는 장독 뒤에 숨고 아기는 엄마 등 뒤에 숨는 모습은 각자가 자기와 친근한 사물 곁으로 몸을 섞으면서도 숨바꼭질이라는 하나의 놀이가 조화롭게 이루어지는 사태를 나타낸다. 6월 22일 작품에서 아빠가 국을 마시는 소리, 언니가 배추 짠지를 씹는 소리, 누나가 나박김치를 깨무는 소리, 내가 콩자반을 먹는 소리는 여러 반찬이 하나의 밥상을 이루듯 한 끼의 식사 속에서 화음을 이룬다. 동학-천도교에서는 만물이 하늘님을 표현한다고 사유한다. 이는 만물과 하늘님의 관계를 모자이크 조각들과 모자이크 전체 그림의 관계로 바라보는 것과 같다. 모자이크 조각들 각각이 저마다의 독특한 빛깔을 띨수록 모자이크 전체 그림이 더욱 아름다워지듯이, 만물 각각이 특이성을 드러낼수록 하늘님은 더욱 풍부해진다.

특히 어린이에게는 만물을 하늘님의 표현으로 바라볼 줄 아는 마음이 있다. 왜냐하면 어린이는 만물을 의미 있고 가치 있는 것으로 접하기 때문이다. 어린이의 세계에서는 만물이 의미 있고 가치 있다. 모자이크 조각들 가운데 어느 하나라도 없어지면 그만큼 모자이크 전체 그림이 허전해지는 것처럼, 만물의 다양한 성질들 가운데 어느 하나라도 줄어드는 것은 하늘님이 줄어드는 것과 같다. 6월 20일 작품에서 아이는 아빠가 버린 담뱃갑도 누나에게 갖다 드리면 골무가 될 수 있고, 오빠가 버린 습자지도 할아버지에게 갖다 드리면 담뱃대가 될 수 있다고 상상한다. 나이가 들수록 특정 사물에는 특정 쓸모만 있다고 생각하는 경향이 있으며, 특정 쓸모가 다해 버린 사물은 함부로 버려질 수 있다고 생각하는 경향이 있다. 그러나 어린이는 어른 인간이 쓸모를 다하였다고 여기고 함부로 내다 버리는 물건들 속에도 새롭게 발견될 수 있는 뜻과 힘이 있음을 본다.

어린이의 눈에 비치는 만물은 저마다의 독특함을 빛내고 있으므로 만물 가운데 똑같은 것은 없다. 6월 13일 작품은 시계방의 시계들이 한 시에 맞추어 일제히 울리는 상황을 어린이의 시선으로 바라본다. 어른이 그 상황을 본다면 그저 한 시에 시계들이 똑같이 울린다고 대수롭지 않게 넘기기 쉽다. 그러나 작품 속 어린이는 동시에 기계적으로 울리는 것처럼 들리는 종소리들이 실제로는 "저마다 따루 따루" 울리는 것임을 들을 줄 안다. 여러 시계의 종소리들이 똑같이 울린다고 여기는 어른들에게, 한 시라는 시간은 한 번뿐이다. 반면에 종소리들 사이의 미세한 차이들을 들을 수 있는 어린이에게, 종소리가 여러 개인 만큼 한 시라는 시간도 여러 번이 될 것이다. 아이가 느끼기에 각 시계에게는 저마다의 시간이 있다. 어린이의 감각으로 세상을 느끼는 사람은 추상적이고 획일적으로 수량화된 공허의 시간이 아니라 구체적이고 질적으로 다양화된 시간을 살 수 있다.

【4. 라디오 대본 5편】

尹石重, 「童話 午後六時 百日紅이야기」, 《朝鮮日報》, 1933. 8. 29.

◇─◇

오랜 옛날이엿습니다 어느해변가에 고요한 시골이 하나 잇섯습니다 그시골사람들은바다저편에서 아침해가 솟아오를쌔에 그믈과 낙싯대를 들쳐메고 고기를잡으러나가서는 저녁별이 석양하늘에 쌘ㅏ난 짝일쌔 돌아와서 그날 하로 잡은 생선을세이고 질거웁게 하로하로를 보내는터엿습니다

◇─◇

그런데 다만한가지 이시골에 걱정과근심이 잇섯스니 그것은 그바다속에 용이

되려다가 못된것이라고도하고 악어의왕이라고도하는 대가리셋달린 큰짐승이 잇는데일년에한번씩그동네처녀하나를 그짐승에게 시집을보내지아니하면 일년동안을두고 고기잡이배는하나도남지아니하고 쌔여저부서지며 그곳에탓든사람은 물속에싸라안고 그뿐아니라 그짐생이물결을몹시처서 온시골집이 헐어지고 사람하나도 남지아니하고 다-죽는다합니다

그래 집집이돌려가며 일년에한번씩 해변가바위우에 초례상을 채려노코 처녀를곱게 단장시켜 다리고가면 어느듯 짐생의쏭지가나와 처녀를안고 물속으로들어간다합니다 어느해엿습니다 이번엔 김첨지네 집에 이돌림차례가 돌아와 김첨지의귀여운쌀이 곱게단장하고해변가초롓상에나와섯습니다

그대[10]문득바다저편에서조고만 금빗배한척이 살가티달려왔습니다 그배엔무사한사람이 장금[11]을집고 섯습니다 활옷입고 쪽두리쓰고 짐생에게 안겨가기를 기다리든 발상한처녀와 촌사람들은 그 이상한배를바라보앗습니다 갑자기 날이흐리고 물결이 일면서짐생의쏭지가 나타나 처녀를찾습니다

그째 그무사는 오냐 잘맛난다는 듯이 칼을후들르여 뎁벼[12]들엇습니다

(下略)

尹石重, 「어린이時間(二日 後六, 三○) 세가지꾀」, 《東亞日報》, 1938. 6. 2.[13]

옛날 어떤나라에 아조 재조가 만흐신 왕자님이 게섯읍니다. 무슨 어려운것을

10 "그대"는 '그새'의 오식 — 인용자 주.
11 "장금"은 '장검(長劍)'의 뜻으로 추정 — 인용자 주.
12 "뎁벼"는 '뎀벼'의 오식 — 인용자 주.
13 같은 날 《조선일보》에 똑같은 내용이 똑같은 제목으로 실렸다 — 인용자 주.

묻든지 그당장에 척척 알아 마첫읍니다. 그런데이왕자님 나라의 이웃에는 대단히 기운이 센나라가 잇어서 이왕자님이 재조만타는 소문을 듣고서 일부러 신하한 사람을 시켜서 대단히 풀기어려운 세가지 문제를 가지고와서 왕자님에게 물엇습니다 그리고 『만약 풀지못하면 우리나라로 왕자님을 데리고 가겟다』 이러케 을러대엇습니다. 왕자님의 나라는 왼나라가 모다근심에 저젓습니다. 어떠케 될까? 왕자님이 이번도 저어려운 것을 잘푸실른는지?[14] 왕자님은 어떠한 세가지 꾀를내섯겟습니까?

尹石重, 「어린이時間(三日 後六, 三〇) 『이소프』얘기다섯」, 《東亞日報》, 1938. 7. 4.[15]

여러분들중에서는벌서 『이소프』이야기를만히아시는분이 게실터임니다 『이소프』라는 어른은 지금부터 이천오백년전에 희랍(希臘)이라는 나라에서 나으신분인데 아조집이가난하고 또얼골이아조흉해서 보기가 실터라고합니다 그런데 그어른은 어찌재미잇는이야기를 잘하시는지 그바람에 도리혀 여러사람에게 친함을받고 나중에는 그나라임금님앞에서 이야기를 하야들려드리게까지 되엿다합니다.

　　오날은 여러분중에는 혹아실른지도모르나 재미잇는 이야기를 다섯가지만 하야 드리랴고 합니다

尹石重, 「어린이時間(二日後六, 〇〇) 童話『잎三兄弟』」, 『東亞日報』, 1938. 9. 2.[16]

[14] "잘푸실른는지"는 '잘푸실는지'의 오식 — 인용자 주.
[15] 같은 날 《조선일보》에 똑같은 내용이 「『이소프』이야기」라는 제목으로 실렸다 — 인용자 주.
[16] 같은 날 《조선일보》에 똑같은 내용이 「도토리나무님 삼형제(三兄弟)」라는 제목으로 실렸다 — 인용자 주.

어느동산에 도토리나무 하나가살고잇엇읍니다. 쌀쌀한가을바람이 불어오자 그나무가지에 만히달려잇엇든 잎은 한잎 두잎 바람에불려날려갓습니다. 더구나 밤이되며는 차디찬서리가 내려서 잎들을가엽게도 샛빨갛게 꽁꽁얼게하엿습니다. 그래서 그만튼 잎들이모조리떨어져 버린후에 지금은다만세잎이 남엇을뿐입니다. 이세형제잎새는 생각하엿습니다. 어찌할까 큰잎은『나는언제인가 새가 나에게 일러주든 따뜻한 남쪽나라로 가서편히쉬리라』이러케 생각햇습니다. 둘째잎은또 셋째잎은 어떠케하랴고 하엿을까요?(끝)

尹石重, 「어린이時間(三日後六, ○○) 바둑을삼킨삼남이」, 《東亞日報》, 1938. 10. 3.

일남이는 형이고 삼남이는 동생입니다 하로는 아버지가 나가신 사이에 사랑에서 아버지가 손님하고 두시는 바둑을가지고 작난을하고 놀앗습니다 일남이는토끼를 만들고 삼남이는 거북을만듭니다 그런데 일남이는토끼의귀를단즉 만들기도전에 바둑이없어지고 말엇습니다 그래서삼남이보고 바둑을달랫드니 주지안흐랴고 입에느엇다가 고만삼키고 말엇습니다 일남이는 고만혼이나서 물을떠다먹인다 토하게하느라고 등을친다햇으나 나오지 안헛습니다 일남이는 그날밤 잠을 자지못햇습니다 삼남이가 어떠케될까염려가되어서요 어떠케 되엇을른지요?

[해설]
당시 신문에는 라디오 방송 일정과 그 내용의 일부를 소개하는 지면이 있었다. 한국에서 처음 라디오 방송국이 개국한 것은 1927년이었다. 호출부호는

JDOK, 호출명칭은 경성방송국, 주파수는 690kHz였다고 한다.[17] 대본의 제목마다 "오후 육시" 또는 "후육(後六)"이라는 표현이 붙어 있는데, 이는 대본 내용이 그날 오후 여섯 시에 방송될 것임을 말한다. 방송할 내용 전체를 신문에 공개하면 사람들에게 라디오를 직접 듣고 싶은 마음을 일으키기 어렵다. 그러므로 신문에는 방송 예정인 내용의 앞머리 일부만을 실었을 것이다. 신문에 실린 라디오 대본은 대부분 그 뒤의 내용을 추측해 보라는 식의 문장으로 끝나곤 한다. 예컨대 "왕자님은 어떠한 세가지 꾀를내섯겟습니까?"라는 문장에서 끝나는 경우가 그러하고, "오늘은 여러분중에는 혹아실른지도모르나 재미잇는 이야기를 다섯가지만하야 드리랴고 합니다"라는 문장에서 끝나는 경우가 그러하다. 이는 신문을 읽는 사람의 궁금증을 키우고 직접 라디오를 듣게 하는 전략이라고 할 수 있다.

해당 대본들이 실제로 방송되었을 때의 음성 자료가 제대로 남아 있지 않은 탓에 그 내용의 전체를 알기 어렵다. 신문에 실린 대본들이 대부분 그다음 이야기가 어떻게 이어질지에 관한 흥미를 끌며 끝난다는 점 자체가 이 대본들을 읽는 묘미이기도 하다. 뒤에 이어지는 이야기를 알지 못하여 얼마든지 자유롭게 상상을 펼쳐볼 수 있기 때문이다. 「세 가지 꾀」는 수수께끼를 풀지 못하면 이웃 강대국에 끌려가게 된 왕자가 과연 어떠한 수수께끼를 어떻게 풀었을지 상상케 한다. 「이소프 이야기」는 이솝우화의 지은이인 이솝이 가난한 집안에서 못난 외모로 태어났음에도 이야기를 재미있게 하는 힘만으로 우뚝 설 수 있었던 이야기를 이야기한다. 「잎 삼 형제」는 쌀쌀해지는 가을바람에 나뭇잎이 떨어질 때, 마지막으로 가지에 남은 나뭇잎 세 형제가 어디로 갈지 상상케 한다. 「바둑을 삼킨 삼남이」는 바둑돌을 삼킨 동생이 어떻게 될지 상상케 한다. 위태롭고 불안한 상황을 제시하고 그에 대해서 마음의 준비와 예상을 하게끔 유도하는 것이다.

[17] 홍박승진, 「새로 찾은 1938년 이전 윤석중 작품 44편 (2)」, 앞의 글, 237쪽.

그중에서 「백일홍 이야기」는 입에서 입으로 전해 내려오는 설화여서 그 내용 전체를 짐작할 수 있다. 백일홍 설화의 줄거리는 다음과 같다.

'목이 세 개인 이무기에게 처녀를 해마다 제물로 바치는 어느 어촌이 있었다. 또 하나의 처녀를 바쳐야 할 무렵, 어디선가 용사가 나타나 이무기를 무찌르겠다고 나섰다. 용사는 처녀로 변장하여 기다렸다가, 자신을 잡아먹으러 나타난 이무기를 칼로 쳤다. 이무기는 세 개의 머리 가운데 하나가 그 칼에 잘리고서는 도망을 쳤다. 처녀는 감사한 마음으로 용사에게 혼인을 청하였다. 용사는 더 싸울 필요가 있어 바다로 나가야 하며 100일만 기다리면 돌아오겠다고 약속하였다. 떠나면서는 흰 깃발을 올린 배가 돌아오면 살아서 돌아오는 것이요, 붉은 깃발을 올린 배가 돌아오면 죽어서 돌아오는 것이라는 말을 덧붙였다. 100일이 되는 날에 처녀는 높은 산에 올라 수평선을 지켜보았는데, 돌아오는 용사의 배에는 붉은 깃발이 올려져 있었다. 처녀는 절망하여 나머지 스스로 목숨을 끊었다. 그러나 사실은 용사가 이무기와의 싸움에서 이기고 살아서 돌아왔는데, 이무기의 피에 붉게 물든 흰 깃발을 처녀가 오해한 것이었다. 시간이 흐른 뒤 처녀의 무덤에서 이름 모를 꽃이 피어났는데, 백일 동안 기원하던 처녀의 넋과 같다고 하여 백일홍이라는 이름이 붙었다.'

홍박승진
◈ 어린이나 여성과 같은 억눌린 자의 자리에 서서 역사를 살피어보십시오 ◈ 그러면 고대와 중세와 근대를 나누는 사고방식이 얼마나 헛되고 해로운 거짓이었는지를 알아차릴 것입니다 ◈ 어린이와 여성은 고대보다 중세에 얼마나 더 살기 좋았습니까? ◈ 근대는 억눌린 자들의 말과 생각이 터져 나오기 시작한 때이기도 하지만, 그들의 한숨과 울음이 그치지 않는 때이기도 합니다 ◈ 억눌린 자들이 자신을 하늘님으로서 느끼고 움직이는 때가 곧 다시개벽이라고

생각합니다 ◈ 다시개벽의 역사는 고대에도 있었고
중세에도 있었던 크고 작은 사건과 기억의 냇물들이 모여서
대전환의 바다에 닿는 흐름입니다

월남미술인 다시 보기 (2)

김욱규(金旭奎, 1916-1990)

안태연

김욱규(함흥시)
일본 문화학원(文化学院) 미술과 졸(卒) / 일본 독립전 입선.
현재 창작생활

1980년 3월 11일부터 17일까지 세종문화회관에서는 함경남도 출신의 미술인들이 힘을 모아 결성한 <함남도전>의 첫 번째 전시회가 열렸다. 당시 전시 브로슈어에는 참여 작가들의 출품작과 함께 짤막한 약력이 실려 월남 이후에도 그들이 남한 화단에서 공개적인 활채—동을 꾸준히 이어왔음을 보여주었지만, 김욱규(金旭奎, 1916-1990)만은 예외였다. 그는 그저 자신의 이름과 출신지, 모교와 한 차례의 단체전 출품 이력만을 조촐하게 적었을 뿐이다. 그리고 이듬해 3월 18일부터 24일까지 같은 곳에서 열린 <함남도전>의 두 번째 전시를 끝으로 그는 작품 발표를 하지 않은 채 은둔하다 생을 마감했다. 심지어 "내 작품을 모두 불태워라"라는 유언까지 남기고. 하지만 유족은 선친이 이 세상에 남긴 작품들을 불태우지 않은 채 빠짐없이 간직했고, 1991년 11월 1일부터 12일까지 중앙갤러리에서 유작전을 마련하여 그 예술혼을 기렸으며, 이듬해 화집도 발간했다. 하지만 이러한 움직임에도 불구하고 김욱규의 작품세계에 관한 추가적인 연구는 거의 진행되지 못하였으며, 그래서인지 김욱규는 다시 잊힌 존재로 가라앉아 버렸다.

　아무튼, 이러한 사정은 일단 뒤로 해 두고 필자는 김욱규의 삶과 예술을 살펴보고자 한다. 그는 일제 강점기에 청년 시절을 보내고 일본 도쿄에서 유학한 1세대 모더니스트 예술가 중에서도 여러모로 이색적인 존재이다. 앞서 언급한 은둔자로서의 행보도 그렇지만, 일본 유학 시절에 접한 초현실주의를 받아들인 이래 화단의 유행을 의식하지 않으며 자신의 작품세계를 묵묵히 심화시켰고, 실향민으로서의 경험을 투영한 세계관을 구축하는 데에도 부단히 노력했기 때문이다. 다만, 자신의 작업을 "누구에게 보여주기 위한 것"이기보다는 "나 자신을 나타내고자 하는 것"으로 받아들였기에 오랫동안 공개적인 활동을 하지 않았을 뿐이다.[1] 참고로 김욱규는 생전 자신의 작품에 대해 단 한마디만을 남겼을 뿐이다. "초현실적인 것"이라고.[2]

　그렇다면 우선 김욱규의 생애를 살펴보자. 그는 1916년 1월 4일 함경남도 함흥에서 태어났다. 부친인 김석엽은 무진회사(금융회사)를 운영한 재력가였기에 김욱규는 유복한 환경에서 성장하였으며, 이후 함흥보통학교를 거쳐 서울의 보성학교에 입학하였으나 일본인 교사와의 마찰로 퇴학을 당하여 경신학교에 다시 입학했다. 그리고 1933년 일본 도쿄로 유학을 떠나 카와바타미술학교(川端画学校)에서의 수학을 거쳐 문화학원에 입학하였다.[3] 이후 재야 성향의 공모전인 이과전(二科展)과 독립미술협회전(独立美術協会展)에 출품하여 입선했다고 하나, 정확히 언제 출품했는지를 확인하기는 어렵다.[4] 다만,

---

[1]　『김욱규』(1992, 김선극 발행), 6쪽.

[2]　이성부, 「서양화가 김욱규」, 『일간스포츠』 1982년 1월 11일.

[3]　화집에 실린 연보에는 1937년 문화학원에 입학했다고 기록되어 있으나(이영철, 「작가연보」, 『김욱규』(1992, 김선극 발행), 180쪽.)) 1937년 문화학원의 입학생 중 김욱규의 이름은 없는 것으로 보인다.(최열, 「이중섭 연보」, 『이중섭, 백년의 신화』(2016, 국립현대미술관), 250쪽.) 물론 일본 이름인 가네모토 교게이로 입학했을 가능성도 있지만, 이에 관해서는 추후 확인이 필요한 부분이다.

[4]　화집에 실린 연보에는 가네모토 교게이라는 이름으로 1938년 독립미술협회전에서 특선, 1939년 이과전에서 입선했다고 기록되어 있으나,(이영철, 앞의 글, 앞의 책, 180쪽.) 1938년 독립미술협회전과 1939년 이과전 출품작 목록에 가네모토 교게이라는 작가의 이름은 확인되지 않는다. 그러므로 정확한 출품 연도가 언제인지는 재검토가 필요하다.

일본 유학 시절부터 정부 주도의 관전(官展)인 조선미술전람회나 신문부성미술전람회(新文部省美術展覽會)가 아닌 재야 성향의 공모전에 출품했다는 점에서 볼 때 김욱규가 청년 시절부터 관심을 가진 분야는 모더니즘 미술이었음을 짐작할 수 있다. 특히 그 스스로 자신의 작품세계를 '초현실적'이라고 말한 건 여러모로 의미심장하다. 김욱규가 유학 생활을 하던 1930년대의 일본 화단에서 급속도로 확산된 사조가 바로 초현실주의이고, 특히 독립미술협회에서는 후쿠자와 이치로(福沢一郎, 1898-1992)를 필두로 일본 내 초현실주의 미술의 확산에 앞장선 작가들이 다수 포진해 있었기 때문이다. 비록 현재 김욱규의 일본 유학 시절 작품을 확인할 수는 없지만, 독립미술협회전에 출품했다는 작품 <시(示)>가 만주를 배경으로 고급 술집 안에 앉은 두 사람을 그렸다고 전해지기에,[5] 어쩌면 독립미술협회전에서 만주를 주제로 한 작품이 다수 발표된 것에 자극을 받았을 수도 있겠다.[6]

김욱규는 1940년 일본 유학을 마친 뒤 귀국하여 한미혜와 결혼, 슬하에 3남 1녀를 둔 가정을 꾸렸다. 비록 일제강점기 말기에는 징용으로 탄광에서 부역에 종사하는 수난을 당하기도 했으나, 광복 이후 무사히 고향으로 돌아와 한상익(韓相益, 1917-1997), 이수억(李壽億, 1918-1990), 김형구(金亨球, 1922-2015) 등과 함께 1946년 함흥미술연구소를 설립해 김태(金泰, 1931-2021), 김충선(金忠善, 1925-1994) 등 제자를 양성했다. 또한, 함흥여자실과중학교와 함남고급중학교의 미술 교사로 재직했고, 함흥미술동맹의 위원장으로 피선되기도 했지만, 당시 북한에서 대두하던 사회주의 리얼리즘과의 마찰로 거부감을 느껴 8개월 만에 사임하였다. 그러다 1950년 6월 25일 한국전쟁이 발발하자 김욱규는 월남을 결심하지만, 어머니는 월남을 거부했고 아내

---

5   이성부, 앞의 글, 앞의 책, 180쪽.

6   독립미술협회전에서 만주를 주제로 한 작품이 발표된 배경에 대해서는 최재혁, 「1930·40년대 일본회화의 만주국 표상」, 『미술사논단 제28호』(2009, 한국미술연구소), 121-127쪽 참조.

는 임신 중이었기에 결국 두 동생과 월남할 수밖에 없었다. 이후 김욱규는 대구에서 잠시 지내다 속초에 정착하여 이때 만난 엄준철과 재혼, 슬하에 2남 2녀를 둔 새로운 가정을 꾸렸으나, 휴전 이후 재개된 국전에서 낙선하자 충격을 받고 한동안 작업을 멀리하다시피 한 채 송탄에서 미군의 초상화를 그려주면서 근근이 생계를 유지하였다.

이제 김욱규의 작품세계를 살펴보자. 현재 전해지는 김욱규의 작품은 총 400여 점 정도이지만, 이 중 대다수는 서명이 없고 제목이나 제작연도 역시 기록되어 있지 않다.[7] 또한, 캔버스가 아닌 종이나 합판 등에 그려진 작품도 많은데, 이는 극심한 생활고에서 주변에 있는 모든 것이 재료가 되었기 때문이기도 하지만,[8] 그가 외부에 발표하기 위한 목적으로 작업을 하지 않은 것도 이유일 것이다. 다만, 화집에는 일단 유족의 기억을 토대로, 전체적인 작품세계를 머문 지역별로 나누었다. 그러므로 필자 역시 해당 화집의 분류에 따라 그의 작품세계를 분석하도록 하겠다. 또한, 제목이 없는 작품이라도 편의를 위해 일단 화집에 기록된 제목을 우선하여 표기하였음을 밝혀둔다.

제1기는 송탄 시기(1955-1971)로, 미군을 대상으로 초상화를 그리며 생활하던 시기이다. 당시 김욱규는 국전에 낙선한 뒤 창작 작업에 회의를 느꼈던 관계로 이 시기의 작품은 적은 수량만이 전해질 따름이나, 초현실주의의 영향은 이 시기부터 이미 드러나고 있는데 <달팽이가 있는 풍경>은 이를 잘 보여준다. 곡선과 직선의 교차로 조각조각 분할된 배경과 이름 모를 생명체(?)의 커다란 눈, 달팽이와 개 등이 보이는 이 작품은 호안 미로의 1920년대 작품 <경작지>나 <사냥꾼> 등을 연상시킨다. 하지만 이 작품을 단순히 서구 초현실

---

[7] 참고로 김욱규는 함남도전에 두 차례 참여했을 때도 출품작에 특별한 제목을 붙이지 않았다. 단지 〈작품〉으로 명명했을 뿐이다.

[8] 이성부, 앞의 글, 앞의 신문.

김욱규, <희망>, 1954~1971년경
캔버스에 유채, 53×45cm, 유족 소장

주의 화풍을 실험한 초기의 것으로 요약하기에는 조금 부족하다. 왜냐면 이 작품에서부터 그가 주요하게 다룬 모티브인 동물, 그중에서도 곤충(엄밀히 말하면 달팽이는 곤충이 아니지만)에 관한 관심이 드러나기 때문이다. 기본적으로 곤충은 자그마하기에 가녀린 존재로 인식되지만, 김욱규의 작품에서는 순수한 자연의 일원으로서 다양한 의미를 암시하는 존재로 등장한다. 이를 잘 보여주는 송탄 시기의 작품으로 <날벌레의 표류>와 <희망>이 있는데, 전자는 잎사귀에 의지해 강을 건너는 벌 한 마리를 통해 절망적인 상황에서도 쉽사리 끊어지지 않는 의지를 보여주며, 후자는 잡동사니가 실린 수레를 뒤로 한 채 도심지 사이를 질주하는 나비를 통하여 척박한 삶을 극복하려는 의지를 드러낸다.

그리고 생명력의 강인함을 암시하는 경향은 제2기인 삼각지 시기(1971-1980)에 들어 점차 확고해진다. 이 시기 김욱규는 함남고급중학교 시절의 제자 필주광(弼珠光, 1929-1973)이 교통사고로 요절하는 아픔을 겪었지만, 아이러니하게도 그는 제자의 죽음을 계기로 초상화 제작을 그만두고 본격적인 자신의 작업을 재개하겠다고 결심하게 된다. 이 시기 작품으로는 우선 꽃밭이나 수풀 등을 배경으로 한 <숲의 노래>, <신비한 숲>, <꽃밭에서> 등이 눈에 띈다. 변화무쌍하게 성장하는 자연의 활기를 이름 모를 식물과 곤충, 새 등의 향연으로 표현한 일련의 작품은 전쟁의 비극을 몸소 경험한 입장에서 평화로운 이상향을 갈망한 그의 심정을 은유하는 듯하다. 특히 이 시기 그려진 여러 작품 중 서구 초현실주의자들의 자동기술법을 연상시키는 경우도 눈에 띄는데, <무제> 등에서 드러나는 선의 흐름이 앙드레 마송(André Masson, 1896-1987)의 <물고기의 전투>(1926) 등과 유사하다는 점 등을 들 수 있겠다.

하지만 김욱규의 작품은 무의식의 영역을 끌어들이기 위하여 무작위적인 행위를 강조한 서구 초현실주의자들의 작품과는 달리 자유분방한 선묘의 구사로 드러나는 모티브의 상징성을 드러낸다는 점에서 차이를 보인다. 앞서 언급한 <무제>를 포함한 다수의 작품에서 선묘는 모든 생명체를 하나의 움직

김욱규, <행진>, 1974~1980년경
캔버스에 유채, 45×53cm, 유족 소장

임처럼 긴밀하게 이어 주고 있는데, 이는 자연을 구성하는 모든 존재가 자유롭게 상호작용하는 순간을 암시한다고 해석할 수 있어서이다. 이는 곧 강인한 생명력의 만개를 의미하며, 더 나아가면 화합을 통한 평화로운 세계를 암시하는 요소라고도 할 수 있다. 그리고 같은 시기에 제작된 여러 점의 군상 중에서도 <행진>은 김욱규의 작품세계를 관통하는 주제인 생명의 존엄성을 암시하는 또 다른 대표작으로 생각된다. 이 작품은 마치 장례 행렬을 암시하는 듯 수많은 사람이 누군가의 시신을 운구하는 장면이다. 숭고한 희생과 이를 기리는 사람들을 암시하는 이 작품은 전쟁을 경험한 세대로서 인간애에 대한 열망을 보여주는 듯하다. 참고로 유족의 증언에 따르면 김욱규는 소외 계층에 대해 상당한 관심을 가졌고, 1980년 광주민주화운동이 벌어졌을 때도 정권에 아주 비판적인 태도를 보였다고 한다.[9] 그러므로 이 작품은 그가 은둔하면서도 사회적 현실에 관심을 끊지 않았음을 보여주는 사례이기도 하다.

　이후 삼각지를 떠나 방배동에서 머물던 시기를 거쳐 1982년부터 부천에 머물게 되면서 김욱규의 작품세계는 다시 변화를 맞이하였다. 제3기인 부천 시기(1982-1990) 때부터 그의 작품은 분홍색, 청색, 노란색 등 다채로운 색채를 자유롭게 구사하면서 더욱 완숙한 화풍을 확립하였다. 이러한 변화를 잘 보여주는 작품으로는 <새와 원의 구성>, <공간의 역동적 구성>, <공간과 나비> 등을 들 수 있다. 섬세한 붓질로 치밀하게 구획된 입체적인 공간 속에서 온갖 생명체들이 약동하는 광경은 이전의 작품들보다 훨씬 역동적인 면모를 보여준다. 여기에 1984년에 제작되었다고 서명된 <구성>은 김욱규의 후기 작품세계에 있어의 이정표가 된다는 점에서 의미가 크다. 이 작품에 들어 생명체의 구체적인 형상은 자취를 감추었으나, 맑고 투명하게 빛나는 구체를 통해 그동안 작업을 통해 추구해 온 생명력의 집약을 암시하는 듯하다. 여

9　이석우, 「고독의 화가 김욱규, 들꽃처럼 살다간 순수 고독의 화가-그의 삶과 예술의 뒤안길을 더듬으며」, 『역사의 들길에서 내가 만난 화가들·상』(1995, 소나무), 115쪽.

김욱규, <붉은 원이 있는 구성>, 1988~1990년경
캔버스에 유채, 90×73cm, 유족 소장

기에 삼각지 시대부터 개개의 생명체들을 이어 주었던 선의 흐름은 이제 화면 전체에 확산하며 광활한 공간을 창조한다. 그리고 여기서 더 나아가 말년에 제작한 <붉은 원이 있는 구성>에서는 붉은 광원을 중심으로 보석처럼 촘촘히 박힌 밝고 화사한 미립자들의 확산을 통하여 생명의 숭고함을 영롱하게 갈무리하고 있다. 즉, 1980년대 중반에 접어들면서 김욱규는 생명체를 묘사하는 것에서 벗어나 생명의 활기를 추출하여 자유롭게 재구성하고 있다고 해석할 수 있다. 그리고 이는 곧 1990년 그가 생을 마감하기 직전까지 염원했던 순수한 평화만이 존재하는 세계의 암시라고 보아도 무방할 것이다.

안태연

◈ 1997년 서울에서 태어났다. 중학생 시절 우연히 학교 도서관에서 접한 『한국근대회화선집』을 계기로 한국 근현대 미술에 관심을 가지게 되었다 ◈ 그리고 이 선집에 실린 작품들을 실제로 보고 싶다는 마음에 박물관과 미술관 등 이곳저곳을 다니며 생각을 메모하고자 글을 쓰기 시작했다 ◈ 그리고 지금은 여기서 한발 더 나아가 한국 근현대미술의 지평을 넓히는 데 조금이나마 보탬이 되었으면 하는 마음으로 글을 쓰고 있다 ◈ 특히 본격적으로 조명 받지 못했던 한국의 작고 미술가들을 발굴하고자 노력하는 중이다

밥은 하늘입니다

언제 밥 한 끼 같이 하시죠!

혼밥도 없고, 독식도 없는 사회라면 좋겠어요!

제대로 먹는 밥이 나를 살리고 세상을 살립니다

사람이 밥값만 제대로 해도 세상은 살 만합니다

전희식 지음 | 17,000원 | 320쪽

도서출판 모시는사람들

코로나19 팬데믹의 긴 터널을 지나온 사람들
우리는 그들을 이렇게 부른다

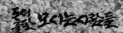

WEB http://www.mosinsaram.com ▪ EMAIL sichunju@hanmail.net ▪ PHONE 02-735-7173 ▪ FAX 02-730-7173

삶이 묻고 ── 죽음이 답하다

죽음이 주는 지혜로써

죽음을 극복하는 역설

웰빙에서 웰다잉을 거쳐

웰리빙에 이르는 길

『삶이 묻고 죽음이 답하다』

임영창 지음 | 272쪽 | 140×210mm

도서출판 모시는사람들

TEL 02-735-7173　**FAX** 02-730-7173　**ADDR** 서울시 종로구 삼일대로 457 (경운동 수운회관) 1207호

EMAIL sichunju@hanmail.net　**WEB** http://www.mosinsaram.com/

'동학 편지'가 도착했습니다

김재형 역해 | 352쪽 | 140×210 | 17,000원

" 이 책을 통해 독자들은 살아서 생생하게 숨쉬는 동학의 깊고 높은 개인
의 깨달음의 기쁨과 공동체를 향한 비전을 만날 것이다. 해석자의 치열
한 문제의식과 삶이 고전을 어떻게 다시 살려내는가를 보여주는 원형적
인 책이다."

_ 현경 · 뉴욕 유니온 신학대학원 교수

" 함께하는 사람들이 그 안에 담긴 이야기를 같이 이해할 때, 노래할 때,
몸으로 표현할 때 비로소 온전해집니다. 이 책을 읽는 분들도, 저를 비
롯한 여러 동인이 그러했듯 재형 선생님의 흥미진진하고 깊은 동학 이
야기에 빠져들지 않을까 합니다."

_ 이희연 · University of Innsbruck, 대학원생

WEB http://www.mosinsaram.com ▪ **EMAIL** sichunju@hanmail.net
PHONE 02-735-7173 ▪ **FAX** 02-730-7173

정기구독 안내

『다시개벽』을 함께 만드는
동사(同事)가 되어 주십시오.

정기구독 혜택

1. 10% 할인된 가격으로 구독할 수 있습니다.
2. 구독 기간 중 가격이 오르더라도 추가 부담이 없습니다.
   (기본 배송비 무료, 해외/제주/도서/산간 지역은 배송비 추가)
3. 다양한 이벤트와 혜택의 우선 대상이 됩니다.

정기구독료

1. 낱권 정가 15,000원(제1호~제5호는 각 12,000원)
2. 정기구독료
   1년(4개호) 55,000원
   2년(8개호) 110,000원
   3년(12개호) 165,000원

정기구독 신청 방법

전화   02.735.7173(도서출판 모시는사람들)
이메일   sichunju@hanmail.net
인터넷   https://forms.gle/j6jnPMzuEww8qzDd7
           (오른쪽의 QR코드를 통해 정기구독 신청)

위의 방법으로 신청 후 아래 계좌로 구독료를 입금해 주시면 정기구독 회원이 됩니다.

계좌정보

국민은행 817201-04-074493

예금주: 박길수(도서출판모시는사람들)

땅이었다

소설개요

개벽, 제1호, 1920.6.25

효종曉鍾
번역 개벽라키비움 - 개벽강독회
책임번역:: 이정아 박길수

이에 강술하는 소설 개요는 필자(효종-역자 주)가 동경예술좌연극학교(東京藝術座演劇學校)에서 수업한 필기를 바탕으로 하여 일찍이 연예강습소(演藝講習所)의 속성교과서로 가장 간단히 편술한 바라. 그 후 부득이한 사고를 인하여 그 강습소는 계속되지 못하고 중지중이지만 최근 몇 년 사이 각 신문, 잡지에 소설 혹은 희곡의 창작과 번역이 간간이 게재되는 것을 보며, 그 대다수는 소설과 각본이 어떠한 것인지를 이해하지 못하고 망작(妄作) 오역(誤譯)이 심히 많은지라. 이제 소설 개요부터 소설 연구법, 각본 개요, 각본 연구법을 차례로 기재코자 하니 나의 이러한 거(擧)가 반도 청년으로서 문예를 좋아하는 여러분에게 일조(一助)가 되면 술자(述者:필자)의 영광일까 하노라.

소설은 어떻게 지을까

대개 우리 인류에는 그 마음속에 여러 가지 동기(動機)가 있으니 첫째는 자기가 느끼는 바나, 생각하는 바를 발표하고자 하는 동기가 있고, 둘째는 자기의 보고 듣는바 외계(外界)의 사물을 얼마간이라도 표현하고자 하는 동기가 있으며, 셋째는 자기와 동일한 여러 가지 사상 감정을 포함하고 외계에서 행동하는 인물을 그 마음과 같이 묘사하려는 동기가 있는 것이라. 이러한 제1동기로부터 표현하는 것이 서정시요, 제2의 동기로부터 표현하는 것이 서사시이며, 제3의 동기로부터 표현되는 것이 곧 희곡과 소설이다. 이와 같이 소설과 희곡은 동일한 동기에서 표현되는 고로 여러 가지 동일한 점이 많을 것은 물론이나, 그러나 또한 다른 쪽[方面]으로 관찰하면 서로 다른 점도 적지 아니하니, 이에 우리가 소설의 진리와 각본의 묘미를 감상하려면 먼저 소설과 각본을 분간하여 그 개요를 안 뒤에 그 연구법을 아는 것이 문예를 좋아하는[嗜好] 청년에게 일조가 될까 하여, 우리 연예 강습에서 강술(講述)한 바를 다소 고쳐서[改纂] 제일 먼저[着手] 소설 개요를 기재하는 바이다.

소설과 희곡이 서로 다른 점

희곡과 소설을 비교하면 희곡은 종합 미술(美術)이지만 소설은 그렇지 아니하다. 즉 희곡은 각본과 배우의 몸짓(동작)과 대사[科白] 및 무대의 배경과 또는 음악의 소리 같은 여러 가지 물종(物種)의 미(美)가 집합하여 작성된 미술이지만은, 소설은 본문뿐이요 희곡과 같이 배우라든지 무대라든지 혹은 음성과 같은 부미술(副美術: 주 요소에 딸린 부문-역자주)이 없는 것이다. 그러면 소설이 이러한 희곡의 부미술(副美術)에서 받는 여러 가지 구속과 제재를 떠나 극히 자유로운 변화의 풍부한 개소(箇所)가 많은 것은 희곡과 같이 배우와 무대의 배경 등으로 근경을 약동하게 하는 점은 없을지언정 그 굴곡이 자재(自在)한 점은 또한 볼 만한 것이 많은 것이라. 그러므로 희곡을 저술할 때에는 다수의 격식과 규정이 있으나 소설은 이와 같은 구차한 절재(折裁: 꺾고 자름-역자주)가 없으므로 임의로 기술하여 표현[記現]할 수가 있으니, 이러한 의미에서 생각하면 소설은 일종의 간편하고 쉬운[簡易] 희곡이라. 공연장[戲場]이 아니고 차 안에서나 책상 앞에서도 관람할 수 있는 희곡이라 할 수 있으니, 어떤 비평가가 소설을 가리켜 수진희곡(袖珍戲曲, pocket drama: 소매 안에 넣고 다닐 수 있는 연극)이라 칭한 것도 무리가 아닌 말이다.

소설의 5대 성분

그러면 소설이라고 하는 것을 어떻게 맛볼 지[喫味] 어떠한 구절에 착안하여 그 선악미추(善惡美醜)를 분간할는지 이는 먼저 그 소설이 편성된 성분을 알지 아니치 못할 것이니, 대저 소설이란 것은 어떠한 사건을 기록한 것이다. 사건이 없고서는 소설이 편성되지 못하는 것은 물론이다. 그러나 다만 사건만 가지고는 사정(事情) 자체가 소설이 되지는 못할 것이요, 즉 사건의 배치로 인하여 취향(趣向)이라든지 마련(組織)이라고 하는 것이 생기는 고로, 사건의 마련이라고 하는 것이 소설의 제1 성분이라고 말하지 아니치 못할 것이다. 인간의 행동이 없고는 사건이 일어나지 아니하는 고로 소설의 제2 성분은 인간이라는 것을 알 수 있을 것이다. 사건이라든지 인간이라고 하는 것은 한편으로 시간적인 동시에 공간적이니, 사건이 일어나는 이상은 반드시 어떠한 장소와 어떠한 시간이 있을 것이고, 또한 인간이 행동하는 데도 장소와 시간과는 떠나지 못할 것이니, 소설의 제3 성분은 장소와 시간, 즉 배경이라고 하는 것이 없지 아니치 못할 것이다. 이러한 성분은 두말할 것 없이 작자의 특유한 문장으로서 쓰지 아니치 못할 것이니, 담화(談話: 대화-역자주) 체제로 쓰든지 서사(敍事: 사실적인 이야기)의 체제로 쓰든지 이는 모두 작자의 문장에서 우러나오는 고로, 문장 즉 문체가 소설의 제4 성분이라고 할 수 있다.[i] 이제 제5의 성분 될 것은 작자가 목적하는바 저작의 내용이니, 작자가 소설을 저작할 때에는 반드시 무슨 목적하는 바가 있을 것이다. 다시 말하면 소설에는 반드시 작자가 이 우주라든지 사회라든지 혹은 인간에 대한 관찰이 있을 것이니—작자의 우주관, 사회관, 인생관이 또한 표현된 것이다—이러한 우주관이라든지 사회관이라든지 인생관이라고 하는 것을 작자가 표현하고자 하는 목적이 소설의 한 성분이 될 것은 물론이다.

---

i　역자 주 : '文章=文體'라고 하였으나, '文體'는 '문장의 개성적 특색'을 일컫는 말이므로 현저히 다른 것이다. 여기서는 '문체'를 의미하고 있다고 보인다.

【소설 중의 사건은 인생의 진상을 설명치 아니치 못할 것이다】

이제 제1의 성분인 사건을 진술하고자 하노니, 소설 중에 나타나는 사건은 천차만별이다. 통괄(統括)하여 말할 수 없으나 그러나 소설 중에 들어갈 만한 사건은 사회의 사소하고 변변치 못한 사건이 아니요 반드시 생활의 참 의의와 관련[聯絡]이 있는—인생의 진상을 표현함에 가치가 있는—사건이 아니면 될 수 없으니, 문학은 인생의 진상을 설명하는 것이라고 하는 문학의 근본 뜻으로부터 이러한 말을 할 수 있는 것이다. 이와 같이 인생의 진상을 설명하는 사건이라 한다고 무슨 큰 변괴나 나서 눈을 놀래고 귀를 울리는 불가사의의 진기한 사건이 아니요, 어떠한 것이든지 일상 안목에 평범한 사건으로 잠시 보기에는 아무렇지 아니한 사건이라도 인생에게 참된 의미가 있고 가치가 있는 사건이면 모두 인생의 진상을 설명하는 사건이라고 할 수 있는 것이다. 어떤 사람은 인생의 진상을 설명하는 사건이라고 하는 것은 인간의 분투(奮鬪)라든지 비탄(悲歎)이라든지 쾌의(快意)라든지 비애(悲哀)의 경향이 있는 사건을 다수 기록한 것인 줄 생각하는 이도 있으나 이는 반드시 그렇다고 할 수 없으니, 즐거운 것과 우스운 데 관계한 사실일지라도 인생의 진상에 관계가 깊은 사건이 많은 것이다. 이러므로 이에 한 소설이 있어 우리의 행복스러운 한때와 불행한 때를 불문하고 우리의 마음속에 과연 세상과 인간이라고 하는 것이 이러하구나 하고 깨닫게 할 만한 진실한 사건이 영구적 자극을 줄 만하면 곧 가치 있는 소설이라고 칭할 수 있다.

소설의 사건은 참됨을 전할 것이다

작자가 이와 같이 인생의 관계가 깊은 사실을 기록하는 데에는 될 수 있는 대로 그 사실이 참스럽게 나타나도록 힘쓰지 아니치 못할 것이니, 그러므로 소설의 사건은 가급적 작자가 경험한 범위 안에서 가져오는 것이 필요한 것은 물론이다. 작자가 경험한 사실이라야 비로소 그 참스러운 것을 전파할 수가 있는 것인데, 세간(世間) 작자가 이러한 원리를 명백히 알고도 왕왕 이 원칙을 유린하는 이가 많다. 군소의 작가들이 자기가 경험한 바는 차치물론(且置勿論: 다음으로 미루고 논의하지 않음-역자주)하고, 될 수 있는 대로는 다 옛날 사람[前人]이 말[言述]한 사건이나 혹은 그러한 사실로 세상 사람의 환심[歡意]을 얻은 사실을 모방하여 자기의 저작 속에 편입하기를 힘쓰는 이가 많다. 자기가 최초에 자기의 손으로 얻은 사실보다도 선배가 이미 손 댄[着手] 진고(陳古: 진부하고 오래된-역자주) 사실을 작품 속에 편입하는 경향이 많으므로, 왕왕 이 소설의 사실에 진실한 점(點)이 적은 것은 그 대부분[多數]이 이러한 원인으로 생기는 것이다. 이와 같이 소설 속의 사건은 인생의 진상을 설명할 수 있을 뿐만 아니라 그 참된 것을 전달치 아니치 못할 것은 물론이거니와, 그 사실을 어떻게 나열[列記]하였는지, 배치는 어떻게 되었는지 이에 이르러는 반드시 조직 즉 마련이라는 문제가 생길 것이다. 이 문제에도 여러 가지가 있으니 소설 속에 담화(談話)의 방법이 재미스러운지, 앞뒤의 경우가 부합이 되는지, 각 부분의 연결이 서로 맞는지 또는 사건의 발전이 천연적(天然的)으로 자연의 상태에 있는지 이러한 여러 가지 조건은 모두 마련이라고 하는 부분에 속하는 것이다.

소설 조직의 두 가지 종류

아무튼 우리는 마련, 즉 조직상으로 보아 소설을 두 가지로 구별할 수가 있으니, 하나는 조직의 분간이 확실치 못한 소설과 다른 하나는 마련의 분간이 확실한 소설이다. 그러나 어떠한 소설은 양자가 어느 정도까지 혼동되어 그 어떤 것인지를 구별하기 쉽지 못한 것이 없지 않지만 어떠한지는 대체로 보아 이러한 두 가지로 분간할 수 있는 것이다.

마련(組織)의 확실 / 불확실

마련의 분간이 확실치 못한 소설은 소설 중 사건과 사건 사이에 관계가 박약하여 단절[間斷] 되는 장면이 많으므로 상호간에 원인과 결과가 없는 것이니 이러한 소설은 대화의 통일이 사건의 위에서는 볼 수 없고 다만 사건의 중심 되는 주인공으로부터 통일되는 것이다. 그러므로 마련이 확실치 못한 소설은 한 사건이 한 사건을 물고 들어 마침내는 종결에 이르기까지 규율이 있는 사건의 연속이 아니고 다만 주인공의 한 생애에 일어난 모든 사건을 나열[列記]하는 데 불과한 것이다. 이에 반해 마련이 확실한 소설은 다수의 사건이 마련 상으로 보아 각각 그 일정한 위치를 지키고 전후의 사건과 상호 분리하지 못할 관계를 유지하고 있는 바이다. 그러므로 이러한 소설은 마련 중에서 일부의 사건을 선택하면 그 일부가 결핍되어 담화의 연결[連絡]이 정연[整理]치 못한 것이다. 그러나 다수의 소설 중에는 이 양자가 중성에 속한 때[時]가 있으니, 어떤 정도까지는 마련이 정리되었으나 어떠한 데는 간간이 분리되어 연결[連絡]이 없는 것이 있으니, 이러한 소설이라도 결코 소홀히 볼 바는 아니다.

양자의 우열

그러면 마련이 확실한 소설이 좋을까 마련이 확실치 못한 소설이 좋을까. 이는 일반이 생각하면 물론 마련이 확실하고 조직이 정돈된 것이 좋을 것이나, 그렇다고 모두[全數] 마련 정돈에만 의탁하다가는 왕왕이 부자연에 흐르고, 실제 인생의 사건에는 어그러지는 일이 없지도 아니하다. 왜 그런가 하면 우리의 세간만사(世間萬事)는 반드시 상호적 관계로만 나타나는 것이 아니고, 간간이 의외의 사건이 돌발하는 것도 있기 때문이다. 이러므로 만일 마련이 확실치 못하더라도 작중 인물의 약동이 확연하면 그것이 과연 우수한 소설이라고 할 수 있는 것이요, 마련이 확연한 것이라도 작중 인물이 확연히 약동치 못하면 또한 우수한 소설이라 말하기 어려우니 그 요지는 마련이 어떠한지를 주체(主體)로 할 것이 아니라 다만 사건이 가장 자연스럽게 전개되어 독자로 하여금 실제 사회를 보고 있는 것같이 심리에 펼쳐지면 이런 마련이 곧 완전한 소설이라고 할 수 있다.

단순한 마련과 복잡한 마련

마련 즉 조직은 그 정도로 보면 단순한 것과 복잡한 구별이 있으니, 소설이 다만 한 줄기의 주장되는 담화로 성립되는 것은 마련이 간단한 것이다. 가령 춘향전 같은 것은 간단한 마련의 줄기로 된 소설이요, 삼국지나 수호지 같은 것은 복잡한 줄기로 된 소설이라 할 수 있다. 그러면 마련의 간단한 것과 복잡한 것이 소설의 우열의 표준을 정할 것이 아니요, 어떠한 마련으로부터 생긴 소설이든지 담화의 정돈이 법리가 있을 뿐만 아니라 더구나 복잡한 마련이라도 담화의 줄기가 많은 것이나 그 중간이 각각 계통이 닿고, 떨어진[分雜] 곳이 없으면 이것이 곧 완전한 마련이라고 할 수 있는 것이다.

마련을 쓰는 방법이 4종이 있다

이에 이러한 마련을 소설로 쓸 때에 여러 가지 방법이 있으니 제1 보통으로 쓰는 방법이 작자가 작중에 자기를 표현하여 '어떠한 곳에 어떠한 사람이 있었다. 그 사람이 어떠한 일을 하였다고' 하는 등 화설 방법이니 직접 화설법이라 칭하는 것이다. 그다음에는 작중의 인물—대개는 주인공이 그 경험담을 말하게 하는 방법이다. 즉 전편에 작자의 그림자[影子]를 표현하지 아니하고 오직 주인공이 '나는 어떻고 어떻다' 하는 일인칭으로 기재하는 것이니, 이것을 곧 자서적(自敍的) 담화법(談話法)이라 하며, 제3은 작중의 주인공과 부주인공의 편지를 열거하여 사건을 담화하는 것이니, 전편(全篇)이 편지로 소설이 되는 것이다. 괴테가 지은 「젊은 베르테르의 슬픔」과 같은 것은 저명한 일례라 할 수 있으니, 이러한 것을 서한체(書翰體, 편지체) 담화법이라 부른다. 제4는 작자가 자기중심에서 창작하면서도 자기의 담화가 아니고 타인의 담화를 그대로 필기한 것같이 쓰는 방법이니, 이것을 가탁적(假託的) 담화법이라 할 수 있다.

4종 방법의 우열

이에 기록한 네 가지 종류 방법 중에 어떤 것이 가장 나으냐 하면 또한 우열선악(優劣善惡)을 속단할 수 없다. 제1의 직접 담화법은 가장 자유로이 사건을 전개하는 데 장점[便益]이 있으나 흥미를 일으키고 다대(多大)한 자극을 주는 데는 자서적 방법이나 서한체가 유익할 듯하며, 가탁적 담화법도 또한 재미스러운 방법이니 남에게 책임에 돌려 여러 가지 대담한 사건을 야기(惹起)케 하는 데는 필요하다 하겠다.

【인간과 성격의 묘사】

소설의 제2 성분은 사람, 즉 인간이다. 주인공, 부주인공 등 여러 가지 소설 속 인물을 어떻게 묘사할까, 그 인물의 성격은 어떻게 나타낼까 하는 것이 우리가 알지 아니치 못할 문제이다. 소설에 표현하는 인물에는 우리가 일상 실현하는 것과 추호도 틀림없는 것도 있고, 또는 일상 실현하는 것과 다소 상이한 것도 있는 것이니 물론[無論] 소설 중의 인물은 우리가 일상 실현하는 인물과 틀림 없는 묘사가 가장 좋은 것이지만 이 문제는 잠깐 차치하고 여하튼지 작중의 인물은 사나이나 계집이나 젊은이나 늙은이나를 물론하고 살아 있는 것같이 활동하는 상태를 묘사하지 아니치 못할 것이니, 즉 살아 움직이는[躍動] 인물이 아니면 불가한 것이다. 우리가 소설을 독파(讀破)하고도 오히려 그 인물의 모습이 눈앞에 약동하지 아니하는 것이 있으니, 이는 그 소설 속 인물이 너무 초인적이고 부자연스럽게 활동이 적은 까닭이요, 이와 반대로 어떠한 소설은 다 읽고 난[讀過] 후 상당한 연월일이 지나더라도 그 자태가 그림자같이 미우간[眉宇間: 눈썹 사이]에 존재하는 것이 있으니, 이는 주인공이 가장 자연스럽게 묘사되고 활동하는 까닭이다. 그러므로 소설의 중심인물은 일부러 지어낸 인물인지 또한 천연으로 생긴 인물인지 이 두 가지 분간은 곧 인물 묘사의 선악을 판단할 수 있는 것이다.

성격 묘사의 두 가지 방법

활동하는 인물을 묘사하는 것은 그 성격을 완전히 있는 그대로 드러내는[寫出] 것이 유일한 요건이니, 이 성격을 묘사하는 방법에도 두 가지 방식이 있다. 하나는 작자가 인물의 성격을 해부하여 예민하다든지 온후하다든지 사물에 감촉되기 쉽다든지 하는 식으로 외부로부터 그 인물을 관찰하여 그 성격을 설명하는 것이니, 이를 이름하여 해부적 방법이라 할 수 있다. 두 번째는 해부적 방법을 쓰지 아니하고 인물의 언어와 동작으로부터 스스로 그 성격이 어떠한 것인 줄 알게 하는 방법이니, 작자는 곁에서 아무 말도 없고 대화나 행동으로부터 어떠한 인물인 줄 독자가 자각하게 하는 방법이니 이것을 희곡적 방법이라 한다. 희곡은 전적으로 이 방법을 사용하므로 이러한 명칭을 준 것이다. 그러나 소설가는 어떠한 방법을 채용하든지 관계치 아니하니, 심중의 미세한 특색을 표현하는 데에는 해부적 방법이 일장(一長)이 있으나 너무 많이 이 방법에 의뢰하면 도로 인물의 언동으로 성격을 묘사하는 데 결점이 나서 자연히 인물의 생기가 적어지는 폐단이 많으므로 근대의 소설가는 대부분이 희곡적 방법을 채용하는 경향이 있다. 물론 희곡적 방법이 해부적 방법보다 완전한 점이 많으나 인생 전반의 심오한 심리를 모두 언동으로만 표출하기는 오히려 부족지탄(不足之嘆)이 없지 아니한 고로, 희곡적 방법에 해부적 방법을 가미하는 것이 자연스로운 기세[勢]이다. 하여튼 소설가는 작중의 인물의 성격을 충분히 저작(咀嚼: 씹어)하여 그 성격 중에 가장 현저한 것, 즉 그 사람의 대표적 성격을 선택하여 그 인물을 약동하게 하지 않을 수 없는 것이니, 다시 말하면 인물의 회화적 묘사에 성공하지 아니치 못할 것이라. [未完, 이상 제1호]

성격의 묘사는 소설의 주된 목표[主眼]

성격을 묘사하는 것은 소설의 주된 목표[主眼]이다. 소설은 희곡과 달라서 막(幕) 수의 제한이 없고 편장(篇章)의 장단(長短)을 자유로 늘이거나 줄여서 작중 인물의 성격을 충분히 설명할 수가 있으며, 임의로 발전(發展)하게 하여, 충분히[十分] 원만히 묘사할 수가 있다. 그러므로 현대소설의 유일한 문제는 어떻게 해야 성격 발전을 원만히 묘사할까 하는 점에 귀착이 되는 것이다. 어떠한 소설가를 막론[勿論]하고 주인공의 성격을 약동[원문의 '超動'은 '躍動'의 오자로 보임-역자 주]케 하는 것으로 제1의 목적을 삼지 아니치 못할 것은 우리 인류 존재상 모든 행동이 성격이 어떠한지에 따라 색채가 다른 까닭이다. 그러므로 주인공이 처음에는 어떠한 성격을 가졌다가 그 경우와 처지의 변천을 말미암아 경험되는 사실과 같이 성격이 차차[次第]로 변하는 경로를 회화적(繪畫的)으로 묘사하는 것이 소설 작가가 크게 주력하는 초점이요, 이 문제를 가장 자연스럽고 교묘하게 해결하여 가는 법이 최상의 성격 묘사라 할 수 있다.

소설에서 성격과 마련(구조) 두 가지 중 어떤 것이 주격이 될까

소설에서 성격과 마련 이 두 가지 중에 어떤 것이 선후가 되는지 이것도 또한 소홀하게[泛然] 보지 못할 문제이니, 성격과 마련은 사람의 정신과 육체같이 서로 떠나기 어려운 관계를 맺은 것이다. 육체만 있으면 우상(偶像)에 불과한 것이요, 정신만 있으면 그림자[幻影]과 진배없으므로 성격과 마련은 실로 경중을 논단하지 못할 문제이다. 그러나 소설에는 왕왕 성격을 주격(主格)으로 삼아 흥미를 일으키게 하는 것과 마련을 주격으로 삼아 흥미를 일으키는 2종의 분류가 있으니 이것이 또한 사실상 자연스런 형세라 할 수 있다. 그러나 전자는 대개 마련이 성격을 발전시키는 보조에 불과하고, 후자는 역시 인물이 마련을 인도하는 기구(器具: 道具)로 사용될 뿐이다. 근대소설에는 전자가 많고 고대소설에는 후자가 많음은 한 가지 주목할 사건이라 할 수 있다. 원래 소설은 성격을 주격으로 한 것을 일단 윗길[上層]에 둘 수밖에 없는 것이니, 마련이 주격으로 된 흥미는 변천하기 쉽고 겸하여 영구성이 부족하지마는, 성격을 주격으로 한 흥미는 심후(深厚)하고 영구(永久)한 연속성이 잇는 까닭이다. 이러하므로 마련이 주격으로 된 소설의 병폐는 오직 사건을 재미있게 하려 하는 데만 이끌려서 인물의 성격을 희생으로 제공하여, 인형과 같이 사물(死物)이

되고 마니, 이와 같은 소설은 인생의 진상(眞相)을 발휘하는 문학의 대의(大義)에 부합치 아니하는 까닭이라 할 수 있다.

그러나 이에 우리가 한갓 주의할 것은 인물의 성격 발전에만 경도되어 무리하게 당돌한 사건을 끌어낼 때는 도로 글의 두서[條理]에 적합지 않은 일이 많은 것이니, 성격을 주안(主眼, 주된 목표)으로 묘사하는 동시에 사건의 발생 즉 마련이 희생되지 않도록 하는 것이 참으로 소설가의 소설가 된 정신이라 할 수 있다.

성격과 마련의 관계

성격과 마련의 관계는 잠시라도 서로 떨어지지[相離] 못할 것이니, 수레의 두 바퀴와 같고 저울의 추[錘板] 같다. 사건이 없으면 성격이 없을 것이요 성격이 없으면 사건이 또한 없을 것이며, 마련 중에서 여러 가지 사건이 생기고 따라서 성격의 변화가 있고, 성격이 변화되므로 또한 새로운 사건이 발생되는 것이라. 이러하므로, 소설 속의 사건은 그 발생의 근저(根底)를 인물의 성격 중에서 구하지 아니치 못할 것이요, 동시에 인물의 성격 변화도 그 원인을 사건 상에 비치하지 아니치 못할 것이니, 항상 성격을 생각하는 동시에 등한시할 수 없는 것이고, 사건을 편성하는 동시에 성격을 망각치 말아서, 이 두 가지를 조합하는 방법이 자연스러운 데서 빚어져 나와[釀出] 무리한 구절이 없는 소설이 곧 우리가 가장 존중히 여길 소설이다.

【제3 성분 되는 배경】

배경이라고 하는 어구(語句)는 그 의미가 매우 광활하지만, 여기서 논단(論斷)하고자 하는 배경은 전적으로 인물과 사건의 활동을 발생하게 하는 장소(場所)와 시일(時日)을 지적한 것이다. 대체로 소설의 인물과 사건이 배경으로 말미암아 한층 명료하고 분명[判然]한 구획을 확실하게 이룰[確成] 뿐만 아니라, 그 결과로 자연히 동작이 초약(超躍)하여 활기가 있다. 우주만물이 모두 공간과 시간을 점유하지 않고는 존재를 시인할 수 없는데, 어찌 소설엔들 그렇지 않으리오. 이러므로 소설에 배경 배치도 일종 중요한 성분이다.

현대소설의 배경 장치의 특색

현대소설이 배경 장치를 활용하는 특색은 일반적이 아니고 국부적이며 보편적이 아니고 특수적인 경향이 현저하니, 즉 배경을 널리 사회 일반의 광경에서 취하지 아니하고 극히 협소한 작은 부분에서 취하는 것과 한 시대의 한 일반 상태에서 구하지 아니하고 한 시기의 짧고 빠른[短速] 시간에서 묘사(描寫)하려고 한다는 것이다. 한 예를 들면 하층사회의 사건만 묘사하는 것이요, 하층 사회에서도 일반이 아니고 특히 노동자 계급이면 노동자만 묘사하는 것이요, 시기로도 1년 내의 일보다 1개월의 일, 1개월의 일보다도 하루의 일과 같이 아무쪼록 협소한 특수의 경우를 묘사하려는 경향이다. 이러하므로 현대의 소설에는 자연히 여러 가지 종류가 있으니, 가령 상류소설, 중류소설, 하류소설, 실업(實業)소설, 해사(海事)소설, 군사(軍事)소설, 정치소설, 소년소설, 소녀소설 등 일일이 열거하기 어려운 것이다. 이와 같이 배경의 취사선택[取擇] 방법이 협소한 결과로 현대소설의 장소와 시간의 묘사가 자상정밀(仔詳精密)하여 서술 방식이 극히 정확하고 또 심오한 인상을 부여할 수 있는 것이니 현대소설의 배경의 우열은 실로 심오한 인상의 다소(多少)에 있다고 할 수 있다.

배경을 묘사할 때의 주의사항

배경의 묘사는 오직 상세한 것으로만 만족하다 할 수 없다. 배경의 필요는 배경 자체에 대하여 필요한 것이 아니요 배경 속에서 활동하는 인물과 사건을 위하여 필요한 것이므로 아무리 정밀정확한 배경이라도 인물과 사건에 부합치 아니하면 쓸모없는 물건[長物: 남는 물건]이니 물 없는 곳에 배와 같은 것이다. 배경을 생각할 적에 반드시 인물과 사건을 연상하여 양자의 활동이 초약(超躍)하도록 묘사하지 아니하지 못할 것이다. 일례를 들면 소설 중 어떠한 인물이 비상(非常)한 경우를 당하여 비분강개할 때에, 그 배경은 번화찬란(繁華燦爛)한 것을 묘사하여 심적 상태를 얼마간이라도 조화하며, 위안케 하든지 혹은 처참침울(悽慘沈鬱)한 배경을 묘사하여 인물의 심적 상태를 한층 더 농후하게 할 것이다. 이와 같이 여러 가지 인물과 사건의 과거와 현재와 미래를 연결[聯絡]하여 심적 상태를 혹은 조화하고 혹은 농후케 하는 배경 배치에 유의하는 것이 소설가가 특히 주의할 점이다.

배경과 회화(繪畫)와 기구(器具)

배경을 묘사할 때에, 소설가의 심적 작용은 일종의 화가가 임화적(臨畫的) 기분을 가진 것같이 주의하지 아니치 못할 것이니, 연극에 무대상 기구(器具) 배치가 막(幕)과 인물에 일치하도록 하는 것과 화가가 풍경을 눈앞에 떠오르게[浮動] 하여 붓[畫筆]을 드는 것 같은 심리로 소설가도 역시 이와 같은 노작(勞作)이 아니면 완전한 배경 묘사라 할 수 없다.

【문장은 어떠한 것인가】

이제 소설의 제4 성분이라 할 수 있는 문장(文章)은 어떻게 설명[染筆]할까. 이것도 결코 소홀히 할 문제가 아니다. 문장에도 장소와 가옥(家屋)의 광경을 서술하는 것도 있고, 사건의 진행을 기록하는 것도 있으며, 인물의 대화를 기재하는 것도 있다. 그러나 장소를 기록하는 것은 배경의 조건에 포함[參入]할 것이고 여기서 문장이라 함은 대체로 사건 진행과 인물 담화가 드러나는[記現] 것으로 주로 설명하려고 한다.

사건 서술은 어떻게 할까

사건의 진보(進步)를 서술할 때에 반드시 유동(流動) 상태를 망각하면 되지 않을 것이다. 어떠한 사건을 물론하고 정지[停的] 상태에 있는 것은 소설을 구성하지 못하니 시간이 가고 사건이 진행하는 것이 소설의 재료요, 그 진행하는 사건을 그대로 묘사해 내는[描現] 것이 문장의 임무다. 그러나 진행하는 도수(度數)는 느리거나 빠르거나[遲速]를 관계할 바 아니요 다만 사건의 정체(停滯)만 없고 전후가 연결[聯絡]만 있게 충분히 묘사만 되면 족한 것이다. 이에 주의할 것은 어떤 군소(群小)의 작가와 같이 한 사건의 진행을 서술할 때에 그 사건과는 관계도 없는 다른[外地] 사건을 서술하기에 정말 본체 사건까지 망각하는 이가 있으니 이러한 행동은 우리가 극히 조심[細心]하여 피[厭避]하지 아니하지 못할 것이다.

소설의 대화의 효용

소설가의 문장으로서 한층 중시할 것은 대화이다. 대화는 인물의 감정과 사상을 설명하는 데 큰 힘이 있을 뿐만 아니라 인물과 인물의 관계라든지 인물과 사건의 관계를 설명하는 데 중요한 임무를 가졌다. 작자가 극적인 설화법(說話法)을 사용하여 인물을 묘사할 때는 인물의 성격을 표시하는 방법으로도 대화가 유일한 재료가 되는 것은 쓸데없는 말[贅言]을 필요치 않을[不俟] 것이다.

대화는 어떻게 쓰면 좋을까

이러므로 대화를 쓰는 방법도 여러 가지 주문(注文, 요구)이 있을 것이다. 대화의 문구는 반드시 인물의 성격과 사건의 발전상 관계가 깊은 것을 선택하지 아니치 못할 것이니, 대화 자체는 어떻게 흥미가 있고 의의에 합당할지라도 작중의 인물과 마련에 관계가 없든지, 혹은 관계가 박약한 것은 하등의 가치가 없는 것이다.

대화는 인물에 부합되지 않으면 안 된다

대화는 인물과 사건에 가장 관계가 깊지 않으면 아니 될 것이요 또 동시에 자연적으로 나오는 담화가 아니면 되지 못할 것이다. 우리[吾人]의 어조(語調)는 생활과 처지와 직업과 지방과 풍토와 습관을 따라 각각 다른 것이다. 소설을 묘사할 적에 이러한 인물과 이러한 사건과 이러한 처지에 일치가 되지 않으면 결코 완전한 소설이라 하기 어려우니 이 성격에서 이 언어가 있어야 비로소 담화가 성격에 합일하였다 할 수 있다. 그러나 어떠한 경우에는 인물의 평생 성격에 일치되지 않는 담화를 사용하는 때가 있으니 이런 경우에는 그 특수한 사실에 부합되는 담화를 채용하는 것이 사건에 일치되는 담화라 할 수 있다. 우리가 소설을 저술할 시에 이러한 여러 가지 조건을 구비한 담화를 사용하는 것은 결코 용이한 사업이 아니다. 노련하고 대성(大成)한 소설가의 수완이 아니면 기대[期望]하기 어려우니, 예로부터 몇만 몇천의 소설가가 있었지마는 담화의 교묘한 영점(靈點)에 이른 이가 드문 것은 담화의 채택이 용이치 못한 것을 족히 증명하였다 하겠다.

【소설과 인생관】

소설의 제5 성분은, 작자가 소설을 쓸 때에 목적하는 바를 즉 인생관이라고 하는 것이다. 소설가가 붓을 들 때에 이 사람에게 부속된 사건이면 종이나 개나 함부로 쓰는 것이 아니요, 이 인생에 이러한 사건이 접촉되어 인생이라고 하는 것이 이러한 것인가, 사람이라고 하는 것이 참말 이런가 하는 깨달음이 있어야 이것을 표현하려고 붓을 드는 것이니, 이때에 작자의 흉중에 비치는 인생의 인상(印象)이 곧 인생관이다. 이러므로 소설에는 반드시 인생관이 없는 것은 없다. 그렇다고 필자가 소설가로서 어떤 윤리사상을 설명하라는 것도 아니요 권선징악주의[勸懲主義]를 고취하라는 것도 아님은 잠깐 변명한다. 소설가가 붓을 들 때에 일부러 윤리사상에 적합하도록 쓰며 권징주의(勸懲主義: 권선징악주의)에 표제를 붙이면, 이는 소설이 아니요 수신담(修身談)이며 설교책(說敎冊)이니 소설가의 흉중은 항상 허심평기(虛心平氣)로 그 흉중의 심경에 비쳐오는 인간 만반의 사물 중 특히 인생의 진상(眞相)과 사회의 진면목을 표시할 만한 사건이 물론 많을 것이다. 그 사상(事象)을 집착하여 구상적으로—수신서와 설교책과 같이 이론은 말고—묘사하여 세상의 진미와 정확을 발휘하는 것이 참으로 소설이라 할 수 있고 또한 소설가의 인생관을 실현하였다 하겠으며 겸하여 소설이 예술로서 영원한 생명이 있다 하겠다.

소설가는 일종의 도덕가나 철학가라고도 할 수 있다

소설을 보는 방편에 따라 소설가를 일종의 도덕가나 철학가라 할 수 있으니 그 일례를 말하면 셰익스피어는 그 작품[作物] 중에 고의로 윤리사상을 널리 드러내지[表彰] 아니하였으나 그 작품 중에 가득한 사상감정으로부터 추상하여 보면 일대 도덕가라 할 수가 있으니 이는 셰익스피어뿐 아니라 무릇 모든 소설 대가[大方家]에게는 똑같이 생각할 수가 있는 것이다.

소설가가 도의적 사상을 표현하는 방법

이와 같이 소설가는 인생에 대하여 도의적 사상, 광의(廣義)로 말하면 철학적 사상을 표시하는 데는 몇 가지의 방법이 있으니 제1 보통의 수단은 작자가 제삼자 즉 이야기[談話]하는 사람의 위치에 앉아 독자에게 설명하든지 소개하는 것같이 기록하는 것이요, 제2의 방법은 희곡가(戲曲家)와 같이 어떠한 인물과 어떠한 사건을 포착[捉來]하여 인물로서 사건을 일으키게 하고 사건으로 말미암아 인물에게 영향을 미치게 하는 것이니 이것이 자연이 인생의 진리에 방불(髣髴)하도록 기술하는 것이다. 이를 이름하여 '희곡적 기술법'이라 하며, 이 방법으로 소설을 저작한 경우에는 작중에 산재해 있는 작자의 모든 주의라고 할 만한 것을 집합하여 이를 조직적으로 작자의 인생철학을 조성하여 독자에게 표시하는 것이 실로 문학 비평가의 임무라고 할 수 있다.

도의(道義)는 무엇이 표준인가

소설 속에 도의적 사상을 감상(鑑賞)하여 그 진부(眞否)를 판단하는 것에는 목표가 되고 표준이 될 만한 것이 없지 아니치 못할 것이다. 그러나 우리가 학문상에서 진리를 판단하는 것같이는 할 수 없다. 그러나 오래전[往昔] 플라톤[뿌라트] 같은 이는 문학에 표시되는 철학적 사상 즉 진리는 우리가 학문상에서 인식하는 진리와 일상 경험에서 인식[認得]하는 진리와 합일치 아니하면 안 되겠다 하였으니, 오늘날 학자 간에도 오히려 이 학설을 받드는[遵奉] 이가 없지 아니하나, 그러나 이에 대하여 시적(詩的) 진리를 제창한 이는 아리스토텔레스이다. 그의 학설은 진리에 2종이 있으니 하나는 역사상의 진리요 하나는 시상(詩上)의 진리라고 하였다. 전자는 사실에 위배되지 아니한 진리이고 후자는 사실 여하에 관계가 없고 다만 그럴 듯하게 생각되는 진리이다. 이 시상의 진리라는 것은 세계가 진보하거나 연대가 변천하거나 관계할 것 없이 항상 일정불변하는 진리이다. 역사의 진리는 역사의 추이를 따라 변할 수 있지마는 이 시상 진리는 영구불변성이 있는 고로 범위가 넓고 한도가 없는 것이다. 이때에 이르러 반드시 이 시적 진리를 표현하기 힘쓰지 아니치 못하리라고 한 이가 아리스토텔레스의 학설이다.

소설은 시적 진리를 포함치 않을 수 없다

이러하므로 소설가는 자기의 자유에 맡겨서 각종 사건과 온갖 인물을 얽어 짜서[結構] 선택 취사를 임의로 하되, 어떠한 경우와 어떠한 사실을 막론하고 그 사건을 표시하는 진리는 인생에 과연 그럴듯한 진리―시상 진리―에 포함되지 않을 수 없는 것이니, 소설 중 부동(浮動)되는 사건과 인물은 일시에 소멸될지라도 그들의 진리는 만대불변(萬代不變)할 것이 아니면 아니되겠다. 다시 말하면 위와 같은 표준으로 소설 속의 진리, 도의사상을 판단할 것이다. 서양

격언에 "소설은 명칭과 시일을 제외한 외에는 모두 진리이고, 실록(實錄)은 명칭과 시일을 제외한 외에는 모두 허위이다"고 한 말이 있다. 우리가 모름지기 소설가가 되고자 할진대 반드시 이 격언에 맞는 소설을 저작하지 않을 수 없다. (소설개요 終)

[해제]

이 글은 『개벽』 창간호(1920.6.25)-제2호(7.25)에 연재된 '효종(曉鐘)'의 「소설개요」이다. 효종(현희운)이 유학하였던 일본의 <동경예술좌연극학교> 강의 노트를 1919년에 국내에 설립한 최초의 배우(연극, 영화) 양성 기관인 <연예강습소>의 속성교과서로 간단히 작성한 글이다. 연예강습소는 계속 운영되지 못하였지만, 그가 보기에 당시 신문 잡지에 발표되는 소설과 희곡의 창작과 번역이 장르 구분을 분명하게 인지하지 못하거나 장르의 미학을 충분히 구현하지 못하였다고 보아 이 글을 『개벽』 지에 발표하기에 이르렀다. 당시 그는 개벽사의 학예부장을 맡고 있었다. 효종(曉鐘)은 현희운(玄僖運, 1891~1965)의 필명이며 또 다른 이름인 현철(玄哲)로 더 널리 알려진 인물이다. 그는 이 글에서 소설과 각본의 차이를 설명하고 소설작법에 관해 서술하였다. 「소설개요」는 상편(1호)에서 (1) 총론 격으로 ①소설은 어떻게 지을까, ②소설과 희곡의 상이한 점, ③소설의 5대 성분[㉠사건, ㉡등장인물, ㉢배경, ㉣문장(문체), ㉤세계관(우주관, 사회관, 인생관]을 소개하고, (2)제1 성분인 사건에 대해 ①소설 중의 사건은 인생의 진상을 설명치 아니치 못할 것이다, ②소설의 사건은 참됨을 전할 것이다, (3) 소설의 구성에 대하여 ①소설 조직(組織)의 2종(二種), ②마련(組織)의 확실 불확실, ③양자의 우열, ④단순한 마련과 복잡한 마련, ⑤마련을 쓰는 방법이 4종이 있다, ⑥4종 방법의 우열 (3) 등장인물에 대해 ①인간과 성격의 묘사, ②성격 묘사의 두 방법(二方法)에 관하여를 소개하였다. 이어 하편(2호)에서는 ③성격의 묘사는 소설의 주된 목표[主眼], ④소설에서 성격과 마련(구조) 두 가지 중 어떤 것이 주격이 될까, ⑤성격과 마련의 관계, (4) 소설의 시간적 공간적 배경에 대하여 ①현대소설의 배경 장치의 특색, ②배경을 묘사할 때의 주의사항, ③배경과 회화(繪畵)와 기구(器具), (5) 문장, 문체에 대하여 ①문장은 어떠한 것인가, ②사건 서술은 어떻게 할까, ③소설의 대화의 효용, ④대화는 어떻게 쓰면 좋을까, ⑤대화는 인물에 부합되지 않으면 안 된다, (6)세계관에 대하여 ①소설과 인생관, ②소설가는 일종의 도덕가나 철학가라고도 할 수 있다, ③소설가가 도의적 사상을 표현하는 방법, ④도의(道義)는 무엇이 표준인가, ⑤소설은 시적 진리를 포함치 않을 수 없다 등의 소제목을 달았다.

소설과 희곡의 유사점과 차이점을 설명하면서 글은 시작된다. 자기가 느끼는 바를 쓰는 서정시, 자기가 보고 듣는 바를 사물에 표현하고자 하는 서사시, 자기와 동일한 여러 가지 사상 감정을 담고 행동하는 인물을 묘사하는 희곡과 소설이 있다는 것이다. 희곡과 소설이 서로 다른 점은 희곡은 '종합 미술(예술)'이지만 소설은 '본문뿐이다'라는 점이다. 특별히 눈에 띄는 내용은 인물, 사건, 배경이라는 현재의 <소설의 3요소>와 비교할 수 있을 만한 <소설의 5대 성분>이다. 제1성분은 사건의 마련, 제2성분은 인간됨, 제3성분은 장소와 시간 즉, 배경, 제4성분은 문장, 즉 문체, 제5성분은 작자의 우주관, 사회관, 인생관을 포함한 작자가 표현하고자 하는 목적이라는 것이다. 100여 년 전 쓰인 글 속 <소설의 5대 성분>은 지금의 <소설의 3요소>보다 더 명확하고 구체적으로 소설의 구성 요소를 명시하고 있다. 한 걸음 더 나아가 제1성분의 사건의 '마련' 즉 '조직(組織)'이라는 이 단어를 눈여겨볼 수 있다. 이때의 마련은 '플롯', '구성' 등으로 바꿔 사용할 수 있는데 그 뜻을 생각하면 현재에도 마련을 플롯이나 구성 대신 써도 좋다는 생각이다. 그 용어의 뿌리가 '~을 마련하다'에서 나온 것이 아닌가 추측한다. 만약 그렇다면 정말 멋진 단어이다. 예를 들어 <양자의 우열>에서 마련이 확실한 소설이 좋은지 마련이 확실치 않고 모호한 소설이 좋은지에 관한 의견을 개진한다. '마련이 확실치 않더라도 인물의 약동이 확연하면 우수한 소설'이고 '마련이 확실하더라도 인물의 약동이 없다면 우수한 소설이 아니다'라고 답을 내린다. 결론적으로는 인물이 살아서 움직이며 자연스럽게 실사회를 보여주는 소설이 완전한 소설이라고 덧붙였다. 단순한 마련과 복잡한 마련도 구분하였는데, 춘향전과 같은 것은 전자요, 삼국지나 수호지 같은 것은 후자이다. 또한 마련을 쓰는 방법은 직설화법, 자서적 화법, 서한체 담화법, 가탁적 담화법을 제시하였다.

제2성분은 인간의 성격의 묘사 부분인데, 해부학적 방법과 희곡적 방법을 제시하면서 인물 묘사에 있어 근대의 소설가 대부분은 작가는 곁에서 아무 말도 없고 대화나 행동으로부터 어떤 인물인 줄 독자가 자각하는 방법을 선호한다고 하였다. 이러한 근대 소설가들의 글 쓰는 태도가 아마도 이 글의 가장 중요한 핵심인 것으로 보인다. 이전의 고전소설이 작가의 해부학적 시선으로 선악이 분명한 인물을 묘사하고 교훈적이었다면 근대소설의 작가는 독자가 스스로 자각하는 방식이라는 점이다. 한편 소설에서 성격과 마련 중에 어느 것이 더 중요한가에 관한 내용은 성격과 마련이 사람의 정신과 육체와 같아서 서로 불가분의 관계라고 말한다. 여기서 주목할 점은 마련이 주가 된 소설은 오직 사건을 재미있게 하여 인물의 성격이 돋보이지 않거나, 인물의 성격에만 경도된 소설은 사건만을 무리하게 전개할 때 글이 두서없이 된다는 점이다. 즉 성격을 중요하게 생각하되 마련이 희생되지 않도록 하는 것이 소설가의 정신이라는 것이다.

제3성분은 배경인데 이는 인물과 사건의 활동을 발생하게 하는 장소와 때라고 할 수 있다. 특별히 현대소설의 배경 장치는 일반적이지 않고 국부적이며 보편적이지 않고 특수한 경향이 있다. 따라서 배경을 널리 사회 일반의 광경으로 보지 않기 때문에 현대의 소설은 그 종류가 다양하다고 하였다. 그 예로서 상류소설, 중류소설, 실업(實業)소설, 해사(海事)소설, 군사(軍事)소설, 정치소설, 소년소설, 소녀소설 등을 들었다. 여기서 '소년소설'에 관심을 가지면 일반적으로 '아동'을 독자층으로 한 '소설' 장르의 연장 개념으로 장정희의 <방정

환 문학 연구-'소년소설'의 장르의식과 서사전략을 중심으로->에서는 방정환이 한국 아동문학사에서 최초로 '동화, 동요, 소년소설'이라는 아동문학 장르 구분을 했다는 점을 밝히고 있다. 그리고 실제 방정환은 1923년 7월호에 '소년사진소설'인 「영호의 사정(4회)」을 우리나라에서 최초로 썼다고 한다. 일본에서 개벽사 동경특파원 활동(1920년 9월 중순부터)을 시작하고 도요대학 문화학과의 청강생(1921.4.9 입학, 1922.3.10 퇴학)으로 있었던 시기를 고려할 때, 개벽1호가 창간된 1920년 6월 25일을 기준으로 보면 1923년에 쓴 '소년소설'에 관한 배경지식을 이미 현희운의 소설개요를 보고 알고 있었을 것으로 추정할 수 있다. 그러므로 방정환의 소년운동뿐만 아니라 아동문학에 대한 관심은 동경 유학 시기 이전에 형성이 되어 있었을 것이다.

제4성분은 문장이다. 소설에서 사건은 물론하고 정지 상태에 있는 것을 소설이 구성하기 어려우니 그 진행하는 바를 묘사하는 것이 문장의 임무이다. 문장은 전후 연결이 충분히 묘사되는 것이 관건이다. 또한 소설가는 문장 중에서 대화를 통해 인물의 감정과 사상을 설명하고 인물과 인물의 관계와 인물과 사건의 관계를 설명하는 데 중요한 역할을 한다. 즉 대화는 인물의 성격에 부합되지 않으면 안 되는 것이다.

제5성분은 작가의 인생관이다. 이 점이 지금의 <소설의 3요소: 인물, 사건, 배경>과 비교할 때 가장 차이가 두드러지는 면이다. 그러면 작가의 인생관이란 무엇일까? 이는 분명 윤리사상에 적합한 권선징악이 아니다. 소설은 수신담(修身談-도덕책)이나 설교책이 아니기 때문이다. 이 점에서 방정환의 「소년의 지도에 관하여 - 조정호 형에게(『천도교회월보』 제150호, 1923년 3월)」를 주의 깊게 볼 필요가 있다. "소년운동에 힘쓰는 출발을 여기에 둔 나는 이제 소년잡지 『어린이』에 대하는 태도도 이러할 것이라 합니다. 모르는 교육자의 항의도 있겠지요. 무지한 부모의 비방도 있겠지요. 그러나 어떻게 우리가 거기에 귀를 기울일 수 있겠습니까. 우리의 소신대로 돌진 맹진할 뿐일 것입니다. 『어린이』에는 수신강화와 같은 교훈담이나 수양담은 일절 넣지 말아야 할 것이라 합니다." 소설은 시적 진리를 포함하면서 사실 여부와 관계없이 그럴 듯하게 생각되는 진리를 내포하고 있다. 소설가는 자기 자유에 의하여 각종 사건과 온갖 인물을 취사선택하여 그리되 사건을 표시하는 진리는 소설가의 인생관이다.

    참고로 현희운은 『개벽』 창간호에 이 '소설 개요' 외에 현철(玄哲)이라는 필명으로 이반 세르게예비치 투르게네프(Иван Сергеевич Тургенев, 1818~1883)의 <각본 격야(隔夜) 5막>을 예술좌의 흥행각본으로 당시 연극학교 선생 楠山正雄(くすやま まさお、, Kusuyama, Masao, 1884.11.4.~ 1950.11.26., 일본의 연극평론가, 편집자, 아동문학자) 씨가 각색한 것을 번역하였다. 현희운이라는 인물이 얼마나 앞선 삶을 살았는지를 단적으로 보여주는 부분이다. 이 글은 서두에서 언급하였듯이 동경예술좌연극학교 강의 노트를 기초로 쓴 것이다. 이러한 「소설개요」를 『개벽』이라는 잡지를 통해 조선에 있는 청년들이 읽고 새로운 도전을 하도록 한 바는 큰 의미가 있다고 생각한다. 여러 명의 개벽청년이 있었을 것이고, 방정환 연구자로서 필자의 눈에는 당시 「소설개요」를 읽고 서로 공부하면서 방정환이 잡지 『어린이』를 만드는 그 목적을 확고히 할 수 있었을 것으로 본다. 작가는 "일종의 도덕가나 철학가가 될 수는 있지만 그렇다고 수신담과 설교책으로 글을 쓰면 안 된다"는 뚜렷한 목적의식을 가지게 된 것이다. 물론 이러한 이론 공부들은 단순히 선진 문화를 그대로 받아들이는 데 급급한 것이 아니라 조선식으로 바꾸고 창조해나가는 역할 또한 중요했을 것이다.

효종(글쓴이)

◈ 최수일의 「『개벽』연구」에 따르면, 효종(曉鐘)은
현희운(玄僖運)의 필명이며 그는 잡지 『개벽』에서 H생(生),
현철(玄哲), 효종(曉鐘)이라는 세 가지 필명을 사용하였다
◈ 1891년 부산에서 태어났으며 본관은 연주(延州)이고
1965년 3월 19일 75세의 나이에 사망하였다 ◈ 일본
도쿄 중학교를 수료하였고 한성 보성고등보통학교를
졸업하였으며, 도쿄 세이소쿠 영어학교를 졸업하였고
메이지 대학교 법학과를 중퇴하였다 ◈ 위의 세 가지
필명 이외에도 현당(玄堂)이라는 필명을 썼으며,
아호(雅號)는 해암(海巖), 효종(曉鐘), 효종생(曉鐘生),
세류옹(世瘤翁)이다 ◈ 눈에 띄는 것은 현희운이 소설가
현진건(玄鎭健)의 당숙이었다는 점이다 ◈ 현희운은
1910년부터 1965년까지 문학평론가, 신극운동가,
연극연출가, 연극배우, 영화평론가, 야담가, 극장
기업경영인등 다방면에서 활발히 활동하였다 ◈ 그는
메이지 대학 재학 당시부터 신극 운동에 큰 관심을 가지고
연극에 관한 공부를 시작하였다 ◈ 일본적인 신극을 넘어서
조선적인 연극을 찾기 위해 1917년 중국 상하이로 떠났다
◈ 상하이에서 잠시 연극학교를 운영하고 1919년 귀국하여
여러 예술 분야에 두루 활동하였다. 귀국 직후 연극배우를
양성하는 연예강습소를 설립하였으며, 특별히 1920년에
창간된 잡지 『개벽』의 학예부장을 맡으면서 연극을 주제로
한 문학이론과 문예평론에 관하여 글을 썼다 ◈ 일제강점기
당시 조선인에게는 희곡에 대한 이해가 거의 없었고, 연극
비평 또한 더더욱 찾기 어려웠던 때였다 ◈ 이러한 시기
일본 유학 당시 선진 문화를 체험한 현희운의 글은 연극이나
소설과 같은 새로운 문학장르를 소개하고 이론화하는
데 많은 기여를 하였다 ◈ 그럼에도 불구하고 해방 이후
연극이나 영화와 같은 집단적 예술에 한계를 느끼고 야담
장르로 영역을 바꾸면서 일제강점기와 같이 활발한 활동을
하지 못하였다 ◈ 일찍이 시대를 앞서 살았지만 그 시대를

앞선 만큼 이상과 현실 사이의 괴리에 한계를 느낀 인물이
아니었는가 싶다

이정아(옮긴이 1)
◈ 방정환연구자이면서 동시시인이다 ◈ 2022년
『아동문학사조』동시부문에서 신인문학상을 받았다
◈ '늘빛'이라는 아호를 쓰고 있고 동심을 잃지 않으려
노력한다. 교육학을 전공하였지만 시와 문학에 더
끌린다 ◈ 2023년을 기준으로 잡지 『개벽』이 창간된 지는
100년이 넘었으나 그 이야기들은 현재에도 울림이 있다
◈ 박길수 대표의 명석함, 박은미 선생의 역동성, 백아인
작가의 신선함이 2주마다 지구인문학연구소에서 열리는
'개벽강독회'를 이끄는 '력(力)'이다

박길수(옮긴이 2)
◈ 다시개벽 발행인, 모시는사람들 대표, 방정환도서관
관장, 개벽라키비움 대표, 지구인문학연구소 연구원
◈ 지금 새롭게 관심을 두는 것은 "인간론"
"동학천도교대사전" "서울동학농민혁명기념사업회" "개벽의
징후2024" "사전도서관" 등이다

사회개조 팔대사상가

3. 러셀

이쿠다 조코 · 혼다 미사오

번역 조성환

개벽, 제1호, 1920.6.25

[번역자주]

이 글은 1920년에 일본에서 간행된 『社會改造の八大思想家』의 제3장 「러셀」을 번역한 것이다. 전반부는 러셀의 『사회 개조의 원리(Principle of Social Reconstruction)』의 소개이고, 후반부는 『자유로 가는 길(Roads to Freedom)』의 요약이다. 저술이라기보다는 원문 인용이 대부분이다. 100년 전의 번역이라 매끄러운 편이 아니어서, 한글로 옮겨놓아도 의미가 잘 통하지 않는 부분들이 있다. 다행히 인용되고 있는 두 권의 책이 한글로도 번역되어 있고 영어 원서도 구할 수 있어서, 의미가 불분명한 부분은 대조해서 보면 알 수 있을 것이다.

1922년에 한글판 『사회개조 십대사상가』가 간행되었는데, 이 책의 제4장이 「러셀」이다. 하지만 분량은 일어판 『社會改造の八大思想家』의 절반 정도이다. 일어판에 있는 제4절 "러셀 개관" 부분이 한글판에는 없다.

일어판과 한글판에 소개되고 있는 러셀의 언설들은, 당시만 해도 러셀이 일본과 한국에 '사회개혁사상가'로 소개되었음을 말해준다. 우리에게는 수리철학자나 『서양철학사』로 유명하지만, 1세기 전만 해도 러셀은 마르크스나 톨스토이와 같은 '사회개혁가'의 한 사람으로 동아시아에 알려졌던 것이다.

마지막으로 이 책이 나오던 해에 러셀은 북경대학 철학과 초빙교수로 초대되어 중국에 서 철학 강연을 하고 있었다. 강연 내용은 1922년에 "The Problem of China"라는 제목으로 출간되었고, 우리말로는 『러셀, 북경에 가다』는 제목으로 번역되어 있다.

【1. 재인(才人) 러셀】

버트란드 러셀[1]은 현재 영국의 논단에서 태양이다. 그의 한마디는 전 영국의 지식계급을 좌우하고 통제하는 매력을 가지고 있다. 지금 그는 단지 영국에서뿐만 아니라 전 세계에서 사회개조의 이론적 지도자로서, 청년들의 동경의 중심이 되고 있다.

그 위대한 버트란드 러셀은 트리니티 대학 및 케임브리지 대학의 교수였다. 그의 아버지는 자작(子爵)이다. 그의 조부인 로드 존 러셀[2]은 1846년부터 1852년까지, 그리고 1865년부터 1866년까지, 두 차례에 걸쳐 영국 수상의 자리에 오른 대(大) 정치가이다. 그의 사상은 지금은 점점 우리나라(일본-역자 주)의 사상계에 일대 경종이 되어 울리고 있다.—그는 몇 년 전부터 위대한 수학자로 알려져 있는데 그의 이름을 사회적으로, 라기보다도 세계적으로 알리게 한 것은—적어도 전 세계적으로 알리는 계기가 된 것은, 말할 필요도 없이 유럽 전쟁이다. 즉 이 유럽 전란에 즈음하여 버트란드 러셀은 위대한 심판자의 한 사람으로서, 그 누구보다도 뛰어난 용기와 지성을 보여주었다. 그러나 그의 용기와 지성은 일반 민중을 계발 지도하는 데 힘이 되었지만, 다른 한편으로 영국 정부의 비위를 건드리지 않을 수 없었다. 그는 1916년 9월 1일, 군사 관헌으로부터 한 통의 금지명령을 받았다. 그 명령에 따르면, 그는 관헌의

---

[1] Bertrand Arthur William Russell, 1872~1970.
[2] Lord John Russell, 1792~1878.

허가 없이는 금지 구역에 출입할 수 없다는 것이다. 그런데 그 금지 구역이란 사실상 영국의 모든 해안지역이었다.—이것을 전후해서 그는 케임브리지 대학에서 쫓겨나지 않으면 안 되는 운명에 있었다. 그 사이의 사정은 그의 저술 『전시 중의 정의(Justice in War Time)』의 서문에 나와 있다.

그는 서문에서 다음과 같이 말하고 있다.

나의 직업은 오늘까지 수학 교사였다.—그러나 영국 정부는 내가 하버드에서 나의 직업을 수행하는 것을 금지시켰다. 그리고 트리니티칼리지의 평의원회(平議員會)는 그것을 케임브리지에서 수행하는 것도 금지시켰다.

이런 경우에 그는 필연적으로 일반적인 문제에 대해 강연하지 않을 수 없었다. 즉 그는 이른바 각 지역의 시골 마을에서 강연하기 위해 정치철학의 원리에 대한 하나의 과정을 준비하지 않으면 안 되게 되었다. 그런데 그때 러셀이 초대된 마을 중에서 세 군데까지는 관헌의 엄중한 명령 하에 있는 금지 구역이었다.—말할 필요도 없이 그는 금지명령을 어기면서 그 구역 안에 들어갈 수 없었다. 여기에서 갖가지 교섭을 거듭한 결과, 마침내 영국 관헌은 러셀이 강연을 선전 운동에 사용하지 않는다는 조건을 걸고 허락했다. 러셀은 이 폭력적인 정부의 조치에 대해 원망이 사무쳤지만, 명령에 그대로 따랐다. 그의 마음속에 전제정치에 대한 반항심이 불타오른 것은 실로 이 사건부터이다. 그는 이러한 전제정치와 싸우는 것이 그의 인간으로서 주어진 최대의 사명임을 자각하게 되었다.—"아, 포악한 정부여. 너는 나의 육체를 죽일 수 있지만, 나의 정신을 죽일 수 있을까?"—러셀의 가슴 속에는 반역의 피가 용솟음쳐 올랐다. —이렇게 해서 그의 용감한 싸움은 마침내 정부의 비위를 건드려, 이 위대한 철학자는 감옥에 투옥되었다. 그의 투옥을 전후해서 그의 명저 『자유로 가는 길(Proposed Roads to Freedom)』[3]이 간행되었다. 영국 정부는 이렇게 그를 감옥에 투옥시켰다. 그러나 러셀을 투옥한 영국 정부는 사실상 러셀에게 정복되고 있었다.—출옥 후의 그는 즉시 글래스고 대학의[4] 총장 자리를 놓고 보수당의 수장인 보나드와 다투어야 하는 처지에 놓였다.

포악한 정부는 다시 그를 체포하여 영어(囹圄)의 몸이 되게 하려 했지만, 대부분 큰일 없이 끝났다. 향후의 그의 행동이 어떻게 변할지는 지금 당장 예상할 수 없지만, 그의 사상이 세계적으로 선전되리라는 점만은 추호의 의심도 없을 것이다.—이하에서는 그의 사상을 알기에 충분한 두세 편의 저술에서, 그의 식견, 인물의 윤곽만을 그려보기로 한다.

그의 저서는 무수히 많지만, 그중에서 특히 세계적으로 알려져 있는 것은 『정치의 이상(Political Ideals)』과 『사회개조의 원리(Principles[5] of Social Reconstruction)』[6] 그리고 앞서 소개한 『자유로 가는 길』이다. 그 밖에도 다음과 같은 저서가 있다.

① Introduction to Mathematical philosophy
② Scientific Method in philosophy
③ German Social Democracy
④ Justice in War Time

---

[3] 이 책은 한국어로 두 차례나 번역되었다. 버트란드 러셀 지음, 장성주 옮김, 『버트란드 러셀의 자유로 가는 길』, 함께읽는책, 2012.; 버트란드 러셀 지음, 임창식 옮김, 『인간 해방의 꿈』, 부크크, 2020.

[4] 글래스고 대학교(University of Glasgow)는 영국 스코틀랜드 글래스고에 위치한 공립대학이다. 1451년도에 개교하여, 영국에서 네 번째로 오랜 역사를 가진 대학이다.

[5] 원문은 'principle'로 되어 있는데 원서 제목에 맞게 'principles'로 수정했다.

[6] 이 책은 한국어로도 번역되어 있다. 버트란드 러셀 지음, 이순희 옮김, 『왜 사람들은 싸우는가?: 행복한 사회 재건의 원칙』, 비아북, 2010.

【2. 러셀의 철학 – 러셀의 사상 발달의 경로】

러셀은 본래 수학적 철학자이다. 따라서 그의 사회관은 모두 그것의 기초를 수학적 입장에 두고 있다. 예전에 어떤 학자가 러셀을 평가하면서, 그의 사회론은 마치 뉴턴과 같은 과학자가 그 과학적 원리를 응용하여 사회 문제를 말하는 것에 비견될 수 있다고 한 것은 실로 지언(至言)이라고 하지 않을 수 없다. 그는 스피노자와 마찬가지로, 기하학의 방법을 써서 자신의 철학론을 조직하고, 더 나아가서 과학적인 객관적 태도로 사물을 연구했다. 그는 인생 사회의 문제를 해결하는 데 있어서도 항상 기하학의 선 혹은 평면을 연구하는 것과 같은 연구 태도를 적용했다.

생각해 보면 러셀의 입장은 한마디로 17세기 혹은 18세기의 과학적 철학을 오늘날의 형태로 바꾸었다고 할 수 있다.─러셀은 처음에 수학을 배우고, 그것을 논리적으로 연구하였으며, 이와 관련해서 많은 수학책을 저술했다.

그러나 그의 수학은 보통의 일반적인 수학과는 본질적으로 차이가 있다. 즉 일반적으로 수(數)는 본래 직관에 속하는 것으로 인식되고 있었는데, 그는 그것을 개념의 형식으로 해석하고 설명하려는 방법을 취한 것이다. 그리고 러셀의 이러한 생각을 가장 단적으로 드러낸 것은 그의 옥중 저작인 『수학철학개론』[7]이다.─그리고 그가 이러한 경향에 이르게 된 근본적인 원인은, 일찍부터 라이프니츠의 철학을 연구했기 때문이다. 다만 그가 라이프니츠를 연구하는 데 있어 보통의 연구자와 다른 방법을 취한 것은, 많은 철학사가(哲學史家)가 라이프니츠의 단자론을 본체론으로부터 도출시키는 것에 반해서, 그는 논리수학의 전제로부터 설명하고 있는 점이다. 이와 같이 라이프니츠에 관해서 깊이 있는 연구를 지속했기 때문에, 그는 저절로 그의 예리한 영향을 받

---

[7] 원제는 "Introduction to Mathmatical Philosophy"이고, 우리말 번역은 버트런드 러셀 지음, 임정대 옮김, 『수리철학의 기초』, 경문사, 2002.

지 않을 수 없었다. 이렇게 해서 그의 사상의 경향을, 한편으로는 스피노자와 겹치면서, 다른 한편으로는 라이프니츠와 상당히 겹치고 있다. 어떤 의미에서 말하면, 스피노자와 유사하기 때문에 라이프니츠와도 겹치고 있다고도 할 수 있다. 왜냐하면 라이프니츠와 스피노자는 여러 가지 점에서 대단히 본질적인 유사점이 있기 때문이다. 물론 하나같이 모두 동일하지는 않지만, 이성주의, 과학주의라는 점에 있어서 유사한 점이 매우 많다.

이와 같이 수학 연구에서 출발하여 라이프니츠 연구로 나아가고, 그와 같은 소양으로부터 철학의 문제를 연구하면서, 러셀은 특수한 실재론을 철학상에서 주장하게 되었다.

그리고 그의 입장은 저절로 실재론이 되고 다원론이 되었다. 그의 논의 방법은 모두 과학적 정신에 기초하고 있어서, 이른바 신비적 경향은 강렬하게 배척하였다. 여기에서 이러한 논의에 도달하기 위해서, 러셀이 종래의 철학을 어떻게 생각했는지를 연구할 필요가 있다. 그 당시에 그가 발표한 많은 논문에 대해 말하면, 그는 종래의 철학의 태도를 고전적 전설에 속하는 것으로 생각하고 있다. 이와 같은 고전적 전설이 귀착하는 바는 필연적으로 관념론 혹은 유심론으로, 그러한 대표적인 사례로 버클리의 철학을 들 수 있다. 그리고 거기에 나타난 가장 큰 특징은 희랍풍의 이성을 믿는 것과, 중세풍의 우주를 경시하는 사상이 포함되어 있는 점이다. 이와 같은 견지에서 세계를 모두 우리의 관념에 귀속시킨다는 식의 새로운 결론이 생겨나는 것이다. 그리고 이 사상이 종종 잡다한 곳에서 철학의 대부분을 점령하고 있지만, 그것에 반대하는 사상 또한 한편으로는 존재하여, 오늘날에는 진화론이라는 형태로 나타나고 있다.

이와 같은 러셀의 사상 체계를 밝힌 것은 그가 1914년에 옥스퍼드대학에서 시도한 <철학에서의 과학적[8] 방법>이라는 강연에서이다. 요컨대 러셀의

---

[8] 원문은 '化學的'인데 문맥상 '科學的'의 오타로 보인다.

253

철학은 모든 의미에서 과학적이라는 것이 증거로 뒷받침되는 것이다.

그런데 종래의 과학적 철학이라고 하면, 단지 자연과학의 원리 원칙을 응용하여 철학상의 일반적 문제를 해석하는 것이 일반적이었다. 예를 들면, 생물학의 원리를 가지고 곧장 세계관, 인생관을 조직한달지, 화학의 근본 가정을 가지고 곧장 자연철학을 조직한달지 하는 것이 습관이 되어 있었다. 그러나 이와 같은 견해는 하나같이 단지 그 일부만을 가지고 곧장 전부로 소급하는 것이기 때문에, 그 결과는 스스로 철학적 독단주의로 빠질 폐해가 종종 있었다. 그리고 러셀이 그 독자적인 과학적 철학을 설파함에 있어서 이런 측면을 회피한 것은 가장 적당한 방법이라고 하지 않으면 안 된다. 또한 그 잘못된 과학적 철학의 실례로서, 러셀은 명백하게 에너지 불감설(不滅說)[9]과 진화론을 응용하여 자신의 철학 이론을 조직한 스펜서[10] 등을 비난하였다. 예를 들면 진화론자는 진화라는 것을 완전히 자연과학적으로 설명하지만, 과연 진화라는 것이 문자 그대로의 의미를 항상 가지고 있는가? 말을 바꾸면, 순수한 자연주의적 관점에서 단세포 동물이 더 복잡한 조직으로 변해 가는 것을 왜 진화라고 하는 것일까? 이것은 단세포 동물 자신에서 보면 결코 진화도 아무것도 아니다. 이와 같은 생물 관계를 칭하여 만약에 진화라고 할 때에는, 이미 명백히 거기에 가치 판단이 가해지고 있어서, 그것을 가지고 객관적 해석이라고 결코 말할 수는 없다.

그러나 이와 같은 방법은 결국 '과학과 철학의 영역을 철거하고, 철학의 모든 가치를 부정하는 것이 되지는 않을까'라는 의문이, 러셀의 머릿속에 새롭게 생기게 되었다. 그는 이 의문에 대해서 철학의 특성을 과학과 구별하기 위해 다음과 같이 논하였다.

먼저 첫 번째로, 철학적 명제는 모두 일반적이지 않으면 안 된다. 두 번째

[9] '불감'은 "감소하지 않는다"는 뜻이기 때문에 '에너지 보존법칙'을 말하는 것 같다.
[10] 허버트 스펜서(Herbert Spencer, 1820~1903). 영국 출신의 사회학자, 철학자, 심리학자.

로는 철학적 명제는 선천적(先天的)이지 않으면 안 된다. 그리고 첫 번째의 일반적이지 않으면 안 된다는 것은, 철학의 명제는 천지간에 존재하는 사건에만 한정되지 않고 존재하는 모든 것, 존재할 수 있는 것에 관한(것을 포괄한-역자 주)다는 것이다. 즉 통상의 사고방식에 의하면, 하나의 통일된 우주를 인정하고 그 전체로서의 성질을 가정하는데, 그는 이러한 생각에 반대하여 (하나의 통일된) 우주를 인정하지 않고, 단지 각각의 사물이 각자 일반적인 의미를 지닌다고 보았다. 즉 통일적 실재를 완전히 부정하는 것이다. 이것을 철학 용어로는 '절대적 다원론'이라고 할 수 있다.

이와 같이 철학상의 명제는 널리 일반적으로 적용될 수 있는 논리적 성질을 지니고 있는 것이다. 그리고 과학의 명제는 각각의 특수한 방면에, 가령 물리적이나 화학적과 같은 형태로 한정되어 있지만, 철학에는 그런 차별이 없다.

둘째, 철학적 명제가 선천적이지 않으면 안 된다는 것은, 그것이 경험의 증거에 의해 논증되지도 않지만 반박되지도 않는다는 것이다. 즉 논리상 경험에 기초하지 않는다는 의미이다.―러셀의 사상은 대체로 이상과 같은 철학적 근거에서 생기는 것이다. 그의 책 『정치의 사상』, 『사회개조의 원리』, 『자유로 가는 길』 등이 그의 철학 이론으로부터 탄생한 독자적인 사회관을 증명하고 있다. 이에 대해서 어느 러셀 비평가는 다음과 같이 말하였다.

그가 사회의 근본 법칙으로 생장(生長)의 원리를 세우고, 그것에 의해
사회개량의 방침을 정하려는 점은 여전히 과학적 철학의 정신을 보여주고 있다.
그 이외의 이상적 상태를 묘사하는 데 있어서는 수학자가 수(數)의 이상적
관계를 논하는 모습을 드러내고 있다. 그리고 때로는 상당히 거칠게 사회나
인생을 관찰하는 대목은 너무나 수학적으로 문제를 단순화한 느낌도 들지만,
어쨌든 이것들은 모두 그 과학적 철학의 결과이다. 따라서 러셀의 사상에서는
수학 연구에서 시작하여 사회개조 논의에 이르기까지 언제나 일관되는 맥락이
있다.

이하에서는 그의 대표적인 세 저작을 중심으로 그의 사상을 상세하게 소개하기로 한다.

【3. 러셀의 사회개조론】

『사회개조의 원리』는 러셀이 1915년에 쓰고, 그 이듬해 초에 강의한 것이다. 이 책에서 러셀이 하고자 한 작업은 인간 생활을 지배하는 힘은 의식적 기획이라기보다는 충동이라는 신념에 기초한 정치철학을 제시하는 데에 있었다. 그는 이 책의 서문에서 다음과 같이 논하고 있다.

> 무릇 충동이란 것은 대체로 그것을 구별하면 소유적 충동과 창조적 충동의
> 두 가지로 나눌 수 있는데, 전자는 다른 것과 공유할 수 없는 것을 획득하거나
> 소지하려는 충동이고, 후자는 어떤 가치를 소유하고, 게다가 독점을 허용하지
> 않는 것, 가령 지식, 예술, 선의(善意) 등을 인생에 부여하고자 하는 충동이다.
> 그리고 나는 주로 창조적 충동에 의해 건설된 생활은 가장 좋은 생활이고,
> 오로지 소유욕에 의해서만 움직이는 생활은 가장 나쁜 생활이라고 생각한다.
> 그래서 정치적 조직은 만인의 심성에 커다란 영향을 끼치는 것이기 때문에,
> 소유욕을 버리고 창조욕을 증진하도록 구성되지 않으면 안 된다. – 즉 국가,
> 전쟁, 재산 등은 소유적 충동의 주된 정치적 체현이고, 교육, 결혼, 종교 등은
> 창조적 충동의 주된 정치적 체현이다. 그리고 창조욕의 해방이 정치 및 경제의
> 개조의 원리이지 않으면 안 된다.

이 책은 「생장(生長)의 원리」, 「국가론」, 「제도로서의 전쟁」, 「재산론」, 「교육론」, 「결혼 및 인구 문제」, 「종교와 교회」, 「금후의 노력」의 8개 장(章)으로 이

루어져 있는데, 하나같이 과학적 철학의 입장에서 명쾌한 사회개조의 선전을 행하고 있다.

러셀은 말한다.

"하나의 충동은 끊임없이 그것을 압박하면 마침내는 사멸하는 것이다." 그리고
"현대는 소유 충동만 제멋대로 그 세력을 뻗치고 있고, 창조 충동은 거의
압박받고 있다. 그리고 지금 그 원인을 탐구하면, 죄는 현대의 사회제도에 있다.
즉 자본주의 제도 사회에서는 인간은 물질적 조건의 감옥에 던져져 있다. 그래서
인생의 가치는 혼동되어 일체가 화폐 가치의 표준에 의해 측정되지 않으면 안
되게 된다. 즉 사람은 살지 않으면 안 된다. 그리고 살기 위해서는 먼저 물질적
조건을 첫 번째 문제로 삼지 않으면 안 된다. 그러기 위해서 – 이 조건을 얻기
위해서 투쟁이 생긴다. 그리고 창조적 생활을 영위할 여지는 결코 주어지지
않는다. 현대 문명의 근본적인 결함은 실로 여기에 있다."[ii]

그렇다면 한 걸음 더 나아가서 이 결함을 어떻게 개선해야 하는가. 여기에 개조의 필요가 생기게 된다. 그리고 러셀에 따르면 창조의 생활을 가장 풍요롭게 하고, 소유의 생활을 가장 감축시키는 사회가 이상적인 사회가 되지 않으면 안 된다.

이제 러셀의 개조론의 개요를 알기 위해서 『사회개조의 원리』의 핵심 부분을 발췌한다.

우리가 눈앞의 일만을 생각하고 있는 한, 우리는 아무 것도 할 수 없음을 알지
않으면 안 된다. 전쟁을 종식시키는 것도, 국가나 사유재산의 과도한 권력을
파괴하는 것도, 교육에 새로운 생명을 불어넣는 것도, 모두 보통의 일반적인

[ii] 원문에는 따옴표가 여기에서 끝나는데 시작되는 곳은 없다. 그래서 문맥상 〈현대는〉에서 따옴표가 시작된다고 보았다.

정치적 수단에 의해서는 결코 행해질 수 있는 것이 아니다. 우리는 전 세계가 근저에서 잘못된 정신에 의해 지배되고 있음을 무엇보다도 먼저 알지 않으면 안 된다. 그리고 이와 같은 정신은 결코 하루아침의 노력으로 바뀌는 것은 아니다. 다만 우리는 우리에게 용기와 인내가 있는 한 언젠가는 반드시 인류가 이것에 의해서 개조될 것을 확신할 수 있다. 이와 같은 견지에서 우리가 제일 먼저 해야 할 일, 하지 않으면 안 되는 일은, 우리가 선(善)이라고 생각하는 생활의 종류와 우리가 세계에 바라는 변화의 종류를, 자신의 마음속에 분명히 해 두는 것이다. 신앙의 자유는 아득한 옛날, 소수의 대담한 철학자의 고독한 사색이었다. 이론으로서의 민주주의는 크롬웰 군대의 소수자 사이에서 생겨나고, 왕정복고 이후에 그들이 미국으로 이주하여, 거기에서 독립전쟁이라는 결실을 맺었다. 워싱턴을 도와 싸운 라파예트[12]나 그 외의 프랑스 사람이 민주주의의 이론을 프랑스에 가지고 가서, 그것이 루소의 교리와 결합되어 혁명을 고취한 것이다. 사회주의는 그 가치를 어떻게 생각하든지 간에 하나의 위대한 세력으로, 그것에 의해 경제생활이나 정치생활을 변화시키고 있다. 게다가 사회주의는 지극히 소수의 고독한 이론가에서 시작되고 있다. 부인(婦人) 운동은 지금은 대단히 유력한 것이 되고 있는데, 처음에는 소수의, 그것도 지극히 비실제적인 이상주의자들 사이에서 생겨났다. 그것을 한마디로 하면, 사상의 힘은 최후에는 그것 이외의 모든 인간의 힘보다 위대하다. 사색하는 능력이 있는 사람들, 인간의 필요에 따라 생각하는 상상력을 지닌 사람들은, 그것이 목적으로 하는 선(善)을 설령 생전에 이룰 수는 없다 하더라도 장래에는 반드시 달성할 수 있다.

*

그러나 사상의 힘으로 세계를 개조하려고 생각하는 사람은 현재에 있어서는

---

[12] 라파예트(La Fayette, 1757~1834)는 프랑스 귀족 출신 장교로, 1777년 미국의 독립전쟁에 참전해 조지 워싱턴과 함께 영국에 대항하며 미국의 독립을 이끈 인물이다.

세계의 도움을 잃을 것을 각오하지 않으면 안 된다. 많은 사람들은 당시에 유행하는 신앙이나 습관을 그대로 수용하여, 만약 자신이 그것에 반대하지 않으면 세계는 모두 자신들의 편이라고 생각해서 아무런 의혹도 생기는 일 없이 인생을 헛되이 보내는 것이다.

*

세계에 관한 새로운 사상은 이 쉽게 동의하는 것과는 결코 일치하지 않는다. 그것에 대해서는 어떤 의미의 지적 초월도, 내부적으로 세계를 지배하고, 또한 세계가 빚어낸 많은 사람들을 지배하는 힘이 필요해진다. 무릇 고독을 감내하지 않으면 새로운 사상은 그 목적을 달성할 수 없다. 이렇게 해서 대부분의 사상가는 인습적이 되든가 아니면 무기력해지게 된다.

*

언제 어느 때에도 유익한 정치상의 이론을 탐구하는 데 있어 결여하고 있는 것은 '이상향'의 발견이 아니라 가장 좋은 운동 방법을 발견하는 것이다.

*

무릇 개인 생활의 통일에 필요한 것은 먼저 인간이 지니고 있는 모든 창조적 충동을 구체화하는 것이지 않으면 안 된다. 또한 교육은 이러한 충동을 유도하여, 그것을 강화시킬 수 있도록 행해지지 않으면 안 된다. 생각해 보면, 사회의 통일에 필요한 것은 사회의 전원이 개인의 만족을 원조해 주는 사회로, 그것이 반드시 자각적 행동은 아니라고 하여도, 많은 남녀의 많은 충동이 어느 공통적인 생활, 어느 공동의 목적을 향해 서로 함께 작동하도록 하지 않으면 안 된다. 생명력에서 생기는 활동력의 다수는 두 부분으로 성립되어 있다. 하나는 창조적인 것으로, 자기 자신의 생활 및 같은 종류의 충동을 지니고 있는 다른 사람의 생활을 조장하는 것이다. 다른 하나는 소유적인 것으로, 다른 종류의 충동이나 상태를 지닌 집단의 생활을 방해한다. 이러한 이유에서 그 자체로 가장 생활을 유익하게 하는 것이 도리어 생활에 거슬러서 작동하게 된다. 예를 들면 17세기의 퓨리터니즘(청도교주의)이 과거에 영국에서 행했던 것, 혹은 국가주의가 현재 전 유럽에서 행해지고 있는 것과 같은 것이 그러하다. 생활력은 곧장 전쟁이나 압제가 되어, 그것을 위해서 생활력을 죽이기 쉽다. 전쟁은, 처음에는 한 나라의 국민의 생활을 통일시키지만, 세계의 혼일융화(渾一融和)를 방해하고, 그것이 오늘날의 전쟁(유럽전쟁을 가리킨다)처럼 격렬해지면, 마침내 그 국민도 분열하지 않으면 안 된다. 이번 전쟁은 문명국들 간의 관계가 침략과 시기로 지배되고 있는 동안에는 하나의 사회생활의 안전한 통일을 도모할 수 없다는 사실을 분명히 했다. 그리고 이러한 이유에서 진정한 유력한 개혁운동은 국제적이지 않으면 안 된다.

*

무릇 인간의 충동과 욕망은 항상 창조적인 것과 소유적인 것으로 나눌 수 있다. 즉 우리의 활동력이 있는 것은 아직 존재하지 않은 것을 창조하려고 하는 방면으로 향하고, 그리고 어떤 활동은 이미 존재하고 있는 것을 획득 또는 유지하려고 하는 방면으로 향하고 있다. 대표적인 창조 충동은 예술가의 충동이다. 대표적인 소유 충동은 재산의 충동이다. 그리고 창조의 충동이 가장 큰 부분을 차지하고, 소유 충동이 가장 작은 부분을 차지하는 것이 가장 좋은 생활이다. 즉 가장 좋은 제도는 최대의 창조성과 최소의 소유성을 지니는 제도이다. 소유성은 침략적이기도 하고 방어적이기도 하다. 형법은 항상 방어적이고, 범죄는 항상 침략적이다. 지금 형법은 범죄만큼 싫어하는 것이 아니라고 할 수 있다. 또한 방어적 소유성은 침략적 소유성이 존재하는 한 어쩔 수 없다고도 말할 수 있다. 그러나 가장 순수한 방어적 소유성의 형식에서도 그 자체는 결코 찬양할만한 것이 아니다. – 그 소유성이 만약 강렬해지면 즉시 창조적 충동과 적대적이게 된다. 무릇 그 어떤 것보다도 인간의 자유로운 고상한 생활을 방해하는 것은 소유라는 선입견이다. 그리고 국가와 재산은 이 소유성의 위대한 체현이다. 그것들이 생활에 역행하고 전쟁을 일으키는 것은 실로 이러한 이유에서이다."

*

무릇 소유는 뭔가 좋은 것을 점유하고 혹은 유지하는 것을 의미하는데, 그것은
다른 사람이 향락을 누리는 것을 방해하는 것이다. 하지만 창조는 세계에
있는 좋은 것을 더하는 것으로, 그때까지 그 누구도 그것을 향락하지 못했던
것이다. 생각해 보면 세계의 물질적 재화는 저절로 사람들 사이에 분배되지
않으면 안 되는 것이기 때문에, (또는 어떤 인간은 태어나면서 도적이기 때문에)
선량한 사회에서는 어떤 초개인적인 불공정한 원리에 따라 제한하는 방어적인
소유이지 않으면 안 된다.

*

그러나 그것은 창조가 소유보다 우월하고, 또한 분배상의 정의는 이해와는
무관한 당연한 일로서 존재하는 선량한 생활 혹은 선량한 정치제도에 도달하는
수단에 지나지 않는다. 그리고 정치에서도 개인 생활에서도 지상의 원리는
'모든 창조적 충동을 조장하고, 소유를 둘러싸고 있는 충동과 욕망을 감소하는'
것이지 않으면 안 된다. 오늘날 대부분의 국가는 이 소유 충동의 체현이다.

*

교육, 결혼, 종교는 본래 창조적이지만, 그 역사적 과정에서 소유적 동기가
들어왔기 때문에 손상되고 있다. 교육은 통상의 경우에는 관대한 감정의 범위와
정신적 모험의 자극에 의해 자유사상이나 고상한 앞길을 창조하기보다는,
편견을 주입시키고 '현상'을 유지하는 수단으로 행해진다. 창조적 결혼이나
연예는 소유적 질투의 쇠사슬로 연결되어 있다. 종교는 영혼의 창조적 욕망을
자유롭게 하지 않으면 안 된다. 모든 것이 이와 같은 상태로, 불안전한 소유에서
생긴 공포가 창조력에 의해 고무된 욕망의 위치를 빼앗는다. 다른 사람으로부터
탈취한다는 것은 이론상 나쁘다고 인정되고 있지만, 탈취된다는 공포도
마찬가지로 좋지 않다. 하지만 이 두 가지 동기가 정치 생활과 개인 생활의
대부분을 차지하고 있다.

러셀의 사회개조론의 원리는 대체로 이상과 같다. 그리고 그는 마지막으로

「장래의 노력」[13]이라는 제목으로 다음과 같이 끝맺고 있다.

경제적 제도는 생활을 조장하고 파괴하는 것에 대단한 세력을 갖고 있다. 지금
인간의 행복에 관해서 가장 일반적으로 신뢰받고 있는 인생철학은 수입이다.
세계에는 생활을 조장하는 철학이 필요하고 종교가 필요하다. 하지만 생활을
조장하기 위해서는 단순히 생활 이외의 사물을 존중하지 않으면 안 된다.
생활을 위해 생활하고 있을 뿐, 아무런 참다운 인간으로서의 가치가 없으면
그것은 동물이고, 모든 것이 권태롭고 공허하다. 만약에 생활을 전적으로
인간적이게 하려면 자연히 인간 생활 이외의 것으로 보이는 어떤 목적에
봉사하지 않으면 안 된다. 가령 신이나 진리 혹은 사랑과 같은 인간 이상의
비인격적인 어떤 목적에 봉사하지 않으면 안 된다. 그리고 생활을 가장 잘
촉진하는 것은 생활을 그 목적으로 삼지는 않는다. 그것은 점차 구체화되어
가는 것이나, 어느 영원한 것을 인생에 가져오는 것이나, 시간의 경과에 따라
소멸되어 가는 것으로부터 멀리 떨어지는 것을 목적으로 삼는다. 생각해 보면
실제적으로 우리가 행해야 하는 것은 능력과 기회에 따라, 각각의 사람에 따라
다르다. 따라서 일률적으로 그것을 단언할 수는 없다. 하지만 만약에 우리가
영적인 생활에 살고 있다면, '무엇을 하지 않으면 안 되는가, 또는 무엇을 해서는
안 되는가'라는 것은 대단히 명확해진다. 우리는 영겁적인 것과 접촉함으로써,
또는 우리의 생활을 이 번거로운 세상에 어떤 신성한 것을 가져오는 데
바침으로써, 우리 자신의 생활을, 모든 방면에서 우리를 둘러싸고 있는 참혹과
투쟁과 증오의 한가운데에서조차도, 곧장 창조적인 것으로 삼을 수 있다.
인간의 노력으로 장래에 건설되어야 하는 사회보다 소유에 기초한 사회가,
개인의 생활을 창조적으로 하기에 훨씬 곤란하다. 세계의 개조에 뜻을 둔
자는 고독, 반대, 빈곤, 조롱과 대면하지 않으면 안 된다. 그리고 그는 합리적인

[13] 원문은 "What We Can Do"인데, 앞에서는 「금후의 노력」이라고 번역되어 있었다.

희망을 가지고 항상 진리와 사랑을 벗 삼아 생활하지 않으면 안 된다. 즉 그는 정직하고 현명하고 대담하고, 항상 일관된 목적에 따라 인도되지 않으면 안 된다. 이와 같은 영감을 갖고 있는 남녀의 단체는 – 첫째, 개인 생활의 곤란함과 복잡함과 싸워 이기고, 그런 후에 상당히 긴 시간이 걸리겠지만, 얼마 지나지 않아 외부 세계를 정복함에 틀림없다. 모두 지식과 희망은 세계에 필요한 것이다. 그리고 세계는 그것에 거슬러서 반항하는 일이 있어도 마침내 그것을 존경하게 될 것이다.

로마를 약탈했을 때 성 어거스틴은 『신의 도시』를 저술하고, 소멸된 현실 세계를 대신하는 심령 상의 희망을 표현하는 것으로 자신을 위로했다. 그 후 몇 세기 동안 어거스틴의 희망은 지속되었고, 로마인이 촌락의 초가에서 쓸쓸한 생활을 하는 동안에 사람들에게 생명을 불어넣은 것이다.

우리도 새로운 희망을 창조하고 스스로 소멸의 심연에 떨어지고 있는 세계보다는, 더욱 선량한 세계를 우리의 사상으로 건설하지 않으면 안 된다. – 오직 사상과 심령의 빛만이 우리가 사랑한 시대에 운명 지워진 사멸로부터 장래의 시대를 구제할 수 있다. 지금 우리가 세계 다수의 청년을 스승으로 삼아서 접할 수 있었던 것은 더할 나위 없는 광영이다. 청년은 모두 희망으로 살고 있다. 아니 어떤 경우에는 희망만으로 살고 있다. 그리고 청년에게는 가상의 선(善)의 적어도 일부분을 세계에 실현시킬 수 있는 창조적 활력이 있다. 그리고 지금은 그들은 전란의 와중에 던져져 있다. 어떤 이는 적이 되고 어떤 이는 자기편이 되고, 어떤 이는 평생 불구가 되고, 어떤 이는 죽었다. 그리고 우리가 걱정하는 것은 이 소수의 살아남은 사람들의 대부분이 심령의 생활을 상실하지 않을까 하는 점이다. 희망은 사라지고 활력도 없어지고, 마치 무덤을 향해 여행하는 것과 같은 황량한 생활을 하는 것이 아닐까 나는 걱정한다. 그러나 이와 같은 두려워할 만한 비극에 대해서 교육의 대업을 지닌 사람들의 대다수는 대부분 아무런 느낌도 갖고 있지 않다. 그들은 빈약한 논리로 이 청년들이 어쩔 수 없는 목적을 위해 희생된 것이라고 주장한다. 만약 그들에게

영(靈)의 생활이 있다면, 그들은 마치 부모의 사랑처럼 통절한 감정으로 청년의 심령과 접촉하지 않으면 안 된다. 심령은 자아의 한계를 모른다. 그들의 비극은 결코 이들 다수가 생각하듯이, 그들 스스로 초래한 것이 아니다. – 여기에 그 누구도 알지 못하는 통절한 소리가 있다.[14]

이것은 신성한 원인은 아니다.[15] 죄를 범한 것은 노인이다. 노인들이 자기의 나쁜 감정이나 정신적 사멸이나, 따뜻한 마음과 심령의 생명 있는 열망이 없고 관대하게 생활하지 못했기 때문에, 마침내 청년을 전쟁터에 보내지 않으면 안 되었던 것이다. 바라기를, 노인을 그 사멸(死滅)에서 구제하고, 노인의 생활에 대한 공포로 인해 죽은 것은 청년이 아니라 오히려 노인 자신이다. 청년의 유령조차 노인보다는 많은 생명을 지니고 있다. 그리고 그 유령은 장래에 노인을 치욕과 오명(汚名)에 노출시키게 될 것이다. 청년의 유령으로부터 새로운 생명이 생겨나지 않으면 안 된다.

여기에 나타난 대강의 사상이 여실히 암시하고 있듯이, 러셀은 한 걸음 한 걸음 종교적 경향으로 향하고 있다. 금후의 그가 어떻게 변할지는 알 수 없지만, 아마도 어지간히 흥미로운 볼거리라 하지 않을 수 없다.

【4. 러셀 개관】

사회개조 사상가로서의 러셀을 알기 위해서는, 앞에서 언급한 세 권의 책, 『정

---

[14] 원문에는 따옴표가 없는데, 다음 문자에서 따옴표가 새롭게 시작되고 있어 단락을 나누었다.

[15] 원문은 "this is not a holy cause"인데, 한글 번역서에서는 cause를 '원인'이 아니라 '대의'로 번역하였다. 버트란드 러셀 지음, 이순희 옮김, 『왜 사람들은 싸우는가?』, 243쪽.

치의 이상』, 『사회개조의 원리』, 『자유로 가는 길』에 의지하는 것 말고는 달리 방법이 없다. 그중에서 앞의 두 권은 주로 개조의 원리를 말한 것이고, 『자유로 가는 길』에서는 주로 개조의 구체적인 문제가 논해지고 있다. 러셀은 무엇보다도 자유를 가장 존중했다. 그는 사회주의자이고 무정부주의자이기에 앞서 한 사람의 자유주의자였다. 이 관계는 그의 『자유로 가는 길』에 들어 있는 「사회주의」에 수록되어 있는 "과학과 예술"에 명확하게 나와 있다. 이 장은 개조론자로서의 그의 입장을 알기 위해서 가장 중요하다고 믿기 때문에, 그 대강을 소개하기로 한다. 만약 러셀을 연구하는 사람이 이 장(章)을 등한시한다면, 그의 저서의 전부를 읽어도 러셀의 진수를 알지 못하게 될 것이다. (참고로 『자유로의 길』은 1918년 4월에 그가 감옥에 들어가기 전날에 완성한 것이다.)

러셀은 말한다.

"사회주의는 지금까지 많은 주창자들에 의해 주로 임금 취득 계급의 복리 – 및 그 물질적 복리를 증진시키는 하나의 수단으로 주장되어 왔다. 그래서 그 목적이 물질적이지 않은 사람들에게 있어서는, 사회주의가 예술 및 사상 방면에서 일반적 문명의 진보에 아무런 기여를 하지 않는 것처럼 보인다. 마르크스 같은 사람도 사회주의 혁명과 함께 황금시대가 도래하고, 인류는 그 이상의 진보를 필요로 하지 않는 것처럼 설파하고 있다. 그러나 우리는 그 이유를 불문하고, 정지적(靜止的) 완전 상태라는 것을 믿을 수 없다. 그리고 우리가 찬동해야 하는 어떠한 사회제도라 하더라도, 무언가 좀 더 선량한 것을 향해 진보해야 하는 자극과 기회를 그 자신 속에 포함시킬 것을 요구한다. 이와 같이 사회주의 저술가가 제기한 의문은, '사회주의는 사실에 있어서 과연 예술 및 과학에 적대적인가'라는 점이다. 생각해 보면 남녀의 행복은 결코 물질적 의미에서만은 아니다. 현재 유산계급의 대부분은 많은 기회를 갖고 있음에도 불구하고, 세계 인류의 생활에 가치 있는 어떤 기여도 하고 있지 않다. 그리고 진실로 그 이름에 걸맞은 개인적 행복조차 얻지 못하고 있다. 이와 같은 종류의 인간의 증가는 대부분 가치 없는 성공이다. 그리고 만약에 사회주의가 현재 유산계급 가운데 냉담한 인간이 영위하고 있는 생활을 단지 만인(萬人)에게 부여하는 데에 머무른다면, 사회주의는 필경 의미 없는 것이다. 나케는 말한다: "공동생존의 진정한 목적은 배우는 것이다. 발견하는 것이다. 아는 것이다. 마시고 먹고 자는 것과 같은 생활은 한마디로 하면 부속물에 지나지 않는다. 이 점에 있어서 우리의 생활은 야수와 다를 바 없다. 생각해 보면 지식은 최후의 목표이지 않으면 안 된다. 만약 자신이 들판에 내던져진 양의 무리와 같이 배를 부르게 하는 물질적으로 행복한 인간과, 빈곤하지만 영원한 진리를 표출하는 인간 중에서 어느 하나를 선택하지 않으면 안 되는 처지에 있다면, 나는 자진해서 후자를 선택하려는 자이다."라고.

빈곤이 대단한 해악이라는 것은 사실이다. 그러나 물질적 번영이 그 자체로 커다란 선이라는 것은 결코 사실이 아니다. 그것이 사회적으로 진실로 가치 있는 것이기 위해서는, 그것은 심성의 생활에 있어서 한층 고상한 선(善)의 진보에 대한 수단이지 않으면 안 된다. 그러나 심적 생활은 결코 단지 사상과 지식만으로 성립하는 것은 아니다. 그것은 일반적 사회생활과의 어떤 본능적 접촉이 없으면 완전할 수 없다. 사회적 본능과 동떨어질 때 사상은 예술과 마찬가지로 번쇄한, 그리고 젠체하는 것이 되기 쉽다. 그리고 우리가 추구하는 것은 인류에 대해서 본능적인 봉사의 의의가 있는 것을 흡입하는 것과 같은 사상 및 예술이다. 생각해 보면 이와 같은 사상과 예술만이 유일하게 사회생활의 활력적인 부분이라는 의미에서의 심성 생활을 건설하는 것이다. 그렇다면 이와 같은 의미에서 심적 생활은 과연 사회주의에 의해 조장되는 것일까? 이 문제를 논함에 있어서 우리는 다음과 같은 것을 생각하지 않으면 안 된다. 무릇 인간의 천성을 발휘하지 않도록 하는 사회제도는, 그 외에 어떠한 공적이 있다고 해도 단연코 배척되어야 하는 것이다. 우선 첫 번째로 알아야 하는 것은, 창조적인 정신 활동력에 있어서 가장 선한 것은, 물질적 보수의 그 어떤 제도를 가지고도 결코 그것을 산출할 수 없다. 이와 같은 자에게는 단지 정신적 분위기를 격려하고 고무시키기에 충분한 기회와 자극이 있으면 된다. 만약에 기회와 자극이 없으면 물질적 보수는 아무런 도움이 되지 않는다. 예를 들면 금전적 형식의 공로의 승인의 경우에도, 평생 학구적 편견에 반대하고 싸워온 원로 과학자가 노령에 접어들게 되면, 배척하기 어려운 쾌락이 됨에 틀림없다. 그러나 그들의 일이 고무된 것은 먼 장래와 관계되는 이와 같은 쾌락의 희망 때문이 아니다. 가장 중대한 일은 하나같이 예측 불가능한 충동에서 나왔다. 그리고 그것은 일이 끝난 후에 받는 보수보다는, 충동을 작동시켜서 그것을 고무시키는 파동력에 여유를 제공했을 때 그것을 가장 많이 조성하였다. 이러한 경우의 창조에 있어서 우리의 현 제도는 대단히 많은 결점이 있다. 그렇다면 사회주의 세계는 과연 완전한 것일까? 이 문제에 답하기 위해서는 사회주의를 분류하지 않으면 안 된다. 지금 우리가 생각할 때는 어떤 형식의 사회주의는 이 점에서 현재의 자본주의보다도 훨씬 더 파괴적이다. 무릇 정신적 창조에 필요한 세 가지 조건이 있다. 첫 번째는 기술적 훈련, 두 번째는 창조적 충동을 추구하는 자유, 세 번째는 다소에 구애받지 않고, 적어도 어느 공중이 최후의 평가를 하는 것의 가능성이다. 그래서 이 세 가지 조건에 범위를 한정하지 않으면 안 된다.

(첫째) 기술적 훈련. - 과학에서도 예술에서도 현재에는 다음의 두 가지 조건 중에서 하나가 필요하다. 그것은 소년의 부모가 부유하고 소년이 교육을 끝낼 때까지 그를 부양하는 것이 가능한가, 또는 아주 어릴 때부터 대단한 천재성을 발휘하여 그가 독립해서 생활할 수 있을 때까지 학비를 지급받아 생활할 수 있는가, 이 둘 중 하나이다. 전자는 말할 필요도 없이 단순한 요행으로, 이와 같은 것은 어떤 종류의 사회주의 혹은 무정부주의 하에서도 결코 존속되는 것은 아니다. 이것은 현 제도의 유지자가 손실이라고 역설하는 바인데, 실제로 그것은 명백히 손실이다. 그러나 부유 계급 사람들은 극히 일부분으로, 아마도 평균적으로 보면, 그 이외의 불행한 계급보다는 천부적인 재능은

적다고 할 수 있다. 예술 및 과학의 뛰어난 일을 할 수 있는 그들 소수자가 현재 누리고 있는 이익이, 동일한 천재성을 지닌 모든 사람들에게 다소 강요된 형식으로 확장된다고 하면, 그 결과는 물론 이익으로, 현재 소비되고 있는 많은 능력이 결실을 맺음에 틀림없다. 그렇다면 어떻게 이것을 행할 것인가? 경쟁으로 획득하는 학비 또는 장학금 제도는 원래 아예 없는 것보다는 좋지만, 그것에 대해서는 많은 점에서 반대해야 할 이유가 있다. 이와 같은 제도는 유소년들에게 상당한 경쟁적 정신을 주입시킨다. 그리고 그것은 그들로 하여금 진정한 이익이나 중요한 점보다는, 시험에 유익한 입장에서 지식을 관찰시킨다. 그것은 곤란한 때에 사색하고 침묵하고 있는 종류의 능력을 지니고 있는 자보다는, 오히려 문제를 유창하게 어른스럽게 서술할 수 있는 종류의 프레미엄을 부여한다. 이들의 결점 중에 특히 나쁜 것은 청년을 쓸데없이 과로로 이끄는 것으로, 그래서 성년에 도달했을 무렵에는 완전히 원기와 흥미를 결여하게 만든다. 이런 원인으로 현재 많은 뛰어난 머리를 지닌 청년이 그 정신을 상처받고 그 예민함이 소멸되는 것은 거의 의심할 여지가 없다. 이런 의미에서 국가사회주의의 실현은 대단히 유해한 결과가 되기 쉽다. 즉 국가사회주의는 오늘날에는 각 관료 정치가가 사랑하는 것과 같은 종류의 것을 사랑하려고 한다.

나에게 말하라고 하면, 이 문제에 대한 유일하고 간단한 해결법은 모든 소년 자녀의 희망에 맡겨서, 21세가 될 때까지는 각종 교육을 완전히 자유롭게 하는 것이다. 대다수는 그 연령 이전에 교육에 질려서 곧장 다른 일을 선택하려 할 것이다. 이렇게 해서 완전한 자연도태가 행해진다. 희망하는 자에 한해서는 그 누구에 대해서도 모든 교육을 개방하는 제도는, 자유의 원리와 일치하는 유일한 제도이지 않으면 안 된다. 그리고 모든 능력을 발휘하게 해야 하는 합리적 희망을 주는 유일한 제도이다. 이 제도는 모든 형식의 사회주의 및 무정부주의와 마찬가지로 일치한다. 이론적으로는 자본주의와도 일치하는데, 실제로는 모든 경제 제도를 근저에서부터 개조하지 않으면 실행할 가망이 없을 정도로 정신과 상충되는 것이다. 사회주의가 해방의 교육을 조장한다는 사실은 개혁에 찬동하는 대단히 유력한 논의로 간주되지 않으면 안 된다. 지금의 사회 빈민 계급의 능력 낭비에 이르러서는 실로 언어도단이다.

(둘째) 창조적 충동을 추구하는 목적. - 인간의 훈련이 완전히 행해졌을 때에는, 만약 그에게 참으로 위대한 능력이 있다고 한다면, 그는 자기의 애호를 완전히 자유롭게 추구할 수 있으면 '숙련가'의 판단을 도외시하고, 자기가 선하다고 믿는 것을 창조하여, 그의 최선의 사업을 완성함에 틀림없다. 현재에 있어서는 이것은 단지 두 계급 사람들 사이에서만 가능하다. 즉 재산을 지닌 자, 아니면 직업에 종사해서 생활비를 얻기 위해서 자기의 모든 정력을 들이지 않아도 되는 사람이다. 사회주의 세계에는 사유재산을 가진 자는 한 사람도 없다. 그리고 만약에 예술 및 과학에 있어서 아무런 손실이 없도록 한다면, 현재에는 소수자에게만 기회가 있고 다수자에게는 기회가 없다. 사유재산을 창조적인 일에 소비한 사람들은 역사상 그 수가 적지 않다. 그런 예로 밀턴, 쉘레, 키츠, 다윈 등이 있다. 만약 이들이 스스로 생활비를 벌지 않으면 안 되었다고 하면, 아마도 이렇게 훌륭한 일은 하지 못했을 것이다. 만약 다윈이 대학 선생을 하고 있었다면, 그의 이른바 능욕적 학설 때문에 대학에서 쫓겨나지 않으면 안 되었을 것이다.

그럼에도 불구하고 세계의 창조적 작업의 대부분은 현재에는 별도로 직업을 얻어서, 즉 생활의 안정을 얻어서 생활하고 있는 사람들에 의해서 행해지고 있다. 과학과 일반 연구는 교수가 되어 생활하는 사람들의 극히 적은 시간에 의해서 행해지는 것이 보통이다. 만약 이 경우에 교수로 쓰는 시간이 너무 많다고 하면, 그것에 대해서는 결코 큰 반대는 있을 수 없다. 과학과 대학 교수는 현재에는 결부되어 있다. 작곡가이면서 동시에 연주가인 음악가는 모순되지 않는 (합당한) 이익을 누리지만, 연주자가 아닌 사람은 부자이거나 아니면 대중의 취미에 아부하거나 둘 중 하나를 선택하지 않으면 안 된다.

미술품은 일반적으로 진실로 좋은 노작(勞作)으로 생활하거나, 창작에 충분한

여가가 있는 부업을 발견하는 것은 근대 세계에는 용이한 일이 아니다. – 아마도

이것이 미술이 과학보다 성행하지 않는 주된 이유일 것이다.

관료적 국가사회주의자는 이러한 난문(難問)들을 단순하게 해결할 것이다.

그는 과학예술계의 가장 지명도 있는 인사로 구성된 그룹을 선임하여, 그들에게

청년의 노작을 판단하게 해서, 그들의 심미안에 맞는 작품에 면허장을 수여할

것이다. 이렇게 해서 면허장을 받은 예술가는 미술품을 제작하고 사회에 대한

자신의 의무를 이행했다고 생각함에 틀림없다. 물론 언제든 적당한 분량을

제작해서 자기의 근면을 증명하지 않으면 안 된다. 그리고 대가의 마음에 들

것 같은 재능을 지속하여, 마침내 오랫동안 자기 자신이 그 심사위원이 된다.

이렇게 해서 당국자는 예술가가 자기 예술의 최선의 전통에 가장 적합하고,

규칙 있고 순종적임을 보증한다. 그리고 이러한 조건들을 실행하지 못하는 자는

심사에 합격하지 않기 때문에 무언가 다른 불확실한 방법으로 생활비를 벌지

않으면 안 된다. – 이상이 국가사회주의자의 이상이다.

이와 같은 세계에서는 미(美)를 사랑하는 자에게 있어서 살 만한 가치가

있게 하는 것이 인생에서 소멸되고 만다. 무릇 예술은 인생의 야성적 측면 및

무질서한 방면에서 생기는 것으로, 예술가와 관료적 정치가 사이에는 항상

깊은 골이 있다. 그리고 한 시대를 통한 투쟁에서 예술가는 항상 표면상으로는

패배하지만, 인간의 생활에 환희를 가져온다는 점에서는 인류의 감사를

얻고 최후의 승리를 얻는다. 만약 인성(人性)의 야성적 측면이 영원히

인애(仁愛)하지만 이해하지 못하는 관료 정치가의 상규(常規)에 예속되지

않으면 안 된다고 한다면, 생(生)의 환희는 지상에서 소멸되고 마침내 살고자

하는 충동 그 자체가 고사되기에 이를 것이다. 이렇게 해서 사멸한 세계의

미라(mummy)보다는 차라리 수천 배의 공포가 더해진 현재 세계가 훨씬

좋다. 만약 거기에 무언가 가치가 있게 하려면, 자연스럽고 자유로운 것을

상규(常規)에 의해 구속하는 국가사회주의보다는, 차라리 많은 위험을

수반하는 무정부주의가 뛰어나다. 이 악몽이 예술가 및 일반적인 미(美)의
애호가로 하여금 자칫 잘못하면 사회주의를 의심하게 한다.

그러나 사회주의의 본질에는 결코 예술을 불가능하게 하는 것은 없다. 단지
어떤 형태의 사회주의가 이러한 위험을 낳게 하는 것에 지나지 않는다. 윌리엄
모리스는 사회주의자였다. 그가 사회주의자였던 주된 이유는 그가 예술가였기
때문이다. 그리고 모리스가 사회주의자였던 점에는 추호도 불합리는 없다. 예술
혹은 어떠한 고급스런 창조적 활동도, 예술가가 자신의 충동에 따르는 것을
얻기 전에, 먼저 당국자(當局者)가 그가 적임자인지를 증명하지 않으면 안 되는
제도 하에서는 결코 번영할 수 없다. 이렇게 해서 진실로 위대한 예술가는 필경
판정을 내리는데 적임자라고 생각되는 선배로부터 부적임자로 여겨지는 것은
당연하다. 무릇 노인을 기쁘게 하기 위해 제작을 한다고 하는 단순한 사실은,
자유로운 정신과 대담한 혁신의 적이다. 이러한 곤란함은 별도로 하고, 노인이
선택한다는 것은 질투와 비방이 되기 쉽고, 이면의 경쟁이라고 하는 유해한
분위기를 낳기 쉽다. 이와 같은 계획을 유효하게 하는 유일한 길은 현재의
우연한 요행으로부터 위로 올라간 어느 소수자를 제외시켜 버리는 것이다.
예술의 융성은 제도가 아니라 단지 자유롭게 해 주는가 아닌가에 달려 있다.
정당한 종류의 사회주의 제도하에서 예술가가 자유를 획득하는 방법에는 두
종류가 있다. 하나는 자기의 예술 이외에 하루에 몇 시간의 규칙적인 노동을
하고, 그 대신 하루 종일 일하는 사람들보다는 상대적으로 적은 보수를 받는
것이다. 이 경우에 그는 자신의 작품을 혹시 사는 사람이 있으면 팔 수 있는
자유를 누리지 않으면 안 된다. 이러한 제도에는 많은 이익이 있다. 그것은
예술가가 되려고 하는 사람에게 절대적으로 자유를 부여한다. 아울러 그는
어느 정도까지의 경제적 손실을 감내하지 않으면 안 된다. 이것은 충동이 강렬한
사람들에 대해서는 문제가 되지 않지만, 절반은 즐기기 위해서 하는 사람이라면
이것으로 인해 배척시킬 수 있다. 다수의 청년 예술가는, 선량하게 조직된
사회주의의 사회라면 보통의 노동을 절반만 하면 되는 것에 비교하면, 현재보다

더 큰 빈곤을 자진해서 감내한다. 그리고 어느 정도까지의 곤란은 창조 충동의 힘의 시련으로, 그리고 창조적 생활의 특수한 환희와 대차 대조해서, 이의를 제기해야 하는 것은 아니다. 하나의 가능성은 생활필수품이, 무정부주의자가 희망하는 것처럼 노동하는가 안 하는가에 구애받지 않고, 만인(萬人)에게 동등하게 분배되어야 한다. 이 계획에 있어서는 몇 사람이든 일하지 않고 생활할 수 있다. 이 세계에서는 배가본드[16](방랑자)의 보수(報酬)라고도 부를만한 것이 나올 것임에 틀림없다. 살아가기에는 많지만 사치는 할 수 없다고 한다면, 예술가가 자신의 모든 시간을 예술과 향락에 소비하고 싶어 한다면 이 배가본드의 보수로 생활하면 된다. – 즉 마음이 내킬 때에는 도보 여행을 해서 외국을 견학하고, 작은 새처럼 공기와 햇볕을 즐기고, 작은 새와 같은 행복도 얻을 것이다. 이와 같은 사람은 사회생활에 색채와 변화를 가져올 것이다. 그들의 인생관은 견실한 정주적(定住的) 노동자의 그것과는 달리, 성실하고 답답한 문명이 자칫하면 죽으려고 하는, 필요하고 경쾌한 마음가짐의 수많은 요소를 존속시킨다. 만약에 그들이 너무나 다수가 될 때에는 노동자에게 상당히 무거운 경제적 부담이 되겠지만, 이 시대에는 비교적 가볍고 유쾌한 일보다는 빈곤과 자유의 단순한 향락에 만족하는 충분한 자격을 지니고 있는 자는 많지 않을 것이다.

이 중에서 어떤 방법에 의해서도 사회주의적 공화정부 하에서는 예술가를 위해 자유가 보존된다. – 그 자유는 자본 소유자 이외에는 존재하지 않는 현재의 자유보다는 훨씬 완전한 자유이고, 훨씬 광범위한 자유이다. 그러나 여전히 간단하지만은 않은 다소의 문제가 남아 있다. 예를 들면 서적 출판 같은 것이다. 사회주의 세계에는 지금과 같은 사적인 출판사가 없다. 국가사회주의 세계에서는 아마도 국가가 유일한 출판사일 것이다. 또한 신디컬리즘[17]이나

---

16 영어로는 'vagabond'이다.
17 프랑스어는 Syndicalisme, 독일어는 Syndikalismus로 쓴다. 산업에 따라 노동자들을 조직하고 파업으로 요구를

길드 사회주의 세계에서는 '서적동맹'이 모든 상거래를 수중에 장악할 것이다. 이러한 상태에서는 과연 몇 사람이 출판해야 하는 원고를 결정할까? 이 시대에는 지금과 같은 검열제도보다 한층 더 엄격한 검열 기회가 있었다는 것은 두말할 필요도 없다. 만약 국가가 유일한 출판사라고 한다면, 국가사회주의에 반대하는 서적의 출판을 거부함에 틀림없다. 이와 같은 정치상의 곤란함과는 별도로, 가령 앞에서 서술한 문학과 같은 일반적인 미술을 논할 때에 유해하다는 데에 일치한 명사(名士)들의 비방[纖誣]도 있을 것임에 틀림없다. 이것은 실로 중대한 난문(難問)으로, 만약에 문학을 자유롭게 하려고 하면, 그 자체로 적응하는 방법을 발견하지 않으면 안 된다.

육체적 노동과 지적 노동은 일치하지 않으면 안 된다고 믿는 크로포트킨은 저자 자신이 식자공(植字工)[18]이자 제본하는 사람이지 않으면 안 된다고 생각한다. 그는 더 나아가서 서적 출판에 관한 모든 육체노동은 저자가 해야 한다고 설파하고 있다. 하지만 이것이 가능한 저자가 세상에 몇 명이나 있을까? 그리고 이와 같은 일은 어떤 경우에도 저자가 자신이 이해하고 있는 일을 떠나서, 다른 사람이 하면 보다 잘 그리고 빨리 할 수 있는 일을 서투르게 하는 것은 시간 낭비라고 할 만하다. 그러나 이것은 우리가 당면한 문제는 언급하고 있지 않다. 우리의 당면 문제는 선택되어야 하는 원고가 어떻게 선택되는가 라는 것이다. 크로포트킨의 계획으로는 아마 작가 노조가 있고 거기에 경영위원이 딸려 있다는 것이다. 그리고 이 경영위원은 제출된 서적 중에서 어느 것이 인쇄할만한 가치가 있는지를 결정한다. 이 중에는 위원 자신의 저술이나 친구의 저술은 있지만, 그들의 적(敵)의 저작은 없을 것이다. 그리고 원고를 거절당한 작가는 성공한 반대자의 저작을 활자로 조립하는 것을 묵시할 수 있을까? 만약에 서적을 인쇄하려 하면 거기에는 정교한 상호부조 제도가 없으면 안

관철시켜, 궁극적으로는 생산수단과 경제 전반을 노동자들이 통제하자는 이념이다.
[18] '식자공'은 '활자를 조판하는 사람'을 말한다.

된다. 만약에 그렇다면 그의 계획을 실행할 때에는 문학자들 사이의 조화를 유지하는 것은 거의 곤란할 것이고, 또한 그것에 의해서 비범한 경향의 저작이 출판되는 것도 불확실할 것이다. 가령 크로포트킨 자신의 저술이라고 해도 찬성을 얻는 것은 거의 곤란할 것이다. 지금 이러한 곤란에 대항하는 유일한 길은, 국가사회주의나 길드 사회주의 혹은 무정부주의를 불문하고, 만약에 국가 혹은 길드가 그 비용으로 출판하는 것을 원하지 않는 서적은 저자의 자비로 출판할 수 있도록 하는 것이다. 나는 이 방법이 사회주의 정신에 반한다고 알고 있다. 그러나 그것 이외에 자유를 획득하는 수단이 있을까? – 지금까지 논한 나의 의견에 대해서는 물론 정통파 사회주의자는 반대할 것이다. 그러나 요컨대 내가 말하고자 하는 바는, 현명한 사회주의자의 사회에서는 예술가와 과학자에 대해서 자본주의 사회보다는 한층 선량한 기회를 무한하게 제공한다는 데에 있다.

(셋째) 심미안의 가능. – 이 조건은 창조적 정치에 종사하는 사람들에게 필요할 뿐만 아니라, 내가 보기에는 대다수의 사람들에게도 필수불가결하다. 나의 의미에 따르면, 그것은 '이해'이다. 예술이 중대하다고 하는 자연스런 감정이다. 완전히 상업화된 사회에서는 예술가가 돈을 벌면 존경받는다. 또한 돈을 벌었기 때문에 존경받는다. 그러나 그가 돈을 번 원인의 예술품에 대해서는 아무런 존경을 표하지 않는다. 단추걸이[19]나 껌을 제조하여 재산을 만든 백만장자는 사람들이 경이의 눈으로 쳐다본다. 그러나 이 감정은 그에 대한 것이지 그가 부(富)를 얻은 물품에 대한 것은 아니다. 모든 물건을 화폐로 계산하는 사회에서는 예술가도 마찬가지 취급을 피할 수 없다. 만약에 예술가가 부자가 된다면 존경받는다. 하지만 그의 저술이나 그림은 껌이나 단추걸이와 마찬가지로 단지 돈을 얻기 위한 수단으로 간주되는 데에 지나지 않는다. 이와

---

[19] 원문은 'button hook'이다.

같은 분위기 속에서 예술가가 순수한 창조적 충동을 유지하는 것은 곤란하다.

이상의 예술 및 과학에 대한 세 가지 필요조건의 견지로부터, 즉 훈련, 자유, 감상의 견지로부터, 국가사회주의는 현존의 해독을 제거할 수 없고, 그 자체의 새로운 해악을 유입시킨다는 것은 분명히 말할 수 있을 것이다. 하지만 길드 사회주의 혹은 신디컬리즘 조차도, 만약에 그것이 공인된 직업에 종사하는 시간이 일반인보다 적어도 좋다는 자유 정책을 채택한다면, 자본주의 제도 하에서 가능한 그 어떤 것보다도 훨씬 더 뛰어날 것이다. 하지만 만약에 자유의 중대함이 완전히 승인되지 않는다면, 그것들은 모두 소멸되고 말 위험이 있다. 이 점에서 모든 다른 사물에서와 마찬가지로, "최선의 길은 항상 자유로 가는 길이다."

조성환
◈ 인류세 시대의 한국철학의 방향에 대해 고민하고 있다
◈ 최한기의 기학(氣學)을 에너지철학으로 재해석하는
작업을 하고 있다 ◈ 『인류세의 철학』을 번역하였고
『키워드로 읽는 한국철학』을 출간하였다 ◈ <다른백년>에
연재한 "K-사상사"가 4월에 단행본으로 출간될 예정이다.

복을 내 본연의 성과 마음에서 구하라

福求於自性自心

이종린 李鍾麟

번역 개벽라키비움-천도교회월보강독회

책임번역 :: 박길수

『천도교회월보』 제11호(1911.6.15), 9-12쪽

1.

같은 하늘과 땅 사이에 사는 같은 사람으로서, 복을 누리는 사람도 있고 불행한 사람도 있는 것은 무슨 까닭일까요? 성(性)은 불행과 복이 생겨나는 곳[田]이요, 마음(心)은 불행과 복이 생겨나는 계기[機]입니다. 만물이 처음 생겨날 때 본연의 성(性)이 없는 것이 없으며, 성(性)이 정해짐[成]에 마음을 갖추지 않은 것이 없으니, 생멸도 없고 선악도 없고 오고감[去來]도 없고 득실도 없는 것은 성(性)이요, 생멸이 있고 선악이 있고 오고감이 있으며 득실이 있는 것은 마음입니다.

생겨남이 있으면 없어짐이 없을 수 없고, 선함이 있으면 악함이 없을 수 없고, 오는 것이 있으면 가는 것이 없을 수 없고, 얻는 것이 있으면 잃는 것이 없을 수 없으니, 없어짐과 악함과 가는 것과 잃는 것은 불행이 시작되는 곳이요, 생겨남과 선함과 오는 것과 얻는 것은 복이 시작되는 곳이니, 이 두 가지는 자기가 스스로 구하는 것이 아님이 없습니다.

사람이 누가 불행을 구하리오만은 구하지 아니하는데도 불행이 저절로

오고, 사람이 누가 복을 구하지 않겠습니까마는 애써서 구해도 복이 오지 않는 것은 무슨 까닭입니까. 그 이유는 두 가지가 있으니 하나는 그 곳[處]이 아니기 때문이요, 다른 하나는 그 법(法)이 아니기 때문입니다. 어부는 반드시 물에서 물고기를 잡고 나무꾼은 반드시 산에서 나무를 하니, 물은 물고기의 '곳'이요 산은 나무의 '곳'입니다. 어부가 물에서 고기를 구하지 않고 산에서 구하며, 나무꾼에 산에서 나무를 구하지 않고 물에서 구하면, 그 구하는 바를 얻을 수 있겠습니까? 산에는 반드시 나무가 있고 물에는 반드시 물고기가 있지만, 낚시나 그물, 도끼라는 법(法)을 갖추지 못하면 또한 나무나 물고기를 얻을 수 있겠습니까?

지금 온 세상 사람들이 분주하게 움직이며 한평생 바라고 원하는 것은 오직 복을 구하는 것입니다. 그 상류는 정치나 철학이나 국가에서 구하고, 그 중류는 명예나 영생이나 인과에서 구하고, 그 하류는 돈이나 성색(聲色=음주가무와 여색-역자주)이나 후미(嗅味=호의호식)나 안일함에서 구하여, 이것 때문에 자고 깨며, 이것 때문에 노래하거나 통곡하며, 이것을 위하여 말하고 행동하며, 이것 때문에 가거나 앉거나 하며, 이것 때문에 살고 죽으니 그 구하는 바는 상류, 중류, 하류가 같지 않지만 그 애쓰는 바는 한결같습니다.

2.
아아! 저 정치를 목표로 하는 사람이여. 세상 사람이 본래 스스로 살아가는 법인데, 그대는 어찌하여 목양(牧養)하여서 소와 말을 수많은 노역에 동원하며, 만법 가운데에 기구나 울타리를 설치하여 즐거움을 누리지 못하게 합니까?

저 철학[=科學-역자주]을 목표로 하는 사람이여. 차면 기울고 극에 달하면 돌아가나니[i], 그대는 어찌하여 기괴한 기계(器械)를 만들어 내어서 사물을

[i]   "그러므로 천자는 완전한 것을 추구하지 않고, 극단적인 것을 추구하지 않으며, 가득 차는 것을 추구하지

독특하게 하여 소박하고 꾸임 없으며 중후하던 사람들이 간교하고 경박한 사람이 되게 하여 서로 경쟁하는 데 매달리게 합니까?

　저 국가를 목표로 하는 사람이여, 세상은 본래 무사(無事, 아무 일도 없음)한 곳인데, 그대는 어찌하여 경계가 없는 산하를 나누어서 내 땅이니 네 땅이니 하며, 하나의 근원으로부터 나온 한 인류를 차별하여 같은 인종 다른 인종을 나누어서 보아서 이것을 신뢰할 수 없는 거짓의 도덕으로 만들고, 이것을 불인(不仁)한 흉기와 갑병으로 사용하여 한 사람이 웃는데 만억 사람이 울고 한 집안 창고가 가득 차는데 만억 집안 창고는 텅 비게 하여 세상을 어지럽고 어지럽게 합니까? 이런 사람들을 세상 사람들이 비록 상류라고 치지만, 나는 반드시 하류라고 할 뿐입니다.

3.

아아, 저 명예를 목표로 하는 사람이여. 울부짖는데도 무자비하게 사로잡고, 환하게 웃으면서 보이는 대로 잡아 죽이니, 그대는 어찌하여 이 세상을 만족스럽게 여기지 아니하고 천년 전 옛것에만 눈 밝혀서 은산에 외로운 대나무처럼 처량하고 초나라 연못에 쓸쓸한 가을국화같이 하여[2] 뜻이 깨끗한 선비로 하여금 잇달아 스스로 자결하게 합니까.(儒敎 비판-역자 주)

　저 영생을 목표로 하는 사람이여. 내가 이 세상에 태어난 날이 곧 아득하게 허공으로 돌아가기 시작하는 날이기도 합니다. 옛날 성현이나 호걸, 어리석고 용렬한 사람, 비루하고 완고한 사람, 간교하고 교활한 사람, 인자하고 의로운 사람 등 수많은 사람이 모두 빈곳(죽음)에 돌아가지 아니한 사람이 없으니, 어찌하여 사람들을 내가 보지 못한 지옥으로부터 두려워 피하게 하며,

---

않습니다. 완전하면 반드시 결함이 생기고, 극단에 이르면 반드시 되돌아가게 되며, 가득 차면 반드시 기울어지게 되는 법입니다.(天子 不處全 不處極 不處盈 全則必缺 極則必反 盈則必虧." 《여씨춘추》〈불구론〉박지(博志)

[2]　고죽은산(孤竹銀山)은 백이숙제의 설화와 관련되고, 추국초택(秋菊楚澤)은 굴원이 유배생활한 것과 관련된다.

고금에 근거 없는 천당을 희망하게 하여 잘 알지 못하는 사람들로 하여금 미혹하여 깨닫지 못하게 합니까.(基督敎 비판-역자 주)

저 인과를 목표로 하는 사람이여. 떨어진 꽃은 가지에 다시 올라 붙지 못하고 흘러간 물은 다시 근원으로 돌아가지 못하거늘, 그대는 어찌 만만년월을 다시 만나기 어려운 (지금의) 나와 넓고 넓은 천지에 둘이 없는 (지금의 이) 몸으로 하여금 세계 밖으로 구출하여 다시 무의 세계에 도달하게 하며, 나를 내 생애 밖으로 구화(求化)하여 다시 나의 생을 무의 세계에 이르게 하여, 존재하기를 원하지 않고 멸(滅)하기를 기원하여 배를 기울여 스스로 빠져 죽으려 합니까?(佛敎 비판-역자주) 이런 사람들을 다른 사람이 비록 모두 안다고 말하더라도 나는 진리를 모르는 사람으로서 중류에 불과하다고 할 것입니다.

4.

아아. 저 돈을 목표로 하는 사람이여. 아름다운 사람은 그 절개가 온전하지 못하고, 부자는 그 몸이 편안하지 못하며, 또 하늘이 만물을 낼 때 반드시 그 수를 정해 두어서 이것이 많으면 저것이 적게 되고, 갑이 가득차면 을이 비게 되나니 그대가 한정이 있는 사물로써 한정 없는 욕망을 채우려고 하여 하나를 얻으면 열을 생각하고, 열을 얻으면 백을 생각하고 천을 얻으면 만억을 생각하여 무한량을 취하더라도 기뻐하지 아니하여, 때때로 귀신을 달래는 돈 [鬼之錢]으로 속죄할 수 없는 그 몸을 마치고 마는 것입니까.

음주가무나 맛있는 음식에 열중하는 사람은 말할 필요도 없고, 저 안일한 삶을 목표로 하는 사람이여. 사람이 태어남에 괴로움도 또한 함께 생겨나는 것입니다. 그대는 어찌하여 고해의 세상[風浪之舟]에 태어나서 홀로 아녀자의 무릎을 베고 누워 지내거나 활 쏘는 곳에 노닐어서 홀로 부모의 품에 안기고자 하면, 그것이 가능한 일이겠습니까? 내가 보건대 가장 가련한 사람은 하류 인생입니다.

5.

이 세 부류의 사람이 구하는 것은 오직 복이라고 할 수 있습니다만, 이르는 곳은 불행[禍]일 뿐입니다. 그러면 무엇을 복이라 하며 어떻게 복을 구할 수 있다고 말할까요?

이 세상에 가득 찬 것이 일마다 복이요 만물이 복이며[事事是福 物物是福], 내 몸을 감싸고도는 것이 말마다 복이요, 움직이는 것마다 복입니다[言言是福 動動是福]. 내가 구하지 않으면 모르겠지만, 구하면 비록 크디큰 사해와 수많은 인류라고 하더라도 긍정하여 나에게 귀의하지 않는 것이 없는 것입니다. 이것이 맹자가 말한바 "온 세상의 제후가 조회[朝覲, 朝見]하는 자가 요임금의 아들이 아니라 순임금이며, 소송을 의뢰하는 사람이 요임금의 아들에게가 아니라 순임금에게 하며, 칭송하여 오래하기를 요임금의 아들이 아니라 순임금을 노래한다"고 한 것이 이것을 말하는 것이 아니겠습니까?

그러나 그 '곳'이 아닌 곳에 오게 되면 오자마자 가 버리고, 그 법이 아닌 것으로 얻으면 얻자마자 잃게 되는 것이니, 오자마도 돌아가고 얻자마자 잃게 되면 이것은 처음은 나의 복이었던 것이 곧 다른 사람의 불행이 되는 것이요, 마지막에 나에게 불행이 되는 것이 역시 다른 사람의 복이 되는 것이라. 그렇다면 불행과 복이 두 개의 사물이 아니요 단지 하나의 근본에서 나온 것입니다.

하나의 근본에서 나온 나무를 재목으로 쓰면 배와 누각이 되거나 아름다운 집이 되며, 땔감으로 사용하면 땔나무가 되어 재로 바뀌며, 기용(器用)으로 삼으면 요금(瑤琴), 금슬(錦瑟)이 되며, 방책으로 쓰면 썩은 울타리가 되니, 이것이 나무 본연의 성(性)이겠습니까? 오직 쓰는 사람의 마음에 달린 것이니, 성으로부터 말미암는 불행과 복이 또한 이와 같습니다.

그러므로 진실하고 영원한 복을 구하는 사람은 반드시 그 '곳'을 살피며, 그 '법'을 연구하니, 그 '곳'은 무엇인가, 나의 본연의 성(性)이 그것이요, 그 '법'은 무엇인가, 나의 마음이 그것입니다. 이것을 써서 이것을 구하면 이렇게 해서 생겨나는 복은 맹오(孟烏)³의 용(勇)으로도 빼앗을 수 없고, 진초(秦楚)의 부유함⁴으로도 빼앗을 수 없고, 양평(良平)⁵의 지혜로도 빼앗을 수 없고 의연(儀衍)⁶의 달변으로도 빼앗을 수 없으며, 집안에 베풀면 한 집안이 모두 함께 쓰고, 고을에 베풀면 한 고을이 모두 함께 쓰고, 국가에 베풀면 한 국가가 모두 함께 쓰고, 세상에 베풀면 온 세상이 함께 쓸 수 있습니다.

어찌하여 그렇게 되는가? 대개 복과 불행[禍]은 반드시 나와 다른 사람을 구별하는 데서 생겨나는 것입니다. 인간(人生)이 불행과 복 중에서 죽음과 삶의 문제만큼 큰 것이 없으며 삶을 좋아하고 죽음을 싫어하는 것은 나와 다른 사람이 차이가 없는 같은 성품입니다. 이로부터 미루어 생각하면 내가 좋아하는 것은 다른 사람도 또한 좋아하고 내가 싫어하는 것은 다른 사람도 또한 싫어할 것이니, 그러면 복은 별다른 사물이 아니라 단지 내가 하고자 하는 것은 다른 사람과 함께 하고, 내가 하고자 하지 않는 것은 다른 사람에게 강제하지 않는 것이니 이것을 일컬어 '대동지복'(大同之福)이라고 합니다. 나에게도 복이요 다른 사람에게도 또한 복이니 어찌 거래와 득실이 있다고 말하겠습니까. 그러므로 자성과 자심을 버리고 복을 구하는 사람은 즉 산에서 물고기를 잡으려 하고, 물에서 땔나무를 구하려는 사람이니, 이른바 정치, 명예, 금전을 구하는 자는 모두가 무너지게 될 것입니다.

가령 일생을 들여서 그것을 구하여 그중 혹 목표를 이룬다 하더라도 생기자마자 없어지며, 선하자마자 악하게 되며, 가자마자 오며, 얻자마자 잃어버리게 되어서 조금의 시각도 그것을 누리지 못하나니, 이것을 내 복이라고 말할 수 있겠습니까?

그러므로 자심을 구하고자 하면 먼저 자성을 구할 것이요, 자성을 구하고

---

3 중국 秦나라 무왕의 호위 무사로서 力士인 맹렬(孟說)과 오획(烏獲)을 일컫는 것으로 보임.
4 중국 최초의 통일제국인 秦나라와 강성대국이던 楚나라의 부유함.
5 한고조(=유방)을 보필한 지혜로운 참모 張良(=장자방)과 陳平(진평)을 말함.
6 公孫衍과 張儀(?). 다만 이들이 '달변가'는 아니다.

자 하면 먼저 자심을 구해야 할 것이니, 성(性)을 하늘[天]에서 구하지 않으면 불행을 낳는 성(性)이요, 마음을 도[道]에서 구하지 않으면 불행을 불러오는 마음이 될 뿐입니다. 그러므로 성심의 복을 구하고자 한다면, 우리 천도교를 버리고 어디에서 구하겠습니까?

아아! 산에서 물고기를 잡으려 하며, 물에서 땔나무를 구하려 하는 것과 같은 사람들이여! 물고기가 진실로 여기(천도교-역자 주)에 있고 땔나무가 진실로 여기에 있으며, 낚시와 그물, 도끼가 또한 여기에 있으니, 그대가 나와 함께 그것을 누리지 않겠습니까?

[해제]

세상 사람들이 모두 불행을 멀리하고자 하며 복을 얻고자 하지만, 어떤 사람은 복을 얻고 어떤 사람은 복을 얻지 못하는 까닭은 무엇인가? 이종린은 복을 구할 수 없는 곳에서 복을 구하기 때문에 애써서 노력해도 복을 구하지 못한다고 말한다. 연목구어(緣木求魚)의 고사처럼 나무에서 물고기를 구하거나 바다에서 땔감을 구하는 것이 대부분의 세상 사람들이라는 것이다. 이종린은 세상 사람들을 '상-중-하'의 세 부류로 나누어 상류인은 정치나 철학이나 국가 경영으로써 복을 구하려 하고, 중류인은 명예나 영생, 인과[=유교, 기독교, 불교 등의 종교]에서 복을 구하며, 하류인은 돈이나 음주가무나 호의호식, 안일한 삶을 추구하는 것으로 낙을 삼는 사람들이라고 구분하고, 그것으로는 결코 복을 구할 수 없다고 말한다.

이종린은 이 세상이 모든 사물과 모든 일 그리고 말하고 행동하는 것이 모두 복[事事福 物物福 言言福 動動福]이며 누구나 그것을 구할 수 있지만, 그것이 있는 곳[處]를 제대로 알아야 하고 그것을 구하는 방법[法]을 제대로 알아야만 헛수고를 하지 않으며, 받은 복을 놓쳐 버리는 잘못을 저지르지 않게 된다고 말한다. 하늘의 성을 바로 구하지 않으면 도리어 재앙의 성(性)이 도래하고, 도의 마음을 제대로 쓰지 않으면 도리어 재앙의 마음[心]이 도래한다는 것이다. 결론적으로 이 하늘[天]의 성과 도[道]의 마음을 구하고 쓰는 법을 가르치는[敎] 곳이 바로 '천도교'[天道敎]이므로, 물에서 그물로 물고기를 잡고 산에서 도끼로 땔나무를 얻듯이 바르고 쉽게 복을 구하고자 하면 천도교에 돌아오라고 당부한다.

중요한 것은, 하늘의 성과 도의 마음은 모든 사람과 만물에 한결같이 있는 것이므로, 나의 복이 사람 사람의 불행이 되거나 다른 사람의 불행이 나의 복이 되는 것은 제대로 된 복이 아니라는 정의이다. 다시 말해 "내가 좋아하는 것은 다른 사람도 또한 좋아하고 내가 싫어하는 것은 다른 사람도 또한 싫어할 것이니, 그러면 복은 별다른 사물이 아니라 단지 내가 하고자 하는 것은 다른 사람과 함께 하고, 내가 하고자 하지 않는 것은 다른 사람에게 강제하지 않는 것"이라는 황금률로써, 이종린은 이를 '대동지복'(大同之福)이라고 말한다.

오늘날의 관점에서 주목할 만한 곳은 '철학(=科學)'하는 사람이 물질문명의 지극한 발달을 도모함으로써 결과적으로는 '질실중후'(소박하며 내실 있으며, 점잖고 너그러운)한 사람을 교활하고 경박한 사람으로 변질시켜 버린다고 비판하는 대목이다. 소위 '인류세'(人類世)라는 말이 회자될 만큼, 현대인은 지력(知力)을 극도로 발휘하여 '현대 물질문명' 사회를 구가하게 되었지만, '복을 얻자마자 빼앗기는' 경우가 되어 기후위기와 생물종대멸종이라는 거대한 '불행에 직면'하고 있는 오늘 우리가 돌이켜보아야 할 지적이다. 이미 100년 전 당시 천도교의 지성인들은, '旭日昇天'(욱일승천)하던 동세서점의 문명 조류 한가운데에서 全則必缺, 極則必反, 盈則必虧(전즉필결, 극즉빌판, 영즉필휴)의 이치를 헤아리고 있었던 것이다. 이것을 다시 말하면, "다시개벽"의 흐름을 읽고 있었다"고 말할 수 있다.

그럼에도 불구하고, 지난 100년 동안 한국사회(뿐 아니라 세계-지구 대부분이) '전(全), 극(極), 영(盈)'의 길로 매진해 왔다. 이제는 필연적으로 '결(缺), 반(反), 휴(虧)'의 방향으로 대전환을 하지 않으면, '멸실'(滅失)의 운명을 피할 수 없다는 것이 이 시대의 상식이 되어 있다. 이것을 현대적인 언어로 표현하면 '탈성장'이라고 말할 수 있다. 그 앎을 실천하는 것이 '다시개벽'이다. 다시개벽은 '되는 것'이나 '오는 것'이 아니라 '하는 것'이며 '(그곳을 향해) 가는 것'이다. 천성(天性)과 도심(道心)은 다시개벽을 하는 데 필요한 에너지이며, 다시개벽의 길을 밝히는 등대인 것이다.

이종린(李鍾麟, 1883-1950)

◆ 도호는 보암(普菴), 아호는 황산(凰山), 필명 봉황산신(鳳凰山人) 등 ◆ 구한말 유학자로 성균관박사가 되었으나 벼슬을 버리고 대한협회에 참가하면서 언론 활동을 시작하였고, 1907년 5월 권동진과 오세창의 권유로 천도교에 입교, 「천도교회월보」 창간에 참여하였다 ◆ 삼일독립운동 때 지하신문 「조선독립신문」을 발행하고 피검되어 3년간 옥고를 치렀으며, 6.10만세운동(1926), 광주학생사건 민중대회(1929) 등으로 다시 피검되었다 ◆ 이후 천도교단 내의 논설 집필 활동을 비롯하여 조선어연구회, 만국기자대회, 조선물산장려회, 조선민립대학기성회, 조선수해구제회, 조선물산장려회, 언론압박탄핵민중대회, 전조선기자대회, 조선어학회, 신간회, 조선어사전편찬위원회 등의 다방면에서 활동하였다 ◆ 1940년 천도교 초대 교령에 피선되어 전시체제 하에서 교단수호를 위한 친일행위로 오욕을 떠안기도 하였다 ◆ 광복후, 1948년 제헌국회위원으로 헌법기초위원 등으로 활동하였으나 제2대 국회의원 재임중 1950년 9월 28일 납북 중에 환원하였다. 수백 편의 논설, 시와 십여 권의 단행본 등의 작품을 남겼다

박길수

◈ 본지 발행인, 모시는사람들 대표, 방정환도서관 관장,
개벽라키비움 대표, 지구인문학연구소 연구원 ◈ 지금
새롭게 관심을 두는 것은 "인간론" "동학천도교대사전"
"서울동학농민혁명기념사업회" "개벽의 징후2024"
"사전도서관" 등이다

왼쪽은 『다시개벽』과 『바람과 물』 편집위원들, 오른쪽은 독자들

지난 2월 11일 토요일 오후, 경복궁역 근처에 있는 <문화공간 길담>에서 『다시개벽』과 『바람과 물』의 합동 북콘서트 <다시, 바람>이 열렸다. 파티(PaTI)의 안상수 대표에게 콘서트 소식을 알리자, "역사적인 불온함이 감도는, 아름다운 조합입니다"라는 멘트를 날려 주셨다. 과연 예상대로 행사는 성황리에 끝났다. 청중은 대부분 『바람과 물』의 윤석이 급하게 동원(?)한 분들이었지만, 행사가 끝날 때쯤에는 『다시개벽』에도 관심을 가져 주셨다. 언제나 그렇지만, 뭔가 도(道)를 도모하고자 할 때에는 '연대'가 필요하다는 사실을 새삼 확인했다. 공자는 "도가 같지 않으면 같이 도모하지 않는다(道不同, 不相爲謀)"라고 했다고 하는데, 반대로 말하면 "도가 같은 사람들끼리는 일을 같이

도모하라(道同, 相共謀)"는 말이 아닐까?

사실 『다시개벽』과 『바람과 물』의 '운명적 만남'은 이미 우석영 선생님의 『다시개벽』 합류에서부터 예견되어 있었다. 우석영 선생님을 『다시개벽』에 모실 때에는 『바람과 물』의 편집위원인 줄 몰랐다. 나중에서야 알고 깜짝 놀랐다. 그 후 『다시개벽』 9호에 『바람과 물』 편집인 한윤정 선생님의 인터뷰 「지구를 수리하기, 인간을 수선하기」가 실렸고, 『바람과 물』의 편집위원인 윤석의 글 「개벽, 살림, 풍류」도 같이 실렸다. 나는 작년에 나온 『바람과 물』 4호에 「인류세 시대, 돌봄의 철학」이라는 글을 실은 적이 있다.

이렇게 같은 길을 가다 보면 자연스럽게 만나게 되는 모양이다. 자연스럽게 만나다 보면 점점 가까워지게 되고, 가까워지다 보면 점차 서로를 알게 된다. 그러면서 자신도 조금씩 변해가고, 거기에서 새로운 융합이 일어나는 것이 아닐까? 『장자』에 나오는 "길은 걸어가다 보면 만들어지는 것이다(道行之而成)"는 이것을 두고 하는 말일 것이다. 앞으로도 자기와 다른 듯 보이는 사람들을 자주 만나서 '새로운 길'이 많이 생겼으면 하는 바람이다.

조성환

책을 만드는 사람들

발행인	박길수
편집인	조성환
편집장	홍박승진
편집위원	김남희 성민교 안마노 우석영 이원진 조성환 홍박승진
편집자문위원	가타오카 류 김용휘 김인환 박맹수 박치완
	방민호 손유경 안상수 이우진 차은정
편집	소경희 조영준
아트디렉터	안마노
멋지음	이주향
마케팅 관리	위현정

다시개벽 제10호

발행일	2023년 3월 31일
등록번호	종로 바00222
등록일자	2020.07.28
펴낸이	박길수
펴낸곳	도서출판 모시는사람들
	서울시 종로구 삼일대로 457 (경운동 수운회관) 1207호
인쇄	피오디북 (031.955.8100)
배본	문화유통북스 (031.937.6100)